日本図書館学の奔流

岩猿敏生著作集

志保田務　大城善盛　河井弘志　中村恵信　編
日本図書館研究会　刊

岩猿敏生先生

刊行にあたって

日本図書館研究会理事長

前　田　章　夫

　岩猿敏生氏が 2016 年 4 月 9 日に 96 歳で亡くなられて、2 年近く
なるこの春、本書の刊行をみることになります。

　岩猿氏は日本図書館研究会にとって大恩人と言える方であり、
1957 年から 8 期 16 年にわたり理事を務められました。1957 年か
ら 1966 年まで初代事務局長として会をまとめるとともに、編集委
員長、組織委員長、財政委員長などを歴任し、当会の組織の基礎づ
くりに尽力いただきました。こうした功績により 1996 年には本会
名誉会員に推挙されています。

　また岩猿氏は研究者としても、図書館史、図書館学論、大学図書
館論など多方面にわたって多くの論文、図書を発表しておられま
す。特に、当研究会の 50 周年記念事業では中心的存在として記念
講演者となられたほか、記念誌『日本図書館研究会の 50 年』にお
いてはこの研究会の活動年紀に関して 5 期の時代区分を示唆され、
その第 I 期（創立と模索：青年図書館員聯盟を継承しての発足：
1946 年 11 月〜1955 年 3 月。約 12 p）と第 II 期（事務局の定着で
基礎がため：1955 年 4 月〜1967 年 3 月。約 8 p）を執筆されまし
た。なお同誌と合わせて刊行した『図書館界総索引第 1 巻〜第 40
巻』の〈著者索引〉に照らすと、岩猿氏は機関誌『図書館界』にお
いて最大級の論文件数を誇る一人であり、当会の研究活動への貢献
も目を見張るばかりです。

　本書は、当研究会の会員のうち図書館学資料保存研究グループの
志保田務、中村恵信、「岩猿研究会」と言われた「京都図書館学研
究会」の大城善盛、京都大学教育学部での受講生有志から河井弘志
が中心となって岩猿氏の著作をまとめ、書誌、年譜、回想等を付し

i

編集したものです。

　本書は、日本図書館研究会の会員にとどまらず、岩猿氏が長年会長を務められた日本図書館情報学会会員など広く研究者や研究学徒にとっても貴重な著作集であり、大学図書館、公共図書館、研究図書館において読者に提供し、次代の研究者への橋渡しの資料となることを期待し、ここに刊行いたします。

　2018 年 3 月吉日

目　　次

刊行にあたって …………………………………… 前　田　章　夫　i

献辞 ……………………………………………… 志保田　　　務　1

謝辞 ……………………………………………… 山　本　みちる　5

岩猿敏生先生 略歴・著作目録 …………………………………　7

岩猿敏生先生 主要論文抄

1　図書館学における体系と方法 ……………………………　25

2　日本における図書館学の歩み ……………………………　37

3　図書館学における比較法について …………………………　59

4　図書館学と情報学 ……………………………………　68

5　図書館学論とライブラリアンシップ ………………………　78

6　図書館学方法論試論 ……………………………………　97

7　図書館文化史方法論について …………………………　111

8　小倉親雄先生と図書館学研究〔小倉先生追悼〕………　121

9　わが国における図書館学教育の諸形態と問題点 …………　129

10　大学図書館員の育成と図書館学教育 ……………………　151

11　戦後における大学図書館研究史（1）………………………　170

12　戦後における大学図書館研究史（2）………………………　187

13　戦前のわが国における大学図書館研究 …………………　204

14　戦後のわが国における学術情報流通体制の問題 …………　219

15　アメリカの大学図書館における academic status の問題 ………　237

16　大学図書館の職員制度 …………………………………　259

iii

17 戦後の大学図書館における司書職制度問題に関する史的展望 … 275

18 大学図書館長論 …………………………………………………… 305

追悼の辞

岩猿敏生先生を送る ……………………… 河 井 弘 志 321

岩猿敏生先生を偲んで ……………………… 中 島 幸 子 324
　－「図書館学」と「図書館」に捧げられた情熱－

岩猿敏生先生を偲ぶ ……………………… 漢 那 憲 治 334

京大図書館事務長時代の岩猿敏生先生 ………… 廣 庭 基 介 337

岩猿敏生先生を偲ぶ ……………………… 大 城 善 盛 340

「岩猿敏生先生を偲ぶ会」に寄せて ……………… 森 　 　 茜 343

「岩猿敏生先生を偲ぶ会」に寄せて ……………… 塩 見 　 昇 345

「岩猿敏生先生を偲ぶ会」に寄せて ……………… 小 田 光 宏 348

岩猿敏生先生のご霊前に捧ぐ ……………………… 高 山 正 也 351

装丁の辞 ………………………………………… 山 本 聖 子 355

編集後記 ……………………………………………………………… 356

人名索引 ……………………………………………………………… 358

団体索引 ……………………………………………………………… 361

献　辞

志保田　務

　岩猿敏生先生は 2016 年春壮麗な 96 年の長寿を全うされました。

　先生は、旧制福岡高校（後、九州大学）をご卒業後、京都帝国大学文学部哲学科（宗教学専攻）にご進学、九州帝国大学大学院を中退されてのち、九州大学附属図書館司書官（助教授相当）、京都大学附属図書館事務長（のち事務部長）として、図書館関係の主な履歴を積まれました。また図書館学論、図書館史、大学図書館経営を中心とした研究者として活躍され、関西大学（文学部）教授、日本図書館情報学会長等を歴任されました。

　本書誕生のきっかけは、2017 年 4 月 9 日岩猿先生の 1 周忌に、ご本宅に石塚栄二氏、大城善盛氏、中村恵信氏、山田美雪氏とともにお参りした折りにあります。その参加者による相談があり、この記念出版を内々に決しました。その後、京大関係・卒業生で年長の部の河井弘志氏の賛同を得て岩猿先生と縁の深い日本図書館研究会理事会に申し出をし、同研究会から年度内にこの刊行を見るところとなりました。

　岩猿先生のご業績は、別記、著作目録にあるように多彩ですが、うち主要な論文を集めて刊行することは、日本の図書館情報学研究に益する意義があると確信します。なお、図書でのご著作も多々ありますが、一冊内には含みえないので、今般は割愛しました。

　本書の論文は、日本における図書館情報学の本質、高いレベルを呈しており、その集成は、図書館情報学研究、図書館史研究に資するところが大きいことは言うまでもありません。

　岩猿先生には上述のようにメジャーな研究分野が複数ありますが、そのうちの一つ図書館史論は、先生にあって大切な論述領域で

1

す。そこにおいて、先生は図書館法成立時期への図書館史的展開を「断絶」と「継続」と裁断されました。先生のこの見解は『図書館界』45巻4号（1993.10）所載の論文「『圕研究』と『図書館雑誌』」に如実に示されています。そこにおいて、戦中期の戦意高揚的な『図書館雑誌』記事一般を批判し、終戦をもってその発行元である日本図書館協会の古い体質を〈断絶〉すべきものと論述しました。他方、青年図書館員聯盟は、『圕研究』に拠って日本目録規則、日本十進分類法、日本件名標目表（現『基本件名標目表』）の改良を続け、図書館事業の復興・振興に繋ぎ、新時代との〈継続性〉を持ったと岩猿先生は考察しました。同聯盟は戦後すぐ、日本図書館研究会に継承され、『圕研究』は『図書館界』にバトンを渡しています。

　この新たな研究会の運営を、岩猿先生は小倉親雄理事長（京都大学助教授：当時）の下で事務局長として担い、『図書館界』の編集委員長を務め、上記の論説の実行に努めました。その功績は単に幹部たる立場、役回りにとどまらず、自ら玉稿を重ね、論者として同誌上に大いなる足跡を残しておられます。

　岩猿先生は、日本図書館研究会50周年記念大会（1996年）で、一身に本研究会を背負ってその意義と活動概要について講演しました。特にその記念誌（『日本図書館研究会の50年』≒『図書館界』48巻4号）においては、同研究会の歴史を5期に区分すべきことを示唆しました。その5つの期とは、日本図書館研究会が本拠を置いた場所（宝塚市［等］、京都市、天理市①、天理市②〈京阪奈連携〉、大阪市）の別にしたがっています。なお、同記念誌で岩猿先生は、第Ⅰ期（1946.11-1955.3）、第Ⅱ期（1955.4-1967.3）分を担当し、B5判20ページにわたり執筆しておられます。

　『図書館界』は50号ごとに文献レビューを軸とした特集を行い、史的研究を重ねています。そこには、岩猿先生が史的論考を継続、寄稿しておられることが確認されます。

11 巻 2 号　　図書館史（戦後日本における図書館学の発展）5 p
(通巻第 50 号)
19 巻 4 号　　図書館史（最近 10 年における図書館学の発展）5 p
(通巻第 100 号)

　ちなみに、同誌の発行組織、日本図書館研究会が毎年度授与している図書館研究奨励賞の受賞作の多くが史的研究であります。岩猿先生の上記営為は日本図書館研究会においても重要な位置・影響を維持し、この学会の後進のための明確な道案内となっています。研究活動を担う図書館人にとって、近代図書館学成立期の事情を把握し、自らにおける立論の立ち位置を確認することは不可欠ですが、岩猿先生の著作は、その礎となる力を豊かに有しています。

　岩猿先生の研究活動は史的領域に限らず、図書館学論、大学図書館論など多方面にわたっています。特に若き日に『図書館界』誌上等で森耕一氏との間に交換された下記の図書館学論争は鋭く、かついまだ追究の価値を残す基本的課題と考えられます。

　　9 巻 6 号　森耕一著　　図書館学は有効でなくてもよいか：
　　　　　　　　　　　　　　岩猿氏の「体系と方法」について

　10 巻 2 号　岩猿敏生著　図書館学と実践

　森耕一氏の"有効論争"は元々、岩猿敏生著「図書館学における体系と方法」（『図書館学会年報』4 巻 2 号，1957.9，p.1-8）を批評対象としていました。岩猿先生による論文「図書館学と実践」は、森氏の議論に応対するかのような形で表示しましたが、当方の都合で順列したにすぎず、岩猿先生は「森氏の一文が公表される以前にすでに用意されていたもので」「森氏の批判に、直接にまた全面的に答えるものではない」とし、「森氏の批判にたいする全面的なお答えは、必要があればまた別の機会に考えることもあろう」と付記するにとどめておられます。もっとも、筆者が渉猟した限りでは、お二人におけるその「機会」と議論の存在は把握でき得ていません。これは、この件が、いまだ追究の余地のある議題、つまり、残された人たちに対する宿題として、光を絶たない灯台のような役割を持つものではないかと感じさせる言論です。

上記 50 周年に合わせ発行された『図書館界総索引　第 1 巻～第
40 巻』内〈著者索引〉上で、岩猿先生は最大級の論文件数を誇る
一人であり、研究誌『図書館界』への貢献度も顕著なものがありま
す。その後、後半生といえる時期には〈書評〉、〈用語論〉、〈弔文〉
等、代表著作とは趣を異にする著述が主となりますが、これらも、
時代を鋭く読み取った発言として、新たに研究・学習を進む人たち
への助けとなっているでしょう。

　岩猿先生は、日本図書館研究会以外での活動も盛んであり、諸学
会誌への寄稿が少なくありません。特に日本図書館情報学会（会
長）、日本図書館協会（顧問）や日米大学図書館会議（日本側事務
局長）、国立大学図書館協議会（代表幹事）などに業績があります。

　『図書館界』誌に投じられた著作は、それのみでも豊かな質量が
あります。これらの内から、どうしても外すことのできない論著に
他誌へのいくつかの投稿を加えて、日本図書館研究会から先生の著
作集を編むことを発案しました。

　本書の発行は日本図書館研究会（会員）に益するにとどまらず、
広く研究者、研究学徒、大学図書館、一般図書館などにおいて有用
と信じます。日本における図書館情報学研究の一記念碑となるよ
う、心をこめて本書を編集いたしました。

　拙文は日本図書館研究会からの発行という機縁に聊か重心を置い
た筆致となったかとおそれます。従って、より多角からの回想は、
本書後半所載の有志による寄稿や編集後記にてご交読いただくよう
お願いしておきます。

　ここに岩猿敏生先生の御霊前に本書を捧げ、ご冥福をお祈りいた
します。同時にご遺族はじめ、多面でご協力下さった各位に、深甚
のお礼を申し上げます。

2018 年 1 月 15 日

『日本図書館学の奔流：岩猿敏生著作集』

企画編集代表者：志保田務

謝　辞

山　本　みちる

　父の書斎に入ると読みかけの資料や本がまだそのままに置かれ、深まりゆく秋の日差しの中、腕時計が静かに時を刻んでいます。

　父が立ち上がる度にギギーッという、壊れたような金属音を立てていた回転椅子が生きているという信号にもなっていました。このごろたまに一人でその椅子に座ってみることがあります。そこで、本を読んだり書き物をしていた父の姿はもちろんですが、三年前に曾孫が生まれました折には、丁寧に墨を擦り、筆でその名をしたためてくれた時の笑顔など、懐かしい思い出です。

　晩年は両親が私の住まいの近くに越してきたこともあり、多くの時間を一緒に過ごすようになりました。齢をとっても探究心が旺盛でその上健脚でしたので、一人で出かけてしまうことも多く、それが思いがけない程の遠い距離であったりと、随分心配もいたしました。よく本を読んでおり、家族の中で一番の物識りで、そして考え方も前向きで明るかったので私の娘たちも良く慕っておりました。そしてその姿勢は最期まで変わらず、ベッドで起き上がれなくなっても、本を読むことを求め、最後まで研究者でありました。

　この度は諸先生方の御厚情と御尽力により、このように立派な論集を発刊していただきましたこと心より深く感謝しております。

　このご本によって戦後の日本が新しい時代へと立ち上がろうとするまさにその頃、「図書館学」という理想を高らかに掲げて一歩を踏み出そうとしていた若き父に、改めて出会えた気がいたします。本当にありがとうございました。皆様の想いと共に、机の上に置かせていただきます。

2018 年 2 月吉日
やまもと　みちる（岩猿敏生長女）

岩猿敏生先生 略歴・著作目録

略　歴

　1919（大正 8）年 4 月 30 日福岡県田川郡方城村（現・福智町）に出生。父・清藏、母・ツタヱ。1940（昭和 15）年 3 月国立・旧制福岡高等学校文科乙類卒業。1943 年 9 月京都帝国大学文学部哲学科卒業。この後、終戦まで兵役。戦後、中等学校（新制高校）教諭等を勤めつつ、九州帝国大学法文学部大学院に学ぶが、1948 年 3 月中退。1950 年九州大学附属図書館司書官（助教授待遇）、1956 年より 1975 年まで京都大学附属図書館事務長・事務部長、1976 年より 1990 年まで関西大学文学部教授。同志社大学文学部嘱託講師、日本図書館情報学会理事・会長・名誉会員、日本図書館協会理事・顧問、日本図書館研究会理事・名誉会員。2016 年 4 月 9 日、大阪府吹田市にて逝去。享年 96 歳。

　各種図書館団体への貢献も非常に多く、日本図書館学会（現・日本図書館情報学会）では、同会が創設された 1953 年から 4 年後の 57 年に、現在の理事に相当する幹事に就かれ、1982 年まで 12 期にわたりその任を続けられました。その後、1983 年度から 1986 年度まで副会長として、1987 年度から 1995 年度まで会長としてその活動の先頭にたって活躍されました。1980 年代から 1990 年代は学会の発展・展開期にあたるとも考えられ、その様々な基盤整備を進められたことがわかります。

　日本図書館研究会では、1957 年に初代事務局長に就任され、以後 5 期 10 年にわたり同会の運営を担当されました。先生は編集委員長（3 期 6 年）や組織委員長（1 期 2 年）を兼務しながら日図研の基盤を固め、発展の足掛かりを築かれました。

　日本図書館協会には 1950 年に入会され、国際交流委員会委員、評議員、理事を務められ、1982 年から 1994 年まで参与、1995 年から 2013 年まで顧問として、協会事業を支えられました。このように図書館学における研究、教育はもちろん、今日ある図書館の各種団体の基盤を築かれ、図書館学の発展、図書館学教育の充実だけではなく、図書館が図書館学の上に考えられる対象として、ライブラリアンシップの高揚の源泉である組織力の重要さを認識されておられたと思います。

なお、上記略歴については、以下の記事を参照しました。

「〈訃報〉岩猿敏生氏」『図書館雑誌』Vol.110, No.5, 2016.5, p.268.

小田光宏「名誉会員・岩猿敏生氏のご逝去を悼む」『日本図書館情報学会会報』No.162, 2016.6, p.1.

「追悼・岩猿敏生さん」『図書館界』Vol.68, No.3, 2016.9, p.215.

廣庭基介「京大図書館事務長時代の岩猿敏生先生」『図書館界』Vol.68, No.3, 2016.9, p.216.

大城善盛「岩猿敏生先生を偲ぶ」『図書館界』Vol.68, No.3, 2016.9, p.217.

河井弘志「岩猿敏生氏を偲んで　岩猿敏生先生を送る」『図書館雑誌』Vol.110, No.9, 2016.9, p.585.

漢那憲治「岩猿敏生先生を偲ぶ」『図書館学』（西日本図書館情報学会）No.109, 2016, p.2-3.

「岩猿敏生先生を偲ぶ会記録」（京都図書館学研究会主催　2016 年 5 月 21 日　於：京都大学楽友会館）

中島幸子「岩猿敏生を偲んで－「図書館学」と「図書館」に捧げられた情熱－」『同志社大学図書館学年報』No.42, 2017.3, p.115-133.

塩見昇「岩猿先生を偲んで（岩猿敏生先生追悼）」『図書館文化史研究』No.34, 2017, p.129-131.

寺田光孝「岩猿先生への追憶（岩猿敏生先生追悼）」『図書館文化史研究』No.34, 2017, p.133-135.

馬場俊明「岩猿図書館学の謦咳に接して（岩猿敏生先生追悼）」『図書館文化史研究』No.34, 2017, p.137-139.

（作成者：中島幸子）

著作目録

1. 「図書館学方法論試論」『図書館学』（西日本図書館学会）No.2, 1955.6, p.2-10.
2. 「図書館学論の進展」『図書館雑誌』Vol.50, No.1, 1956.1, p.7-9.
3. 「ライブラリアンシップについて」（自由論壇）『図書館雑誌』Vol.50, No.4, 1956.4, p.122-123.

4. 「『東壁』のこと」『京都図書館協会会報』No.34, 1956.10.（巻頭）

5. 「『東壁』日本最初の図書館雑誌」『図書館雑誌』Vol.51, No.6, 1957.6, p.226-227.

6. 「図書館学における体系と方法」『図書館学会年報』Vol.4, No.2, 1957.9, p.1-8.

7. 「大学図書館における司書職の問題」（自由論壇）『図書館雑誌』Vol.52, No.2, 1958.2, p.46-47.

8. 「Memoirs of Libraries の 2 版について（1）」（質問箱）『図書館界』Vol.9, No.6, 1958.3, p.181.

9. 「Memoirs of Libraries の 2 版について（2）」（質問箱）『図書館界』Vol.10, No.1, 1958.4, p.31.

10. 「国立大学の図書行政の現状と問題点」『図書館雑誌』Vol.52, No.5, 1958.5, p.134-137.

11. 「図書館学と実践」『図書館界』Vol.10, No.2, 1958.6, p.33-37.

12. 「図書館学における比較法について」『図書館の学と歴史』（京都図書館協会十周年記念論集）1958.7, p.1-6.

13. 「杉山吉良『裸族ガビオン』」（新刊紹介）『京都図書館協会会報』No.39, 1958.9, p.2.

14. 「藤川正信：図書館学における技術性の問題－図書館学会年報 Vol.5 No.1 所載」（書評）『図書館界』Vol.10, No.4, 1958.10, p.124-126.

15. 「ロベール・エスカルピ著，大塚幸男訳『文学の社会学』（文庫クセジュ；261）」（書評）『図書館界』Vol.11, No.1, 1959.4, p.22.

16. 「司書職の危機」『京都図書館協会会報』No.45, 1959.6, p.1.

17. 「図書館史〈特集　戦後日本における図書館学の発展〉」『図書館界』Vol.11, No.2, 1959.8, p.33-37.

18. 「図書館史」『日本図書館史文献年表：第 7 回日本図書館学会，西日本図書館学会シンポジウム』1959.10, p.4-6.

19. 「アメリカ図書館印象記」『京都図書館協会会報』No.48, 1960.1.（巻頭）

20. 「国立大学図書専門職員採用試験について」『図書館雑誌』Vol.54, No.4, 1960.4, p.114-117.

21. 『アメリカの図書館』（共同執筆）アメリカ図書館研究調査団，1960.4, 96p.

22. Goto Sumio and Iwasaru Toshio. "Japanese university and college library problems," *American Libraries : Report of the U.S. Field Seminar on Library Reference Services for Japanese Librarians.* 1960, p.121-127.

23. 「市立図書館の建設を要望－市長との会見記－」『京都図書館協会会報』No.52, 1960.8, p.1.

24. 「間宮不二雄氏古稀記念会編『図書館と人生』」(書評)『図書館界』Vol.12, No.4, 1960.10, p.128.

25. 「高木さんに答える」『図書館雑誌』Vol.55, No.2, 1961.2, p.35-36.

26. 『京都大学附属図書館六十年史』(編集及びあとがき) 1961.3, 342p.

27. 「清水義弘編『読書』」(書評)『図書館界』Vol.13, No.2, 1961.7, p.60.

28. 「文庫いろいろ」『群像』1961.9, p.214-215.

29. 「「国立大学図書館改善要項」の諸問題〈特集 大学図書館の諸問題〉」『図書館界』Vol.13, No.6, 1962.3, p.195-198.

30. 「戦後における大学図書館研究史 (1)」『図書館界』Vol.14, No.1, 1962.4, p.1-7.

31. 「日本ファイリング KK 編『書架のしおり 第 3 集』」(書評)『図書館界』Vol.14, No.2, 1962.6, p.59.

32. 「C. アレグザンダー，アービド J. バーク共著，大佐三四五監訳『教育資料の検索と活用』」(書評)『図書館界』Vol.14, No.2, 1962.6, p.59-60.

33. 「戦後における大学図書館研究史 (2)」『図書館界』Vol.14, No.3, 1962.8, p.83-89.

34. 「大学図書館とレファレンス・ワーク」*Liber.*(神戸市立図書館) No.12, 1962, p.1.

35. 「基礎学力の充実を〈アンケート こんな職員がほしい〉」『図書館雑誌』Vol.57, No.4, 1963.4, p.164-165.

36. 「国立大学における分館制度について」『医学図書館』Vol.10, No.3, 1963.6, p.40-41.

37. 「人・本・図書館〈連載インタビュー (11)〉」『京都図書館協会会報』No.68, 1963.7, p.3.

38. 「大学図書館改善綜合委員会報告」『図書館雑誌』Vol.57, No.8, 1963.8, p.388-390.

39. 「藤川正信著『第二の知識の本』」(書評)『図書館界』Vol.16, No.1, 1964.5, p.23-24.

40. 岩猿敏生，岡本正，林呆之助編『日本文庫めぐり－蔵書の命運－』（読書人シリーズ）出版ニュース社，1964.9, 246p.

41. 「逐次刊行物の利用法」『学術月報』（日本学術振興会）Vol.17, No.7, 1964.10, p.348-352.

42. 「開架閲覧方式について」『学術月報』Vol.18, No.12, 1966.3, p.46-49.

43. 「司書とドキュメンタリスト」（論調）『図書館界』Vol.17, No.6, 1966.3, p.170.

44. 文部省大学学術局情報図書館課『大学図書館施設計画要項の解説』1966.3. 同書のうち「学習図書館」「図書館資料」「図書館資料の運用」「図書館資料の配置」の項を執筆

45. 「私立大学図書館協会『大学図書館における諸問題』」（書評）『図書館雑誌』Vol.60, No.4, 1966.4, p.156.

46. 「大学図書館近代化運動の流れのもとに」『図書館雑誌』Vol.61, No.8, 1967.8, p.324-326.

47. 「図書館史〈特集　最近 10 年における図書館学の発展〉」『図書館界』Vol.19, No.4, 1967.11, p.99-103.

48. 「大学図書館の相互協力活動」『中国四国地区大学図書館協議会誌』No.10, 1967.12, p.5-7.

49. 「図書館間の相互協力」『学術月報』（日本学術振興会）Vol.20, No.12, 1968.3, p.53-55.

50. 「天理図書館の新しい冊子目録」『ビブリア』（天理図書館報）No.38, 1968.4, p.103-105.

51. 全国国立大学図書館長会議編『大学図書館の業務分析』日本図書館協会，1968.8, 210 p.（原案作成）

52. 「大学図書館の問題点」（論調）『図書館界』Vol.20, No.3, 1968.9, p.77.

53. 「国立大学図書館の百年」『現代の図書館』（日本図書館協会）Vol.6, No.4, 1968.12, p.186-191.

54. 「日本の大学図書館に関する諸基準および調査とその問題点」『第 1 回日米大学図書館会議報告論文集　第 1 部』第 1 回日米大学図書館会議組織委員会，1969.5, p.40-54.

55. 「エルマ C. ジョンソン著，椎名六郎，椎名芙美枝共訳『コミュニケーション：図書および図書館の歴史』」（書評）『図書館界』Vol.21, No.3, 1969.9, p.107.

56. 「大学図書館の管理運営について」『学術月報』Vol.22, No.11, 1970.2, p.9-14.

57. 「大学図書館蔵書論」『仙田正雄教授古稀記念図書館資料論集』1970.9, p.21-34.

58. 「日本の大学図書館に関する諸基準および調査とその問題点」『第1回日米大学図書館会議議事録　昭和44年5月15日－19日』大学図書館国際連絡委員会，1970.12, p.112-114.

59. 「守屋秀夫，佐藤仁『図書館』(建築計画学；11)」(書評)『図書館界』Vol.23, No.1, 1971.5, p.14-15.

60. 「西ドイツの大学図書館」『天野敬太郎先生古稀記念論文集：図書館学とその周辺』1971.6, p.1478-1463 (p.5-20).

61. 「国立大学の図書館委員会について」*Library and Information Science.* (三田図書館・情報学会) No.9, 1971.9, p.161-167.

62. 「大学図書館の職員制度」『図書館学会年報』Vol.17, No.2, 1972.2, p.1-8.

63. 「大学図書館職員のあり方」『中国四国地区大学図書館協議会誌』No. 14, 1972.2, p.9-10.

64. *University Library and Information Processing. Japanese National Commission for UNESCO, Training Course in Documentation Techniques in Asia. Final Report.* April 1972.

65. 「比較図書館学について」(提言)『図書館界』Vol.24, No.2, 1972.6, p.43.

66. 「戦後の大学図書館における職員の問題－司書職制度確立運動を中心として－」『大学図書館の管理運営：第2回日米大学図書館会議応募論文集』大学図書館国際連絡委員会，1972.7, p.63-72.

67. 「戦前のわが国における図書館員問題の展開 (付) 竹林熊彦先生をしのんで」『芸亭』(天理大学図書館学研究室年報) No.12, 1972.8, p.5-21.

68. 「アメリカの大学図書館における academic status の問題」『大学図書館研究』(国立大学図書館協議会) No.1, 1972.12, p.3-12.

69. "Japanese university library standards and surveys," *University and Research Libraries in Japan and the United States : Proceedings of the First Japan-United States Conference on Libraries and Information Science in Higher Education, Tokyo, 15-19 May 1969.* Ed. by Thomas Buckman, W. M. Tsuneishi. Chicago, ALA, 1972, p.91-100.

70. 「椎名六郎『新図書館学概論』」（書評）『図書館界』Vol.25, No.1, 1973.6, p.31.

71. 「日本の大学図書館における職員問題」『大学図書館研究』No.2, 1973.8, p.82-87.

72. 「わが図書館を語る（6）：京都大学」『窓』No.6, 1973.9, p.42-45.

73. 「戦後のわが国における学術情報流通体制の問題」『芸亭』No.13, 1973.10, p.12-28.

74. 「大学図書館組織論」『図書館界』Vol.25, No.4, 1973.12, p.124-132.

75. 「大学図書館員の育成と図書館学教育」*Library and Information Science.* No.11, 1973.12, p.73-82.

76. 「日本の大学図書館における職員問題」『第2回日米大学図書館会議報告書：70年代の大学図書館』大学図書館国際連絡委員会，1974.3, p.79-88.

77. 「英国における図書館学教育の発展」『芸亭』No.14, 1974.10, p.7-21.

78. 「東壁について」『東壁』復刻版，学術文献普及会，1974.11, p.23-32.

79. "Personnel in the university libraries," *Issues in Library Administration : Papers Presented at the Second United States – Japan Conference on Library and Information Science in Higher Education, Racine, Wisconsin, October 17-20, 1972.* Ed. by W. M. Tsuneishi, T. R. Buckman, Y. Suzuki. New York, Columbia University Press, 1974, p.107-122.

80. 「アメリカにおける図書館情報サービスの全国計画について」『びぶろす』Vol.27, No.1, 1976.1, p.4-13.

81. 『大学図書館』（日本図書館学講座；6）雄山閣出版，1976.2, 259p.

82. 「第3回日米大学図書館会議について」『大学図書館研究』No.8, 1976.3, p.107-110.

83. 「第3回日米大学図書館会議について」『公立大学図書館協議会会報』No.7, 1976.4, p.14-21.

84. 「図書以外の資料とその活用」『図書館司書専門講座講義資料』（国立社会教育研修所）1976.6, p.1-12.

85. 「偉大な図書館人」『Lib. 京都産業大学図書館報』Vol.3, No.2, 1976.6, p.1.

86. 「これからの大学図書館」『大学図書館職員講習会テキスト－昭和51年度－』文部省学術国際局編，1976, p.25-26.

87. 椎名六郎, 岩猿敏生共著『図書館概論』（日本図書館学講座；1）雄山閣出版, 1977.1, 264p.

88. 「椎名六郎先生を憶う」『図書館界』Vol.28, No.5, 1977.1, p.221-222.

89. 「椎名六郎先生と図書館学」『図書館雑誌』Vol.71, No.3, 1977.3, p.131-132.

90. 「Philosophy of Librarianship について」『図書館学』No.30, 1977.3, p.11-16.

91. 「大学図書館」『図書館ハンドブック』第4版, 日本図書館協会, 1977.3, p.108-111.

92. 「建築家と図書館員と図書館」『籍苑』（関西大学図書館報）No.3, 1977.3, p.4-5.

93. 「相互協力活動の現状と将来展望」*Librarian.*（専門図書館関西地区協議会）No.7, 1977.4, p.1-6.

94. 「学術情報と大学図書館」『大学図書館研究』No.10, 1977.5, p.68-71.

95. 「図書館員の専門職性と図書館組織」『私立大学図書館協議会会報』No.68, 1977.6, p.15-19.

96. 「Welch, Theodore F. *Toshokan : Libraries in Japanese Society.*」（書評）『図書館界』Vol.29, No.2, 1977.7, p.68-70.

97. 「戦後の大学図書館における司書職制度問題に関する史的展望」『大学図書館研究』No.11, 1977.10, p.63-74.

98. 「図書館学と図書館員：兵庫県大学図書館協議会 昭和51年度研修会（10月8日）」『研修会・研究会のためのまとめ』No.5, 1977, p.3-5.

99. 「天野敬太郎氏 − 専門家訪問 − 」『書誌索引展望』Vol.1, No.4, 1977.11, p.253-258.

100. 「専門職としての大学図書館員」『大学図書館職員講習会テキスト（昭和52年度)』文部省学術国際局編・発行, 1977, p.23-25.

101. 「図書館界の展望」*Library and Information Science News.* Vol.14, 1978.4, p.1-2.

102. 「田中敬と『図書館教育』」『図書館教育』田中敬著, 復刻版（復刻図書館学古典資料集）日本図書館協会, 1978.4, 巻末 p.1-8.

103. 「中国図書館の印象」『古辞書叢刊消息』（雄松堂書店）No.6, 1978.9, p.6-7.

104. 「プロフェッションとしての大学図書館員の問題」『図書館雑誌』Vol.72,

No.10, 1978.10, p.501-504.

105.「椎名先生と図書館学」『椎名六郎先生図書館学論文集』椎名先生顕彰会，1978, p.339-340.

106.「田中敬（1880-1958）〈先人を語る〉」『図書館雑誌』Vol.73, No.1, 1979.1, p.37.

107.「中国図書館印象記」『大学図書館研究』No.14, 1979.4, p.1-7.

108.「社会主義図書館学と自由主義図書館学」『同志社大学図書館学年報』No.5, 1979.9, p.2-10.

109.「Fukuda, Naomi, ed. : *Bibliography of Reference Works for Japanese Studies.*」（書評）『図書館界』Vol.32, No.2, 1980.7, p.78-79.

110.「フォルシュティウス：ヨースト共著『図書館史要説』」（書評）『図書新聞』1980年7月5日

111.「大学図書館の管理運営について」（講演）『東海地区大学図書館協議会誌』No.25, 1980.8, p.37-41.

112.「書誌学・図書学・図書館学」『ビブリア』（開館五十周年記念特集号）No.75, 1980.10, p.452-461.

113.「竹林熊彦の日本図書館史研究について」『同志社大学図書館学年報』No.6, 1980.10, p.2-9.

114.「比国できいた「見よ東海の空明けて」」『図書館雑誌』Vol.74, No.11, 1980.11, p.627.

115.「私の情報整理学－知的生産へのプロセス」『関西大学通信』No.105, 1980年11月28日

116.“Amano, Keitaro”；“Mamiya, Fujio.” *ALA World Encyclopedia of Library and Information Services.* Chicago, ALA, 1980, p.33-34；p.343.

117.「学校図書館の現状と課題（講演）」『図書館研究』（大阪府高等学校図書館研究会）No.17, 1981.2, p.67-69.

118.「台湾の図書館」『図書館雑誌』Vol.75, No.7, 1981.7, p.402-404.

119.「台湾の大学図書館」『大学図書館研究』No.19, 1981.11, p.76-79.

120.「IFLA（国際図書館協会連盟）について」『籍苑』No.13, 1982.3, p.2-3.

121.「今後の大学図書館」『関西大学通信』（特集号）1982年4月16日, p.5.

122.「大学図書館長論」『図書館界』Vol.34, No.1, 1982.5, p.88-93.

123.「大学図書館員の養成」『同志社大学図書館学年報』No.8, 1982.6, p.2-

14.

124.「図書館学論とライブラリアンシップ」『図書館学の研究方法』(論集・図書館学研究の歩み；第2集）日本図書館学会研究委員会，日外アソシエーツ，1982.9, p.7-24.

125.「人文科学分野の情報のデータベース化」『関西大学通信』No.121, 1982年9月21日

126.「長澤雅男『情報と文献の探索－参考図書の解題－』」（書評）『学燈』Vol.79, No.12, 1982.12, p.66-67.

127.「幅広い図書館学の研究者　田中敬」『図書館を育てた人々　日本編 I』石井敦編，日本図書館協会，1983.6, p.83-88.

128.「「書籍館」から「図書館」へ」『図書館界』Vol.35, No.4, 1983.11, p.195-198.

129. 岩猿敏生［ほか］共編『新・図書館学ハンドブック』雄山閣出版，1984.6, 430 p.

130.「書物との出会い」『大学時報』（日本私立大学連盟）Vol.33, No.179, 1984.11, p.36-39.

131.「好学の士　菊池租先生」『図書館雑誌』Vol.78, No.12, 1984.12, p.834.

132.「鈴木平八郎『国立図書館－近代的機能の展開－』」（書評）『図書館界』Vol.36, No.6, 1985.3, p.415.

133.「菊池先生の全業績の回顧を」『図書館学』No.46, 1985.3, p.48.

134.「新しい図書館の伝統の創造を」『関西大学通信』No.146, 1985年5月16日

135.「図書館建築に対する貴重な提言－鬼頭梓建築設計事務所編『図書館建築作品集』」（書評）『図書館雑誌』Vol.79, No.5, 1985.5, p.275.

136.「図書館学教育と司書講習」『同志社大学図書館学年報』No.11, 1985.5, p.2-8.

137.「26年前のアメリカ図書館視察団」（座談会）『ライブラリアンズ　フォーラム』Vol.2, No.2, 1985.8, p.2-14.

138.「『田中敬著作集　6巻』」（新刊紹介）『図書館界』Vol.37, No.5, 1986.1, p.258-259.

139.「図書館情報とネットワークについて」『私情協会報』85-3号（33号），1986.1, p.28-32.

140.「図書館情報とネットワークについて」（講演要旨）『技苑』（関西大学

工業技術研究所）No.47, 1986.3, p.3-7.

141.「「21 世紀への大学図書館シンポジウム」に参加して」『図書館界』Vol.38, No.1, 1986.5, p.39-41.

142.「新しい大学図書館像について」（講演要旨）『図書館だより』（大阪府立大学附属図書館）No.18, 1986.6, p.4-6.

143.「大学図書館とレファレンス・ワーク」『りべる－黎明期の参考事務』志智嘉九郎編，私家版，1986.8, p.27-28.

144.「はしがき」『菊池租図書館学論集』菊池租図書館学論集刊行会編・発行，1986.8. 342 p.

145.「ライブラリアンシップと国際性」『図書館界』Vol.38, No.5, 1987.1, p.205-209.

146.「日本の大学図書館の蔵書構成」『蔵書論：21 世紀への大学図書館国際シンポジウム』京都外国語大学付属図書館，1987.2, p.71-90.

147.「裏田会長のご逝去を悼む」『図書館学会年報』Vol.33, No.1, 1987.3, p.23-24.

148.「21 世紀の図書館と図書」『同志社大学図書館学年報』No.13, 1987.5, p.2-12.

149.「今日までの日米大学図書館間の交流について」（英文つき）『日米大学図書館セミナー会議録（昭 61.8.24）』丸善，1987, p.19-26（英文 p.113-123）

150.「わが国における図書館学教育の諸形態と問題点」『文化学年報』（同志社大学）第 37 輯，1988.3, p.249-270.

151.「図書館総説」『図書館情報学ハンドブック』図書館情報学ハンドブック編集委員会編，丸善，1988.3, p.139-148.（9 章内 4 項目）

152.「中世大学における図書館の成立」『大学図書館研究』No.32, 1988.6, p.89-95.

153.「『ALA 図書館情報学辞典』」（書評）『学燈』Vol.85, No.11, 1988.11, p.68-69.

154.「積極的な勉強への移行を」『葦』（関西大学教育後援会会報）No.81, 1988.12, p.45.

155.「情報化社会と図書館学」『図書館学』No.54, 1989.3, p.2-5.

156.「書誌情報とデータベース」『情報処理論 I』三上市蔵編，培風館，1989.4, p.135-143.

157.「図書館学と情報学」『同志社大学図書館学年報』No.15, 1989.5, p.54-62.

158.「総合図書館建設への参加を喜ぶ」『関大』（関西大学校友会）1990年3月15日

159.「感謝と喜び」『関西大学通信』No.189, 1990年3月20日

160.「21世紀の大学図書館」『籍苑』No.30, 1990.3, p.5-7.

161.「学会長就任に当たって」『日本図書館学会会報』No.54, 1990.4, p.1-2.

162.「図書館とはなにか」『図書館ハンドブック』第5版, 日本図書館協会, 1990.4, p.1-8.

163.「革袋に新しい酒を」『司書講習の三十年』桃山学院大学社会教育センター編・刊, 1990.12, p.1.

164.「戦後の図書館学についての回想－竹林、小野先生の業績にふれながら－」『同志社大学図書館学年報』No.17, 1990.6, p.33-45.

165.「図書館資料の諸問題」（講演）『平成3年度公立大学協会図書館協議会研修会報告書』神戸商科大学附属図書館, 1991, p.43-52.

166.「図書館あれこれ」『京都府私立学校図書館協議会会報』No.41, 1992.3, p.21-30.

167.高山正也, 岩猿敏生, 石塚栄二共著『図書館概論』（講座図書館の理論と実際；1）雄山閣出版, 1992.4, 237 p.

168.岩猿敏生, 大城善盛, 浅野次郎著『大学図書館の管理と運営』日本図書館協会, 1992.4, 247 p.

169.「小倉親雄先生と図書館学研究」『同志社大学図書館学年報』No.18, 1992.6, p.50-56.

170.「書誌編纂に捧げた一生（追悼・天野敬太郎先生)」『日本古書通信』Vol.57, No.9, 1992.9, p.24.

171.「天野敬太郎先生をしのぶ」『図書館雑誌』Vol.86, No.9, 1992.9, p.680.

172.「学会創立40周年にあたって」『日本図書館学会会報』No.69, 1993.6, p.1.

173.「小野則秋の図書館学研究について」『同志社大学図書館学年報』19号別冊, 1993.6, p.1-14.

174.「刊行のことば」『図書館情報学研究文献要覧（1982-1990)』日本図書館学会編集委員会編, 日外アソシエーツ, 1993.6.

175.「『圕研究』と『図書館雑誌』」『図書館界』Vol.45, No.4, 1993.10, p.344-

351.

176.「大学図書館の国際的役割」『公立大学協会図書館協議会研修会報告書』大阪府立大学総合情報センター，1993.12, p.31-36.

177.「日本における図書館学の歩み」*Library and Information Science*. No.31, 1993. p.133-142.

178.「日本図書館学史上における小野図書館学の意義について」『同志社大学図書館学年報』20 号別冊，1994.6, p.1-19.

179.「ゴットフリート・ロスト著，石丸昭二訳『司書－宝番か餌番か』」（書評）『図書館界』Vol.46, No.4, 1994.11, p.178-179.

180.「大学図書館への期待」『大学と教育』（東海高等教育研究所）No.13, 1994.12, p.2-5.

181.「改革の時代」『関西大学文学部論集』（文学部創設七十周年記念特輯）Vol.44, 1995.3, p.17-18.

182.「小田泰正先生と図書館研究」『情報技術と図書館』小田泰正先生追悼論文集編集委員会編・発行，1995.3, p.143-152.

183.「はしがき」同上（182），p.i-ii.

184.『情報処理技術の展開に基づいた図書館情報学教育の高度化についての研究』（平成 6 年度科学研究費補助金〈総合研究 A〉研究成果報告書）1995.3, p.25-28.

185.「P. S. ブレイビク，E. G. ギー共著，三浦逸雄等訳『情報を使う力－大学と図書館の改革』」（書評）『大学図書館研究』No.47, 1995.8, p.58-61.

186.「日本図書館研究会 50 年史（第Ⅰ期，第Ⅱ期）」『図書館界』Vol.48, No.4, 1996.11, p.170-189.

187.「永末十四生君を悼む」『図書館文化史研究』No.13, 1996.12, p.15-19.

188.「序文」『大学図書館の管理と運営』（日本図書館協会，1992）の韓国語版，啓明大学校出版部，1997.2, p.iii-iv.

189.「序」『学術用語集　図書館情報学編』文部省，日本図書館学会編，丸善，1997.3, p.iii-iv.

190.「書誌学者・図書館学者としての富永先生」『図書館界』Vol.49, No.1, 1997.5, p.5-6.

191.「最後の文人図書館長富永先生」『ビブリア』No.107, 1997.5, p.7-13.

192.「初の"体系的"な図書館学講座の誕生」『雄山閣八十年』雄山閣出版，1997.5, p.57.

193. 日本図書館学会用語辞典編集委員会編『図書館情報学用語辞典』丸善，1997.9.（多くの項目を執筆）

194.「図書館員養成教育と図書館学教育」『同志社大学図書館学年報』23号別冊，1997.11, p.1-22.

195.「根本彰『文献世界の構造－書誌コントロール論序説』」（書評）『図書館界』Vol.50, No.2, 1998.6, p.114-115.

196.「図書館文化史方法論について」『図書館文化史研究』No.15, 1998.9, p.1-10.

197.「序文」『図書館人生五十年』木村秀明著，私家版，1998.10.

198.「戦前のわが国における大学図書館研究」『大学図書館研究』No.54, 1998.12, p.1-8.

199.「図書館総説」『図書館情報学ハンドブック』第2版，図書館情報学ハンドブック編集委員会編，丸善，1999.3, p.699-706.

200.「二人の図書館人生」（木村秀明，加藤一英）『図書館学』No.74, 1999.3, p.1-5.

201.「高橋重臣君をしのぶ」『図書館界』Vol.51, No.4, 1999.11, p.192-194.

202.「大学図書館変革期の20年」『静修』臨時増刊号（京都大学附属図書館創立100周年記念）1999.11, p.9.

203.「目録と書目と書誌」『同志社大学図書館学年報』26号別冊，2000.5, p.1-12.

204.「目録におけるイロハ順排列から五十音順排列へ」『図書館学』No.77, 2000.9, p.26-30.

205.「目録の「排列」と「配列」」『図書館界』Vol.52, No.6, 2000.3, p.316-317.

206.「天野敬太郎編，深井人詩解説『図書館学関係文献目録集成：明治・大正・昭和前期編』」（新刊紹介）『図書館界』Vol.53, No.1, 2001.5, p.28-29.

207.「菊池租の図書館学研究」『図書館学』No.79, 2001.9, p.1-7.

208.「日米図書館文化の交流と鈴木幸久教授」『鈴木幸久先生喜寿記念論集』同論集刊行会，2001.10, p.133-142.

209.「日本図書館史の時代区分」『図書館文化史研究』（創立20周年記念号）No.19, 2002.9, p.9-19.

210.「図書館に捧げた半世紀」『図書館学』No.81, 2002.9, p.42.（木村秀明先

生追悼号）

211.「公共図書館員と図書館史研究」『日本図書館文化史研究会ニューズレター』No.84, 2003.4, p.7-9.

212.「戦前のわが国公共図書館における有料制の問題について」『同志社大学図書館学年報』29号別冊, 2003.9, p.1-15.

213.「日本図書館史の時代区分の問題：歴史における断絶と連続」『図書館文化史研究』No.20, 2003.9, p.22-34.

214.「『図書館学』の初期の頃の寄稿者たち」『図書館学』No.83, 2003.9, p.1-12.

215.「『図書館小識』の増訂版について」『図書館雑誌』Vol.97, No.10, 2003.10, p.733-734.

216.「司書・司書教諭課程の設置にかかわって」『梅花女子大学司書・司書教諭課程20周年記念誌』2004.3, p.2.

217.「日本における図書館の歩み」『国際交流』（国際交流基金）Vol.26, No.3, 2004.4, p.39-43.

218.「日本文庫史略史」『同志社大学図書館学年報』30号別冊, 2004.6, p.1-15.

219.「ヘンリー・ペトロスキー著, 池田栄一訳『本棚の歴史』」（書評）『図書館界』Vol.56, No.3, 2004.9, p.196-198.

220.「日本近代公共図書館史の転機としての1920年代」『文化学年報』第54輯, 2005.3, p.49-62.（渡辺信一先生退職記念論文集）

221.「渡辺信一教授の人と業績」『生涯学習時代における学校図書館パワー：渡辺信一先生古稀記念論文集』同論文集刊行会, 2005.3, p.1-9.

222.「南先輩を憶う」『図書館界』Vol.58, No.2, 2006.7, p.144-145.

223.『日本図書館史概説』日外アソシエーツ, 2007.1, 248p.

224.「図書館文化史と図書文化史」『日本図書館文化史研究会創立25周年記念2007年度研究集会・総会予稿集』2007.9, p.17-27.

225.「特別講演　図書館文化史と図書文化史」『図書館文化史研究』No.25, 2008.9, p.15-27.

226.「九州と三人の図書館史家——竹林熊彦, 小野則秋, 永末十四雄」『図書館学』No.93, 2008.9, p.1-12.

227.「書評反論　石山洋氏の拙著［『日本図書館史概説』］に対する書評に答える」『図書館文化史研究』No.26, 2009.9, p.97-107.

228.「河井弘志著『ドイツの公共図書館思想史』（書評）『図書館界』Vol. 61, No.3, 2009.9, p.216-217.

229.「和田萬吉と東京帝国大学附属図書館の改革」『図書館学』No.99, 2011. 9, p.1-6.

230.「文庫，書籍館，図書館そして〈壁のない図書館〉へ」『図書館学』No. 100, 2012.3, p.1-9.

231.「序にかえて」『図書館情報学教育論叢』（岩猿敏生先生卒寿記念論文集）京都図書館学研究会，2012.6, p.3-5.

232.「図書館教育と図書館学教育：60 周年によせて」『同志社大学図書館学年報』No.38, 2013.9, p.139-145.（同志社大学図書館司書課程 60 周年記念特集号）

（京都図書館学研究会が 2007 年に刊行した『岩猿敏生先生著作目録――米寿記念――』を同研究会が 2017 年 10 月現在で更新したものをもととしている。）

岩猿敏生先生　主要論文抄

1 図書館学における体系と方法

『図書館学会年報』Vol.4, No.2（1957.9）

1. 学における体系と方法

　学問における体系概念については、全く相反する二つの見解が見られる。

　一つはプラグマチズムで、これは学問における学問性を方法にのみ認める。プラグマチズムは出来上がった体系に背を向けるところにその特色をしめすのである。

　これに対して、学問における体系の優越性を説いたのはヘーゲルであった。ヘーゲルにとっては「知識は学問としてのみ即ち体系としてのみ現実的である」。そして「体系なくして哲学することは少しも学問的であり得ない」[1]。このようにヘーゲルにとっては、学問の学問性は常に体系にあると考えられたが、しかしヘーゲルの哲学において一般にわれわれの注意をひくものは、むしろその方法——弁証法——である。そしてこのことは哲学の場合にはむしろ当然と言えるであろう。なぜならば哲学においては、すぐれた体系は常にひとつの方法であるからである。

　ところで体系とは組織の概念でなければならない。組織を持たない体系というものはありえない。しかも組織だてるということは、一定の方法を考えることなしには行われえない。方法なしには何事も組織だてることができないからである。したがって学における体系とは組織だてるというひとつの方法概念として考えることができるであろう。

　ここで学問における方法について簡単に触れておこう。学問における方法について語るばあい、われわれは二つの方法概念を区別しなければならない。すなわちひとつはある学問の対象に迫っていく

「学問研究の方法」であり、いまひとつは、ある学問内容がいかなる観点から選択されたかという「学問構成の原理」である。学問の方法というとき、この二つの方法概念を混同すると混乱を生ずる。いろいろの図書館現象を統計的方法で取扱ってみたり、また歴史的方法で対象にせまろうとするとき、そのばあい方法と言われているものは第一の方法概念にかかわるものである。これに対して、図書館学という学問の構成原理の基礎についての一般的考察という、いわゆる図書館学論は、第二の方法概念に関わるものである[2]。

学問の体系が組織だてるという一定の方法概念としてとらえられるとき、その組織は一定の観点から選択された学問内容の思惟的整序としての組織であるかぎり、体系論に関わる方法論はつねに第二の方法概念に属する。したがって以下本論で方法と言われているのは、特にことわらないかぎりこの第二の方法概念にかかわるものである。

注
1）Hegel, G. W. F. *Phänomenologie des Geistes.*（Phil.Bibl.）S.16.
2）この点については拙稿「図書館学方法論試論」西日本図書館学会編『図書館学』第2号，1955, p.2-10）を参照されたし。

2. 小野氏と大佐氏の図書館学の体系

体系が学問内容の思惟的整序としての組織であり、結局は方法概念にぞくするものであるかぎり、これまで日本において発表されてきた図書館学の体系なるものも、方法概念の十分な反省がなされていないところに大きな欠陥があった。以下に、日本においてこれまで発表されてきた体系論をふりかえってみよう。

小野則秋氏は昭和11年（1936年）の「図書館研究」誌上に、図書館学の体系について発表しておられるが、これはおそらくこの方面での先駆をなす論文であろう[1]。その論文のなかで小野氏は「図書館学ヲ基礎ヅケルモノハソノ体系デアル」として、「図書館ノ本

質ヲ論定スル原理論ト、機能ヲ統率スル方法論ト、形式的統制トシテノ行政論、更ニ補助科学論ノ四部門」を図書館学の体系として挙げておられる。そして原理論は図書館史と図書館員教育に、方法論は図書整理法と図書利用法に、行政論は図書館法規と図書館管理法と図書館運動に細分され、補助科学は、社会学、教育学、論理学、書誌学、其他と細分されている。補助科学の部門を除いて、他のものはさらに細かに分けられている。

　戦後、大佐三四五氏はその労作「図書館学の展開」において、図書館学の構成体系として、小野氏のものよりもさらに詳細な体系を発表しておられるが、氏においては図書館学は大きく理論、史論、実務論、文献学、補助科学の5部門に分けられ、さらにそのおのおのが細分されている[2]。

　この小野氏の体系と大佐氏の体系との間は、20年の歳月によってへだてられているが、いまこれらの体系を見ると、これらはいずれも、その当時の図書館員の知っておくべき知識の項目の羅列といったものであって、学問的であるよりは教育的である。そのことは、これらの体系のなかに、いずれも学としては図書館学とは別個の独立科学たるべき学をも図書館員にとって必要視されるところから、図書館学の体系のなかに編入しているところからも明かである。前にのべたように、体系は一つの方法によってつらぬかれなければならない。しかるに大佐氏の挙げられた図書館学の5つの部門にしても、小野氏の4つの部門にしても、それら部門間の相互の連絡はいかになるのであろうか。4つまたは5つの部門が集まって一つの図書館学を構成するのであれば、それらの部門は一つの糸で、すなわち一定の方法で、くくられていなければならない。この結びつけるはたらきをする糸を考えないで、図書館学はこれらの部門からなり立つ綜合科学であるといっても、それでは体系とは称しえない。なぜならば体系とはモザイックではなくして、組織であるべきだからである。組織するという一つの方法概念が貫いていなければならないからである。

現実のある対象が学問的方法によって、学問の内容として構成されてくるその過程は、現実に対するひとつの単純化である。文化的社会現象をある観点から単純化し、限定していくところにいろいろの社会科学は成立してくる。たとえばこの文化的社会現象を経済的制約性という一観点から単純化し限定していくところに、経済学が成立してくる。それならば、図書館学は文化的社会現象をいかなる観点——これは方法概念である——から限定しようとするのであるか。私はそれを、文化の運載者としての図書という面から単純化し、限定していくところに求めてみたのであるが[3]、もちろんこれにはいろいろと批判もあるだろう。いま私の説の当否はしばらく措いて、学問における体系は、このように現実の対象ではなく、学問内容として構成された対象の組織化として考えらるべきである。図書館学の体系について言えば、その体験は経験的実在としての現実の図書館活動の事実に基礎づけられるのではなくして、学問内容として構成された図書館現象に基礎づけられるべきものである。私はこの図書館現象を「書写または印刷された記録類を認識・収集・組織・利用する文化的社会現象である」[4]と規定してみた。

　小野氏はこの点において、体系を図書館活動の事実に基礎づけようとされたし、小野氏の図書館学体系の図式はまたかかる立場から構成されたものであった。氏は「…図書館学自体ノ有機的体系ガ、結局学トシテノ図書館学成立ノ基礎ヲ決定スルノデアル。然シナガラ我々ハコ、ニオイテ考ヘナケレバナラヌコトハ、我々ノ知性ハ、易々ト観念ノ世界ニ体系ヲ作ルトイフ事デアル。観念ノ世界ノ体系ハ、必ズシモ現実事象ノ体系トハ一致セナイ場合ガ多イ。観念ノ世界ニ於イテ容易ニ図書館学ノ体系ヲ造リアゲタトシテモ、ソレハ現実ニ於ケル図書館学ノ存在トハナラナイノデアル。夢ハ結局現実世界ニ降リテ来ナイト等シク、観念ノ世界ニ築イタ図書館学ハ、現実ノ図書館ニ対シテ、何等ノ指導モ、原理モ与ヘナイデアラウ。図書館学体系ノ根底ニハ図書館活動ノ事実ガ予想サレテ居ラネバナラヌ」[5]と書いておられる。

1 図書館学における体系と方法

　小野氏のこの図書館学体系論は、これまでの日本の館界における体系論をもっともよく示すものと思われるので、ここに詳しく引用させていただいたのであるが、学的対象として構成されていない、生のままの現実の図書館活動の事実に体系概念を基づかせようとするとき、体系に混乱をもたらし、単なる項目の羅列に終るのである。そこには前にも述べたように項目間の方法的連関が見いだされない。各項目を結びつける基底としては現実の図書館活動の事実はあるが、これは学的原理ではない。マックス・ウェーバーも言っているように、「『事物』の『実質的』連関ではなくして問題の思想的連関が科学の研究領域の根底に存する」[6]ものである。体系は学問的原理としての方法概念につらぬかれてなければならない。

　経験的実在の思惟的整序としての経験科学は、思惟的整序であるがために、どこまでも抽象の産物であり、「観念ノ世界」である。図書館学も経験科学として、このような「観念ノ世界ニ築イタ図書館学」であることによって、かえって現実の個々の図書館に対して、指導と、原理を与えることができるのである。

注
1）小野則秋「図書館学序説──図書館学ノ可能ト限界ニツイテ」『図書館研究』* 9 巻 3 号，1936, p.347-358.
2）大佐三四五『図書館学の展開』丸善，1954.
3）拙稿「図書館学方法論試論」西日本図書館学会編『図書館学』第 2 号
4）同上
5）小野則秋：前掲論文
6）マックス・ウェーバー『社会科学方法論』岩波文庫赤版 p.38.

3. 藤林氏の図書館学体系

　前節で小野氏と大佐氏との図書館学体系を見てきたのであるが、これらはいずれも、前にのべたように、学的体系ではなくして、現実の図書館活動の事実に基づく実質的連関に着目したものに外ならなかった。このような体系が学的体系として誤認されるところか

29

ら、たとえば神本光吉氏が問うたように、図書館学におけるいわゆる図書館理論と図書館実務との「両者の間の関係は如何」という疑問が提出されてくるのである[1]。

神本氏はこの問題について「図書館学はその内容に図書館技術を持つのではない。もしあくまでもそれを内容とすることを主張したときには学問として成立し得ないであろう」[2]とのべ、図書館学とは「図書館機能を対象にして、社会におけるその機能を理論的に研究し、図書館の本質・類型・段階・法則等を内容とするものである」[3]としている。そしてここでいう図書館機能とは「社会にある文字記号、もっとはっきりいえば知識の社会的伝達」[4]だとされている。

しかし神本氏のように、図書館理論と図書館実務を峻別し、図書館学の内容から実務を排除し、図書館学の内容をその本質・類型・段階・法則等とすることは、その内容をあまりに狭めることになるであろう。もちろん実務そのものは学ではない。しかしながら図書館学は現実の図書館活動のすべてを対象としうるものでなければならない。学にとって大切なのは、現実の事象をいかに学的体系として構成加工するかという方法の問題である。このように見てくるとき、神本氏のように図書館理論と図書館実務を峻別すること自体意味を持たないことになる。図書館実務といわれるもの自体、現実の図書館活動の事実であって、それを学的対象として構成加工してくるとき、それは図書館学の内容となりうるものである。ただしこれまでの図書館技術と言われるものが、そのまま学であるのではない。なぜならばこれらは、図書館活動の事実を技術的に処理したものであって、学的に取扱ったものではないからである。

神本氏が図書館学の内容から実務論を排除しようとされたのは、結局これまでの体系と言われるものに方法的統一がなかったからである。その点において藤林忠氏の論文「図書館学の基礎問題」[4]はすぐれていると思う。藤林氏も一つの図書館学の体系を提出しておられるが、小野氏、大佐氏の場合と異なって、その体系はひとつの

原理から導き出されているのである。

　藤林氏の論文はすぐれたものであるが、その発表誌が特殊であったため、割合に館界人には知られていないようである。それで少し詳細に氏の説を紹介してみたい。

　氏によれば、過去から現在、未来へと図書館はさまざまに分化発展し、今後もますます複雑化していくであろうが、図書館が図書館であるかぎり、それらすべての図書館に共通する普遍的、永遠的なものがなければならない。図書館学はこの普遍的、永遠的なものを洞察把握なければならない。そして氏は、

　　この可動的な図書と図書館の中から普遍性、永遠性を有しない一切の要素を捨象すれば、究極的に抽象される唯一の原理は、読者なるものと図書なるものとの結合関係である。この両者の純粋な関係こそは、人類の発生とともに存在したであろう原始図書館から永遠の未来に及ぶあらゆる図書館に見いだされるべき思惟的世界に於ける客観的実在としての、抽象的普遍原理でなければならない。従って図書館学の本質は、この読者と図書との関係を根本原理として、これから導出される諸関係を論理的に系統づけたものであると言うべきである。これを具体的に説明すれば、形式的には人間と図書、内容的には図書即ち観念の表象と、人即ち思惟の実在との結合に基づいて、新たなる思惟活動が創造される関係を基調とするものである[5]。

　藤林氏は図書館学の根本原理としての読者と図書との関係にもとづいて、現在の図書館発達の段階における構成要素である読者、館員、図書、図書館を体系づけて次の表のような図書館学の体系を展開するのである。

　この体系そのものについてはいろいろと批判もあろう。今一、二をあげてみても「相互的研究対象」のうちでは、参考事務を図書館奉仕の中に入れないで、図書館技術のなかに入れていること。また「各個別研究対象」のうち図書のところが図書学、書誌学、文献学となっているが、これら三つの名辞はどう区別されるのかなどとい

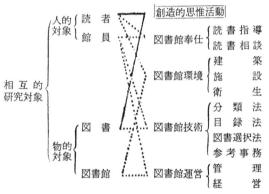

った疑問が一見しただけでも起こってくるであろう。このように体系表そのものには問題はあるであろうが、私がこの論文をすぐれていると言ったのは、学問構成の手続きが方法的であり、またその体系が原理的な方法概念によってつらぬかれているからである。

　もちろん藤林氏の読者と図書の総合関係を持って図書館学の原理とされる見方に対しても異論があるであろう。そして藤林氏の体系を根本的に批判するには、この原理そのものからして批判していかなければならない。

注
1）神本光吉「図書館理論と図書館実務」『図書館員のメモ』第2号 1955, p.1.
2）同上 p.5.
3）同上 p.6.
4）藤林忠「図書館学の基礎問題」『山口大学教育学部研究論叢第1巻』第1号 1951.
5）藤林氏　前掲論文　p.156-157.

4. 図書館学における体系の意義

菊地租氏は昭和 28 年秋の日本図書館学会第一回総会で「図書館学への社会科学的方法の導入こそは本来の意味におけるアカデミー性を確保する主要な道の一つである」[1]とのべているが、図書館現象が文化的社会現象であるかぎり、図書館学は社会科学のひとつとしてのみ成立するのである。

ところで社会科学の関心の出発点は、われわれを取りまく社会的文化生活の、現実的な、従って個性的な様相である。自然科学の場合問題となるのは事象の量的な測定可能の諸関係であるのに対して、社会科学で問題となるのは事象の質的色彩である。P. Butler はその Introduction to library science を科学論で始めているのであるが、Butler がそこで考えている科学概念は自然科学的概念である。図書館現象が文化的社会現象であり、したがって図書館学は社会科学の一つとして成立しなければならないとき、Butler の考えるような科学概念は図書館学にとって、なんのみのりをも約束しないであろう。

図書館学が社会科学として成立するとき、藤林氏の考えるような、読者と図書との結合関係といった図書館現象の中に含まれるような因素を抽出し、この両者の結合関係から生れる「創造的思惟活動」という抽象的普遍原理を図書館現象の根本原理とするような見方は、いかなる意味を持ちうるであろうか。

現実科学としての社会科学の認識しようとするのは、事象の現実的な個性的な様相である。したがって究極的に問題になるのは、単なる因素の抽出もなければ、また素因（因素？：編者）の普遍的な結合原理でもない。実在の認識にとって問題となるのは、このような諸因素が集合して、歴史的に意義ある一つの文化現象として存在しているところの様相である。そしていまかかる様相を因果的に説明しようとすれば、いつでも他の全く同様に個性的な諸因素の集合にさかのぼらなければならない。その場合もちろん原理とか法則を

利用しつつ以前の個性的な事象から、後の個性的事象が説明されるのである。それで社会科学にとっては、因素の抽出とか、法則の定立とかいうものは、どこまでも学的作業をやる上での手段であり、目的ではない。目的は個性的な実在の説明である。しかも社会科学の認識対象たる個性的な実在は歴史的個体である。

　しかも前にのべたように、それぞれの社会科学が成立してくるのは、文化的社会現象をいかなる観点から単純化し、限定していくかという点にある。社会科学において原理と呼ばれるものは、このような根本的な観点を示すものでなければならない。したがって図書館学の原理とよばれるものも、文化的社会現象を、社会学や経済学や政治学や、その他の諸科学とは違った観点からとりあげなければならない。各々の学問を分けるのは、このような根本的な観点、すなわち原理によるのであって、認識対象によるのではない。たとえば一つの宗教事象でも、宗教学的観点からとらえられるばかりではなく、また社会学的観点からでも、経済学的観点からでもとらえられるのである。

　いま藤林氏は図書館学の根本原理として、「読者なるものと図書なるものとの結合に基く新たなる思惟活動の創造」という根本的な観点をとろうとされるのである。しかしながらこの観点は、ひろく人間の学的活動の全般をひっくるめ得るものであって、ひろく文化的社会現象といわれるものの中から、図書館現象という一つの現象を単純化し、限定していくには不十分だと思われるのである。藤林氏の見解はすぐれたものと思うのであるが、この点において私は充分に賛意を表することができない。

注
1）菊池租「図書館学の Akademie 性について」日本図書館学会編『図書館学会年報』Vol.1, p.2-6.

5. 図書館学における方法

　図書館現象のような文化的社会現象は永遠に向って限りなく流転していく。このように流転していくものを科学的に把握しようとする社会科学にとって、体系というものはいかなる意味を持つであろうか。流れ動いていくものに対して一つの完結した概念体系を作り上げ、そのなかに何らかの意味で究極妥当的な組織の形で実在を総括し、さてそこから再び実在を演繹するようにするのが、たといいかほど遠い未来のことであるにもせよ、社会科学の目標だとするような考え方は、マックス・ウェーバーによれば「それ自体一つのナンセンス」[1]である。かかる試みは時間に向かって「止まれ」と命じたファウストのように不可能を願うものであろう。社会科学における体系は、社会科学が現在において取扱うべき問題と領域とを示すだけのものに外ならない。小野氏や大佐氏の図書館学体系はかかる意味を持つものであり、そういう意味において教育的意味を持ち得たのであった。しかし実在は常に体系的固定化を打ち破って流れ動いて行く。このような実在を体系から演繹しようとすることは全く不可能である。

　それではこのように流れ動いていく実在を科学的にとらえようとする場合、いかなる方法（第一の方法概念による方法）がとられなければならないであろうか。前に書いたように、社会科学の認識対象たる個性的な実在は歴史的個体である。実在は体系、法則から演繹され得ないとすれば、一つの歴史的個体を因果的に説明しようとすれば、結局いつでも他の全く同様に個性的な歴史的個体にさかのぼらなければならない。ということは歴史的認識方法が要請されてくるということである。実在というものが一定の学説体系から演繹されるものでなく、学説体系に先だってすでに（déjà）あるものであるかぎり、このようなものの認識がまず歴史的方法を以て始められなければならならないことは明らかである。図書館学が社会科学の一つとして成立するかぎり、図書館学にとって図書館史こそ、も

日本図書館学の奔流：岩猿敏生著作集

っとも根底的なものとならならなければならないであろう。

　以上述べてきたところから明らかなように、社会科学としての図書館学にとっては、体系なるものは小野氏の説くところに反して、大した意義を持ち得ない。また図書館学がどこまでも経験科学である限り、それは藤林氏の唱えるような「当為の図書館学」[2]としては成立し得ない。図書館学が現実科学としての社会科学として成立するかぎり、それは現実に対する関心から出発するものである。しかしそれが科学として成立する限り、問題は常に真理性にある。したがって、図書館学の成果が図書館実務の上に役立つかどうかということは問題ではない。もちろんその成果は実務の上に生かされて、何らかの効果をあげうるであろうが、そのこと自体は図書館学にとっては問題ではないのである。科学はどこまでも真理の追求を目指すものだからである。

注
1）マックス・ウェーバー『社会科学方法論』岩波文庫版 p.65.
2）藤林忠「図書館学の基礎問題」『山口大学教育学部研究論叢第 1 巻』第 1 号 1951, p.158.

System and Method of Library Science

Criticizes the theories of Ono, Osa, Fujibayashi and other people. Library phenomena, which is historical individuality, is hardly interpreted with system and laws to be set up. History of libraries should be the most fundamental in library science, in order to interpret the library as historical individuality in terms of 'cause and effect'.

編者注
　＊『図書館学研究』の正式名は『圕研究』

2 日本における図書館学の歩み

『*Library and Information Science*』No.31（1993）

I. わが国における図書館学という言葉の始まり

　ただ今は過分のご紹介をいただきましたが[1)]、日本図書館学会長と申しましても、なにもこれといった業績があるわけではなく、第一線の研究者である学会役員の方たちより私がずっと年長でありますため、このような大役を仰せつかっているのではないかと思っています。年長でありますため、古いことになりますと、多少は知っていることがあります。それで高山先生からお招きいただいた時、標題のようなことであればということで、お引き受けした次第です。

　ところで、日本で図書館学に関する紹介として最も早いと思われますのは、1883年（明16）3月『文部省教育雑誌』（173号）に掲載された近藤鎮三（やすぞう）訳の「書籍館学」でありましょう。その全文については、青木次彦「図書館学事始め」（『同志社大学図書館学年報』創刊号 1975, p.29-30）に転載されています。これは近藤がドイツ語文献から翻訳したものですが、その原典が何であるかは解っていません。1872年（明5）4月に文部省が書籍館を設置していらい、1880年代前半は図書館という名称より書籍館という名称の方が広く用いられていましたので、近藤が訳語として図書館学ではなく書籍館学を用いたのも、当然であったといえましょう。近藤鎮三は図書館関係者ではなく、当時文部省御用掛として、ドイツの教育関係の文献の翻訳をしていたことが知られています。なお、日本で図書館という名称を最初に用いましたのは、1877年（明治10）に設立された東京大学図書館です。1880年代後半からは書籍館という名称より図書館という名称の方が広く用いられるようにな

り、1899（明 32）年に図書館令が公布され、図書館という名称が定着します。

　日本での図書館に関する最初の単行本は、帝国図書館員であった西村竹間編『図書館管理法』（1892 年）であります。その緒言の中で彼は、欧米諸国においては "図書館管理法ノ如キモ近時大イニ歩ヲ進め"、"往々図書館学ヲ一種ノ専門科トナス……" と述べています。しかし、図書館学の内容がどのようなものかについては、なにも述べていません。西村のほかに図書館学に言及したものとしては、植松安（『教育と図書館』1917 年）や、田中敬（『図書館教育』1918 年）というような人たちもいますが、図書館学の内容に言及した最初の人としては、和田万吉の『図書館学大綱』（1984 年）[2] を挙げなければなりません。

II．和田萬吉の図書館学論

　『図書館学大綱』は和田博士が 1918 年（大 7）から東京帝大文科大学で講義したノートに基づいて 1984 年に日本図書館協会（JLA）から編集刊行されたものです。この本で和田は "図書館学は図書館を経営するに必須の事項を研究する学問"（p.25）と定義し、その内容を二つに分けて "その一は図書館即ち図書の置場に関する研究" で、"今一は図書其物に関する研究" であると述べています。第 1 は図書館管理法即ち library economy に当たるものであり、第 2 は書誌学です。このように、和田は書誌学を図書館学の重要な一分野と考えましたが、こうした図書館学に対する考え方は、和田も創立に参加した日本図書館協会にも、そのまま見られる考え方であります。

　たとえば、1906（明 39）年の協会の規約を見ますと、その第 1 条に、日本図書館協会は "図書館及ビ図書ニ関スル事項ヲ研究シ……" とあります。書誌学研究は協会にとってその目的のひとつであったわけです。それで協会の機関誌『図書館雑誌』には書誌学関係の論説が数多く掲載されていますが、これは決して理由の無い

事ではありませんでした。

　協会の規約第 1 条は、1929 年に協会が社団法人に改組されるの
にともない、改正が行われ"図書館及び図書に関する事項……"の
うち図書が削除されますが、書誌学重視の協会の姿勢はその後も続
きます。1942 年に協会の部会規則が改正されて、館種別部会（公
共、学校、特殊）のほかに第 4 部会として、書誌学部会が新たに置
かれたのもその現れといえましょう。また、戦後のことになります
が、1952 年に協会から初めて『図書館ハンドブック』（初版）が出
ますが、これには書誌学の項がちゃんと設けられています。

　1955 年の『図書館雑誌』（49 巻 3 号）は、「書誌学を復興すべき
か」という特集を組みます。特集を組んだ意図として編集委員会は
つぎのように述べています。

　　　戦後 10 年、書誌学についての図書館員の興味は甚だうすく
　　知識も貧困であることが痛感されます。まず第一に、今日のこ
　　の事態について、書誌学の復興を叫ぶ必要があるのではないで
　　しょうか。

　特集は書誌学を復興すべきかというアンケートに対する書誌学者
の回答を集めていますが、書誌学者の回答ですから書誌学無用論が
出るはずはありません。中には、戦後の館界における書誌学軽視
は、アメリカ図書館学一辺倒の館界の風潮によるという指摘もあり
ます。しかし、興味深いことに、この特集いらい『図書館雑誌』の
誌上から書誌学に関する論説が全く姿を消してしまうことです。そ
れは、後に述べますように、新たにドキュメンテーションという新
しい問題に館界が直面していったことが大きかったと思われます。

Ⅲ．小野則秋の図書館学論

　このように、戦前から戦後当初まで、協会は図書館学に対する和
田説と同様に書誌学を重視してきましたが、戦前期において、書誌

学を図書館学の一分野とする考え方に明確に反対したのが小野則秋でありました。小野は1933年10月に27才で北九州の八幡市立図書館司書として館界に入りました。1年半後の1935年4月から同志社大学図書館に移り、戦前戦後を通じて同志社図書館人として活躍した人でありますが、同志社に移った翌年から、堰を切ったように図書館学関係論文を発表し始めます。そのデビュー論文が「図書館教育ノ本質」(『図書館研究』[3]1936年、9巻1号)であり、彼の図書館学論を知る上で極めて重要な「図書館学序説──図書館学の可能ト限界ニ就イテ」(『図書館研究』[4]1936、9巻3号)も同じ年に発表されます。

　当時の図書館研究者のほとんどが、図書館という施設なり制度なりを前提として、図書館業務をいかに効率よく管理運営するかという図書館管理法を専ら学問にしたのに対して、小野は図書館という施設、制度じたいの本質から問おうとしています。小野がこのように、図書館とは何かという本質から問おうとしたのは、彼じしんの資質とともに、小野が館界に入った当時の状況をふりかえってみる必要があります。

　小野が館界に入った1933年の6月には、1899年に公布された図書館令が全面的に改正されました。法改正により公共図書館を国民精神総動員体制の一翼に組み込もうとする文部省側と図書館界が、とくに改正図書館令第1条第2項の"図書館ハ社会教育ニ関シ附帯施設ヲ為すコトヲ得"という条項をめぐって、『図書館雑誌』上で論戦を展開した年でありました。とくに、町村図書館を社会教育のための社会教育館としようとする文部省側の意図に対して、あらためて図書館側としては図書館の本質を問い直す必要に迫られていました。図書館を専ら教育機関と考えた当時にあっては、図書館の本質を問う事は図書館教育の本質を問うことであり、小野が「図書館教育ノ本質」を書いたのも、まさにこのような時代状況があったと考えられます。

　小野がつづいて図書館学論を展開せざるをえなかったのは、図書

館の本質が根本的に問われなければならなかったからであります。小野が展開した図書館学論の内容については、ここで詳しく論ずる時間的余裕はありませんが、小野は日本の図書館学史の上でユニークな位置を占めていると私は考えています。この点につきましては、他の機会に発表する予定にしていますが、ひとつだけここで指摘しておきますと、戦前のこの時期に小野が始めて書誌学を図書館学の領域外にあるものとして、和田や日本図書館協会の図書館学に対する見解をはっきりと否定したことであります。それにもかかわらず、日本図書館協会は先に述べましたように、戦後の50年代半ばまでなお書誌学を重要視し続けました。館界が書誌学を重要視すること自体を私も少しも反対するものではありません。ただ、小野が書誌学を図書館学の領域外に置いたように、はっきりした学問的論拠もなしに、書誌学を図書館学の一分野とみなすことじたい、すでに一つの学問としてある書誌学に対して失礼でもあると思います。

Ⅳ. 1950年代の図書館学論

　敗戦により天皇制絶対主義体制は崩壊し、民主主義社会体制の基礎が日本国憲法によって置かれました。図書館は思想、信条の自由、表現の自由が保障される民主主義社会の中で初めて発展が可能になるものであります。わが国においても、敗戦後ようやく図書館発展の社会的基盤が得られたといえます。

　ところで、戦後の図書館研究は、戦前のそれが多くの場合たんに図書館に関する研究を包括する一般的な用語にしかすぎなかったのに対して、ひとつの学問領域としての図書館学の確立を目差そうとするものでした。戦後になって始めてわが国の図書館学研究は、本格的に library economy から library science への展開を遂げようとする努力が続けられるようになりました。

　そのような契機として、まず第1に考えられますのは、1950年に公布された新しい理念に立つ図書館法であります。図書館法によ

41

って司書、司書補の資格とその取得方法が始めて明示されました。資格の取得は、大学で開催される司書講習の受講か、大学における図書館に関する科目の履修によることになりました。図書館法の公布によって、翌1951年から全国的に主として旧帝国大学を会場にして、図書館の現職者を対象として司書講習が始まりますが、新しい理念に立つ図書館に関する科目について、講習で講師になる人たちのためのシラバス作成のため、講習に先立って図書館専門職員養成講習指導者講習会が開催され、『図書館学講義要綱』がまとめられました。

　この講義要項は図書館法施行規則で定められている科目内容について詳細に述べていますが、全体を貫いているのはアメリカ流の管理よりも奉仕の重視です。私は科目名もたとえば「レファレンスワーク」のように片仮名書きのものもあったりするので、戦前とはかなり違った新しい科目が加わったのかと思っていましたが、調べてみますと、たとえば戦前の1941年の図書館講習所[5]規則による科目名とほとんど違いはありません。レファレンスワークも「図書館参考事務」という科目名ですでにちゃんと教えられています。戦後新しくなったのは、科目名ではなくその内容でした。

　戦後は他の分野もそうでしたが、図書館界もアメリカ図書館学一辺倒であり、アメリカ図書館学は全国的に開催された司書講習を通して一挙に全国に拡大されていきました。私も1951年の九州大学での司書講習に参加しましたが、図書館に対して古いイメージしか持っていなかった私にとっては、講習で教えられた内容はまさに目から鱗が落ちる思いをさせられました。この講習によって新しい図書館の理念に目を開かされ、図書館についてもっと勉強したいという意欲に促された受講生たちが中心になって、50年代前半に相次いで地域的な学会や研究会が結成されていきました。新しい図書館理念を全国的に普及させ、図書館に対する関心と熱意を高める上で、現職者の再教育であった当初の司書講習は、戦後の図書館学研究の促進に寄与するところが大きかったと思います。

2　日本における図書館学の歩み

　戦後の図書館学研究を促した第2の契機として、図書館法によって図書館学が始めて大学で教えられる科目となったことが考えられます。大学で教えられる科目となることによって、ある学問領域は初めてひとつの学問領域としての認知を受けることになり、また、研究、教育のための制度的な裏付けを得ることになります。多くの学問領域はその領域の学問的研究の発展によって、大学で研究、教育される学問としての地位を獲得していきましたが、日本の図書館学の場合、図書館学研究の発展によったのではなく、法令的な裏付けによってその地位が与えられました。そして、日本においてそのパイオニアになったのが、1951年にスタートした慶応義塾大学のJapan Library School（JLS）であったことはよく知られているところです。JLSでは、当初日本人で新しい図書館学教育を担当できる人がいなかったため、教授陣はすべてアメリカ人教師であり、彼らによって本格的にアメリカ図書館学が移入されていきました。

　その後東大や京大に図書館学の講座が設置されたり、若干の国立大や私立大で図書館に関する科目の講義が行われ始めましたが、国立大の場合そのほとんどは教職のための科目のひとつに過ぎず、慶応のような本格的な図書館学の教育体制を持つものはありませんでした。そのように、図書館学の教育、研究体制は不備であったにもかかわらず、大学で教えられる科目となったことは、図書館学をたんなる職業教育の領域からひとつの学問領域へ高める努力を図書館関係者に課すことになりました。

　50年代はまた日本の図書館学史の上で異常なほどに図書館学論が賑やかであった時期であります。それは司書講習を通して広められた新しい図書館理念に眼をさまされた図書館員意識の高まり、図書館学が大学で教えられる科目となったことによりacademic discipline のひとつとして図書館学を確立しようとする意欲の高まり、これらのほかに、この時期に図書館界を揺がした図書館の中立をめぐる熱い論争によるものと考えることができます。

　図書館法公布の翌年、日本はサンフランシスコ平和条約により、

国際社会に復帰しましたが、それはまた同時に日米安全保障条約の締結により、冷戦構造の一部に組み入れられることにもなりました。その結果、国内的にも政治思想上の対立の激化により、52年には皇居前の血のメーデーといわれる混乱を生み、それに対して権力側は破壊活動防止法を公布することになりました。こうした社会的動揺の影響は図書館界にも及び始め、思想的対立に対して図書館は中立を守るべきか、また中立性とは何かをめぐって、図書館の社会的あり方に対する深い反省を図書館界はせまられることになりました。そこから、図書館のあり方を根底的に問おうとする動きが必然的に生まれてきました。

図書館のあり方に対して学問的にアプローチしようとするとき、図書館という現象は当然のことながら自然現象ではなく、社会現象であります。そこから、図書館という社会現象に対する学問的アプローチは、必然的に社会科学としてのアプローチになります。したがって、社会科学のひとつとして図書館学をいかに確立するか、そのための方法論はどうあるべきかといういわゆる図書館学論が、50年代を通じて必然的に追求されましたが、後になって50年代の図書館学論は不毛であったと言われるように、図書館学をどのような概念で内容的に構築するかという適当な概念装置を見いだせないまで終わりました。その点が不毛であったという批判を受けることになったわけです。しかし、50年代の図書館学論は具体的な成果を生み出すことには成功しませんでしたが、図書館の発展のためには、たんなる経験的知識の集積と合理化だけではなく、学問的な方法に基づいた社会科学的研究がどうしても必要であることを明確にすることができました。

V. 1960年代のドキュメンテーション論

有効な概念装置により図書館学の内容を構築するまでに至らなかった50年代の図書館学は、50年代後半には、外部からの新しい侵入者の到来に目を奪われることになりました。それがドキュメンテ

ーションの活動です。1958年には国際十進分類法協会がその名称を日本ドクメンテーション協会と変え、また『ドクメンテーション研究』という雑誌も刊行され始めました。さらに図書館界にとって衝撃的であったのは、1957年に法令に基づいて特殊法人として設置された日本科学技術情報センター（JICST）の出現でした。科学技術の分野といえども、その文献や文献情報の収集、整理、利用サービスも図書館活動の領域と考えていたのに、その分野の文献情報サービスに関しては図書館ではだめだと言うことで、図書館とは別に新しく文献情報センターが設置されたわけです。

　しかも科学技術分野の文献情報サービスを担当する人たちは、自らをライブラリアンとは言わずにドキュメンタリストと称し、その活動にあたっては、図書館界で従来使用されてきた用語とは違った用語を使用します。たとえば件名といわずにデスクリプターと言ったりします。これまで図書館員の領域と考えられた領域に入り込んできた人たちの活動が、図書館員の大きな関心を惹かないはずはありません。50年代後半に始まったこうした事態に対して、日本図書館協会はJICST設立の翌年の1958年6月には、文献情報活動委員会（英語名ではDocumentation Committee）を設けて検討を始めるとともに、同年10月の『図書館雑誌』では、ドキュメンテーションについて特集を組みます。特集の意図についてつぎのように述べています。

　　　ドキュメンテーションとは一体何ものなのか。図書館とどんな関係にあるのか。またドキュメンタリストと呼ばれる人々がいる。ドキュメンタリストとライブラリアンとはどう違うのだろうか。この特集は、こうしたことがらの、ある時期における日本的理解図を――と心がけた。

　ここには、ドキュメンテーションあるいはドキュメンタリストと称する人たちの出現に対する当時の図書館員の側の、いささかの狼

狙ぶりが眼に浮かぶ思いがいたします。資源小国の日本が経済復興
をはかるためには、科学技術の発展に力を傾けざるをえません。そ
のためには欧米先進諸国の科学技術情報を一刻も早く入手する必要
があります。こうした時代的要求が図書館とは別に JICST を設置
し、ドキュメンテーション活動の発展を促がしました。

　JLA の文献情報活動委員会は、1960 年には委員会の検討結果を
『ドキュメンテーション入門』と題する小冊子にまとめています。
関西に本部を置く日本図書館研究会は、やや遅れて 1966 年になっ
てようやくその機関誌『図書館界』で、「図書館とドキュメンテー
ション」について特集を組んでいます。しかし、この特集以後『図
書館界』からは、ドキュメンテーションを対象とした論文は消えて
しまいます。『図書館雑誌』はもう少し息長くこの問題を取り扱い
ますが、それでも 1975 年以降はドキュメンテーション関係の論文
は消えてしまいます。それは、60 年代後半以降ドキュメンテーシ
ョンよりもさらに広い概念である情報という概念が、ドキュメンテ
ーションも包み込んで、図書館学の前に現れてきたからでありま
す。

　ドキュメンテーション活動が 50 年代後半から大きくクローズア
ップされたとき、当初図書館員はこの侵入者の出現に狼狽しました
が、日本においてはこれまで図書館がどちらかといえば苦手として
きた科学技術分野に、ドキュメンタリストがその活動を限定してい
る限り、図書館員との間に平和的な住み分けが出来上がってきまし
た。しかも、ドキュメンテーションがひとつの学問分野としてより
も、科学技術分野の文献情報の検索、速報に関する技法にとどまる
限り、それは図書館学を根底から揺がすものではありませんでし
た。それに対して情報学の場合、それはこれまでの図書館学に根底
的な影響を与えることになりました。

VI. 1970 年代以降の図書館情報学への歩み

　60 年代以降の情報学の概念には、私は二つの源泉からの流れが

あるように思います。ひとつは、Shannon[6]や Wiener[7]などによって学問的概念として取り上げられた情報理論（information theory）に基づくものです。今ひとつは D. Bell などによって唱えられた脱工業化社会論に基づく情報化社会論という文明史的概念です。前者の情報理論はサイバネティクスとかコミュニケーション理論といった新しい研究分野を開拓していきましたが、図書館学に与えた影響は何よりも学問的観念として情報を取り扱ったという点であります。

　50年代の図書館学論が結果として不毛に終わったのは、図書館学の内容を構築しうる適切な概念を見出しえなかったからでありますが、学問的な情報理論と共に、文明史的概念として情報化社会論が広く喧伝され、モノの生産を中心とした今までの産業化或いは工業化社会から、情報の生産を中心とする新しい文明史的段階に入りつつあるという Bell などに始まる脱工業化社会論は、情報という概念を大きくクローズアップしました。そして、考えてみれば、図書館こそきわめて重要な社会の情報装置であります。そこから、情報概念を基盤として図書館学全体を考えてみようとする動きが60年代以降徐々に高まってきました。

　わが国におけるこうした動きの先駆となった人として、私は椎名六郎氏を挙げることができると思います。彼は1957年に早くも「図書館情報論」（『日本図書館学会年報』4巻3号）を書き、1960年には『図書館学概論』（学芸図書KK）を出します。同書の第Ⅱ章では「社会と情報の伝達」をとり扱い、最後の章では「ドキュメンテーション」をとりあげています。図書館学への情報概念の導入がここで試みられていますが、まだ旧来の図書館学に新しく情報概念をつけ加えたという感じです。

　彼はさらに1966年には「情報理論と図書館学」（『日本図書館学会年報』13巻1号）を書き、1973年には前著を全面的に書き変えた『新図書館学概論』（学芸図書KK）を公刊します。この本で彼は図書館学を次のように定義しています。"図書館学は図書館現象を研究対象とし、その現象の内容である情報伝達におけるその媒介

体及び媒介作用の一般的理論を明らかにする科学である。"（同書p.26～27）情報という概念に基づいて図書館学を構築しようとする前著いらいの彼の試みが、この新著でどれ程実現できたかは、人によって見解が分かれるところでしょうが、彼がいち早くそのような構築の努力を重ねたことは認めざるをえないでしょう。

　情報概念の上に図書館学を構築しようとする努力を、椎名は個人として続けた先駆者でありましたが、この方向を制度化し、従来の図書館学科を図書館情報学科へ改組し、新しい学問分野を開拓したのもまた慶応でありました。慶応では67年に修士課程としていち早く図書館・情報学専攻を設け、翌68年には学科名も図書館・情報学科に改め、この面におけるわが国のパイオニアになりました。

　国立の図書館短期大学が図書館情報大学になりますのは、慶応よりかなり遅れて1979年であります。また、大学基準協会も1954年に作成した「図書館学教育基準」を1977年に全面的に改正して「図書館・情報学教育基準」にしました。こうして70年代には図書館情報学と言う呼称がわが国においてもすっかり一般化して定着し、1983年には慶応のスタッフの協力により、津田良成編『図書館・情報学概論』（勁草書房）が出ました。図書館情報学に関するわが国における最初の概論書であります。

　こうして、図書館情報学という名称が一般化し定着したと言っても、その学問内容が確立したとまでは言えません。図書館情報学が学問的基盤とする筈の情報学じたいも多様な見方があり、情報という概念そのものも、たとえば糸賀雅児氏を研究代表者とする『「情報」概念をめぐる基礎的検討』（1993年）と題する報告書を見ても、その多様さに亡羊の嘆を抱かざるをえない程です。情報という概念は50年代の図書館学論に参加していた人たちが探し求めていたひとつの概念的枠組みです。情報概念の上にひとつの学問領域として図書館学を構築しうるという展望が、日本だけでなく国際的にも広く支持されたものとして、開けてまいりました。しかし、情報理論でいう学問概念としての情報概念のほかに、文明史的概念とし

ての幅広い情報概念が情報という概念にはない混ぜになっているため、情報を学問的概念として純化することが困難であります。このような困難な問題を抱えながら、図書館情報学の内容をどのように学問的に構築していくかは、今後の私どもの課題でありますが、それは、わが国における図書館学の今日までの歩みを歴史的に辿ってきた私の話の範囲をこえることになります。

Ⅶ. 日本における図書館学研究の歩みをふりかえって

今日までのわが国における図書館学研究の歩みをふりかえってみますと、戦前の図書館学研究はまだ制度的な裏付けを持ちえませんでした。したがって、研究は専ら図書館の現場にいる人たちの業余の努力によってのみ行われていました。その意味では、戦前は図書館学研究のアマチュアリズムの時代といえましょう。制度的裏付けを持ったプロの図書館学研究者が現れるのはようやく戦後のことです。

しかし、今日でも大学における図書館学研究の制度的裏付けは、他の学問分野にくらべますと、残念ながらまだ貧弱です。図書館情報大学や慶応の図書館学科その他の若干の例を除けば、そのほとんどが司書課程として大学に置かれ、ごく少数の専任教員を持っているにすぎません。したがって、司書課程の教育では学外の非常勤講師に頼ることが多く、数少ない専任教員はその勢力の大半を教育に集中せざるをえず、研究活動に割きうる時間を十分に持ちえないのが実情です。戦後においてもなお戦前と同様、わが国の図書館学研究は図書館現場の職員にまだ大きく支えられていると言えましょう。

しかし、戦後は図書館学の研究体制も不十分ながら少しずつ進み、図書館の現場から図書館学の教育、研究の方に移る人たちも現れてきました。これまでのわが国の図書館研究体制の不備が、その教育、研究にあたる人材を十分に育てることができなかったため、現場からの人材補充に頼らざるをなかったからです。一方、中堅、

若手の研究者の中には、図書館の現場経験を持たないで、大学院課程修了後始めから教育、研究に当たるプロの図書館学研究者もようやく現れてきました。

ところが、それとともに、図書館学研究と現場の乖離が指摘されるようになりました。戦前は現場の職員によって図書館に関する研究がすべて行われていましたから、現場と図書館学研究との乖離ということはありえませんでした。戦後図書館学の研究がようやくプロの研究者によって進められるようになりますと、現場の図書館員たちから図書館学の研究成果は現場の役に立たないとか、図書館学研究者は現場を知らないというような批判が投げかけられるようになってきました。たとえば、戦後の公共図書館運動の発展にとって、その出発点ともなり目標ともなって大きな役割を果たした『中小都市における公共図書館の運営』（1963, JLA）にしても、また『市民の図書館』（1970, JLA）にしても、調査、執筆に参加した人たちはすべて現場の図書館員たちでした。図書館学研究者は誰ひとり参加していないではないかという指摘を聞かされたことがあります。戦後のわが国における図書館学研究は、司書の養成教育という点ではそれなりの役割を果たしたとしても、図書館の現場の発展には何の力も持たなかったのでしょうか。

わが国の図書館学研究は、始めに述べましたように、1883 年に「書籍館学」が始めて翻訳紹介されて以来、輸入学問としてスタートしました。輸入学問としてスタートしたのは、何も図書館学だけに限りません。明治以降のわが国の近代的な学問はほとんどすべて欧米先進諸国からの輸入学問としてスタートしました。図書館学の場合、戦後はとくにアメリカ図書館学一辺倒の輸入になり、図書館学研究者はあるべきモデルとしてアメリカの図書館を研究し、口を開けば "アメリカでは……" と、すべてにわたってアメリカの図書館が引き合いに出されてきました。1960 年代までは、研究者が引き合いに出せるようなモデル的な図書館が日本にはほとんどない程、日米図書館のレベルの落差は大きかったのです。

とくに慶応の図書館学校はアメリカ図書館学の日本への輸入の窓口でありました。日米図書館のレベルの落差の大きさは、当時の館界一般に、レベルの高いアメリカ図書館学を学んだ慶応の卒業生は、日本の館界の現場にはあまり役に立たないのではないかというような考え方から、彼らを敬遠するような風潮を生みました。とくにこのような風潮は、発展の遅れていた公共図書館界に見られたように思います。一方、世界的な冷戦構造が強まっていくとともに、国内的にも冷戦構造の一方に日本が強く組み込まれることに対する反発から、左派の運動が反米的な運動に結びつき、図書館界においても、反権力的な動きはアメリカ図書館学に対する反発をも生むことがありました。

昨年の橋本記念講演で長澤雅男先生が1956年の全国図書館大会で、司書講習の継続を文部省に要望するという議論についての討論のさい、慶応の主任教授であったギトラー先生[8]が、講習形式という司書養成は専門職教育としては適切でないという趣旨の意見を述べたのに対して、"アメリカ人帰れ"という野次があったことを話しておられます（『LIS』no.30, p.176)[9]。長澤先生が大会議事録（『図書館雑誌』1956、50巻7号）を調べたところ、議事録には野次のことは記録されていませんでした。56年度の大会であれば私も出席していたはずですから、長澤先生が調べた議事録を私も調べてみましたら、ギトラー先生の発言の後の方で、私もちょっと発言していることが記録に出ています。私じしん、ギトラー先生に対して野次があったことは全く思い出せませんが、先に述べたような雰囲気が館界にはありましたので、そういう野次が飛び出したとしても不思議ではありません。

ひとつの輸入学問が、それが関わりを持つ現場に受容されていく場合、そこになんらかの軋轢が起るのは当然でしょう。その摩擦によって輸入学問も現場によって修正を受けるでしょうし、現場も輸入された学問によって新しい刺激をうけ、現場を発展させる活力が生まれることが期待されます。両者のそういう緊張関係を通じて、

現場も学問も鍛えられていくものと思います。

　ところが、日本では明治いらい図書館研究が専ら現場の人達によってのみ行われてきたため、図書館学を学問として構築していくという努力よりも、現場の業務の改善に役立つ知識のみが図書館研究に期待され、また、そうした実務的知識の開発が常に優先されてきました。そのような伝統があるため、輸入学問としての図書館学や、学問としての構築を試みようとする努力は、すぐに現場に役立たないということで、図書館学研究を現場とは無縁のものであり、図書館学研究者は現場を知らないということで、図書館学の研究成果を無視する風潮が今日においてもなおあるとすれば、残念なことです。

　これは、戦後アメリカ図書館学一辺倒であった図書館学のあり方にも問題があったでしょうし、日本の図書館学じたいがまだ十分に輸入学問の域を脱していないという研究者側の研究じたいにも、問題があることは確かです。しかし、性急に学問研究に現場に直接役立つことのみを求める図書館の現場の側にも、学問というものに対する理解という点で問題があります。学問研究はそれじたいが自己目的化してはならないことは当然ありますが、また、現場の運動論や活動論のたんなる手段になってしまうことも問題です。それは結局学問の御用学問化につながります。学問と現場との間は、一方が他方に対して主人公となるではなく、両者の間には常に対等の緊張関係があってこそ、始めて両者それぞれの発展がありうると思います。

　前にも述べましたように、図書館というひとつの社会的制度なりあるいは社会的施設を研究対象とする学問は、当然社会科学の一分野であります。社会科学は一般に歴史研究、理論研究、政策論の三分野を持ち、この三分野は相互に緊密な関係を保って発展していくべきものです。歴史や理論研究に支えられない政策論は、たんなる思いつきやイデオロギー論に終る危険性があります。また、政策論に媒介されることによって、歴史や理論研究も観点や理論の修正を

せまられることになります。図書館現場における運動論も歴史や運動論に基づくことが必要ですし、また、歴史や理論研究は運動論のたんなる手段として御用学問化するのではなく、運動論を批判、修正しうるものでなければなりません。こうして三分野が、相互に独立しなしながらも、相即不離の緊張関係に立つことによって、図書館学研究も図書館現場の発展も期待しうると思います。

VIII. ライブラリアンのアイデンティティについて

日本の図書館学研究の今日までの歩みをふりかえってみましたが、ここでは、整理論や奉仕論といった図書館学研究の細部をすべて切り捨てて、大筋の流れと思われる点だけを述べてみました。こうした大まかな回顧になっても、わが国の図書館学研究がそれなりに、それぞれの時代の影響を受けながら発展してきたことが理解できると思います。

とくに戦後は、科学技術情報に対する強い社会的要求から、ドキュメンタリストと称する人たちが現れてきました。彼らは科学技術関係の文献情報の専門家ということで、図書館員の領域の一隅に根を下ろしましたが、図書館員の領域全体を脅かすことはなく、平和に住み分けができました。

ところが70年代以降になりますと、情報学の発展とともに、これまでの図書館員の領域全体に、情報学にかかわりを持ついろんな人たちがどんどん入り込んできて、図書館員が長年にわたって開発してきたマニュアルな業務手法の多くを、コンピュータを中心とする機械的な手法に変えていきました。図書館の外部にも文献センターとかデータセンターなどが現れてきて、これまで図書館の役割と考えられていたものが、それらのセンターによってとって代わられそうです。図書館という名称自体今日では何だか古臭を帯びてきて、大学図書館の中には情報センターに名称を変えるところも現れてきました。

今後さらに情報の記録の電子化が進みますと、これまで人類の知

識を育んできた図書も、21世紀にはその役割を終えて消えてゆくのではないかという予想すらあります。そのような時代になってきますと、改めて図書館なり図書館員なりのアイデンティティが問われることになります。図書館も図書館員も新しい電子化の時代には過去のものとなって、消え去るべきものでしょうか。最後に、このような問題について、私なりの感想を付け加えてこの講演を終りたいと思います。

　こうした問題を考える時の手がかりのひとつとして、ヨーロッパにおける図書館という言葉について考えてみましょう。ヨーロッパでは今日図書館を意味する言葉として、ギリシャ語系のビブリオテークとラテン語系のライブラリーの2つが使われています。このうち、ラテン語系のライブラリーは英語圏でのみ使用され、本来ラテン語系であるフランス、イタリア、スペイン等、さらにはロシア語圏でも、ギリシャ語系のビブリオテークを使用しています。そして、ラテン語の libralia に由来する librairie（仏語）、libreria（伊、西語）は、それぞれ一般的には図書館ではなく、書店の意味に用いられています。英語圏以外のラテン語系の国でさえ、なぜライブラリーでなくビブリオテークが広く使用されているのか、このような問題についてはすでに西欧の研究者による調査があるのかもしれませんが、私は知りません。とに角ヨーロッパではビブリオテークがライブラリーよりも広く用いられています。

　ところで、ギリシャ語のビブリオ（biblio）は書物、テーケ（thēkē）は貯蔵所、物を置く所で、ドイツ語では Behälter とか Gestell とかいうような言葉が訳語として与えられていますので、ビブリオテークとは語源的には書物の貯蔵所ということになりましょう。

　ここで思い出されますのは、明治期の帝国大学図書館の規則であります。1886年の帝国大学令によって東京大学は帝国大学になりますが、その図書館規則第1条は、「帝国大学図書館ハ大学院及ビ文科大学ノ図書ヲ貯蔵スル所トス」となっています。その後設置さ

れた京都や東北、九州等の帝国大学図書館の規則も東大の例に倣っ
たと思われますが、いずれも図書館は"図書ヲ貯蔵スル所"となっ
ています。これはまさにビブリオテークの語源的解釈そのままであ
ります。帝国大学図書館規則第1条は、或いはビブリオテークの語
源的解釈に由来しているのかも知れません。

　人類が無文字社会の段階から文字社会の段階に移っていらい、人
類の持つ情報のほとんどは持ち運び可能なモノに文字によって記録
され、社会的に蓄積、伝達されてきました。記録のための材料とし
ては時代、地域によっていろんなものが使用されてきましたが、近
世以降今日まで洋の東西を問わず、記録の材料としては紙が広く用
いられてきました。紙に書いたり印刷したりすることで、人類が持
っている情報の記録は、蓄積、伝達という点で飛躍的に発展してき
ました。そのような記録されたものの代表としての図書の貯蔵所が
図書館として、今日まで人類の情報の記録のほとんど大部分を蓄積
してきました。しかし、今後は紙に代って記録の電子化が進むこと
が予想されます。

　この紙からエレクトロニックスへの変化は、たんなる記録媒体の
変化というだけにとどまるものではありません。それは、巻物形態
から冊子形態へ、さらには写本から活字本への変化によって引き起
こされたのと同じような大きな文化的変化を、21世紀以降喚起す
ることになりましょう。

　それとともに今後は、コンピュータの利用による情報の処理、検
索のスペシァリストともいうべき人たちが、或いは図書館員にとっ
て代わることになることになるのでしょうか。今後の電子化された
資料の処理が彼らの手に委ねられることになるとしても、今日まで
の紙に印刷された膨大な図書資料は、そのままの形態では彼らの活
動領域内には入れません。もちろん、これまでの分も今後刊行され
る新しい情報の記録類も、かなりの部分がデータベース化されて彼
らの領域内に取り込まれるでしょうが、モノとしての図書自体が、
本来それぞれの時代の文化を示す情報そのものでもあります。だか

ら、本文（テキスト）がデータベース化されれば、モノとしての図書は全く不要になるというわけにはいきません。

　また、テキストはそれを伝達するためのモノを離れては存在しえないし、モノと無関係に理解されるということもありません。テキストが図書という形態から映像へとその伝達媒体を変えることによって、その内容の受け取られ方が大きく変わることはよく知られています。また、紙からエレクトロニクスへというような媒体じたいの大きな変化ではなくて、同じく図書という形態をとるにしても、判型、活字の組み方、内容の構成、装訂その他の物的な面の相違によって、同じテキストでもその受け取られ方が変わってくるものであります。

　したがって、今日までの図書文化を通じて受けついできたテキストの中には、媒体としての図書形態が電子的媒体に変わっても差し支えのないものもありましょうが、私たちが今日持っている膨大な量の図書文化は、できる限りそのままの形態で未来の世代に伝えていく必要があります。その役割を果たすものが図書の貯蔵所の管理者である図書館員であります。しかも、図書を貯蔵し、これを未来に伝えていくという役割は、今あるものをただそのまま保存するという消極的なものではありません。それは、モノとしての図書及びその保存環境に対する研究と、それに基づく積極的な施策を必要とするものであることは言うまでもありません。

　今日のような情報化時代においては、テレビ、新聞、雑誌というようなマスメディアによって大量の情報が一方的に流されますので、私どもはマスメディアによる大衆の一方的な洗脳を警戒せざるをえません。とくに、テレビのような情報の映像化、聴覚化は知性よりも感性により強く訴えます。それに対して、活字による情報伝達は読む人の知性を刺激し、情報の受容のためには読む人の積極的な努力が要求されます。この努力が読む人の知性を鍛えることになります。今後とも図書の持つ情報伝達上のこのような特色を、図書館員は守り育てていくべきだと思っています。

ビブリオテークはまた、一定の意図をもってシリーズとして編集したものを意味することがあります。わが国の文庫本のさきがけである岩波文庫が、ドイツのレクラム文庫に範を求めたことはよく知られていますが、レクラム文庫はドイツ語では Reclams Universal-Bibliothek でありました。レクラムでは古今の古典を集めてひとつのビブリオテークを編成していきましたが、戦前の岩波文庫も東西の古典を集めてシリーズとしたものでした。今日では文庫本とは単に小型のポケット版という判型の意味が強くなってしまいました。

　英語のライブラリーも同様な意味で使われることがあります。たとえば、戦前のワーナー社から出た世界の最良の文学作品を集めた Warner Library というシリーズがあります。日本でも、たとえば岩波書店の「同時代ライブラリー」といったシリーズものがあります。

　このように、ビブリオテークはただ図書の貯蔵所であるわけではなく、貯蔵すべきものはなんらかの方針によって精選された図書の集まりであります。多くの図書の中から何を選び、何を保存するかは、図書館員が後世に残すメッセージであります。図書の貯蔵、貯蔵すべき図書の精選という業務は、歴史的に図書館員が担当してきたものであり、今後といえども、図書というメディアが残る限り、図書館員以外の人達によって全面的にとって代わられるものではありません。

　ビブリオテークはまた書誌、目録の意味でも使われてきました。その場合、個々の図書館の目録の意味に用いられることもあれば、また、書誌の意味に使われることもあります。後者の意味で用いられた早い例であり、また、世界書誌として試みられた有名なものに Conrad Gesner（d. 1565）[10] の Bibliotheca Universalis（1545）があります。bibliotheca は今日でも書誌の意味で用いられることがあります。たとえば、Bibliotheca americana とか Bibliotheca belgica というような例をすぐに挙げることができましょう。

　ビブリオテークのこの分野は、ドキュメンタリストを始め、図書館員以外の人達がどんどん入ってきた領域であり、もはや図書館学

員が独占できる領域ではありません。情報を記録したモノのうち、個々の図書館が所蔵しうるのは一部分にしか過ぎません。個々の図書館の持つ蔵書目録もビブリオテークでしたが、個々の図書館の蔵書の意味を超えた人類の持つすべての情報の記録、すなわち世界書誌もまたビブリオテークでありました。このことは、書誌、目録の世界には他分野の人達がどんどん入ってこようとも、最終的な bibliographical organization は図書館員が責任を持つべきだということでありましょう。このようなビブリオテークによって、アメリカ図書館協会の「図書館の権利宣言」に言う"情報と思想の広場"を、図書館員は提供することが可能になりましょう。

付記

　本稿は1993年度の橋本記念講演の際のメモに基づいて、当日時間の関係で省略したり、言及できなかった部分を付け加えて文章化したものです。当日の講演が尻切れトンボに終りましたことは、雨の中わざわざ参加してくださった方たちには、大変申し訳ないことでした。それで、とくに編集の方にお願いして、講演メモに付加を許してもらいました。本稿の前半はほとんど講演のままであり、後半はかなり筆を加えたことを申し添えます。

編者注

1）慶応義塾大学文学部図書館・情報学科において行った講演
2）1918年から数年にわたる講義（のノート）を起こし出版した
3）正式誌名は『圕研究』青年圖書館員聯盟編，間宮商店発行
4）同上
5）正式名称は文部省図書館講習所
6）Claude Elwood Shannon
7）Norbert Wiener
8）Robert L. Gitler
9）Library and Information Science：慶応義塾大学刊の斯界専門誌
10）d.1565＝died in 1565。コンラッド　ゲスナーは1516年生

3 図書館学における比較法について

『図書館の学と歴史 京都図書館協会十周年記念論集』（1958）

1. 社会科学における歴史的方法

　社会科学の認識対象である個性的な実在は、歴史的個体である。ところで、このような個性的な実在は、体系・法則から演繹され得ないものであるから、ひとつの歴史的個体を因果的に説明しようとすれば、結局、いつでも他のまったく同様に個性的な歴史的個体にさかのぼらなければならない。ということは歴史的認識方法が要請されてくるということである。図書館学が社会科学の一つとして、社会現象のひとつである図書館現象をとりあつかうものであるとき、図書館学にとっても、まず歴史的認識方法が要請されてくることは当然であろう[1]。

　ところで、現実科学としての社会科学の関心は、どこまでも過去ではなくして、現実の事象にたいしてである。社会科学が過去の事象、原始的な事象をとりあげても、それは現実を説明し、理解せんがために過去にさかのぼるのである。

　たとえばフランス社会学派の創始者であるエミール・デュルケムは、「宗教生活の原初形態」のなかで、現在知られているうちで、もっとも原始的で単純な宗教を研究したのであるが、彼の究極の目的は、「すべての実証科学と同じく、何よりもまずわれらに近接し、したがってわれらの思想や行為に影響しうる現前の実在を説明するのが目的」[2]であったのである。したがって社会科学において、歴史的認識方法がまず要請されてくるといっても、それはたんなる歴史的事実の発見ということだけにとどまるのではない。発見された歴史的事実が、今日の社会現象にいかに結びついてくるかという変化の過程の条件がつねに考えられなければならない。

59

また実在というものは、体系とか、法則から演繹されるものではないといっても、だからといって、社会科学にとってこれらが不要であるというのではない。一定の法則にしたがわなくては、過去から現在を説明しようとすることは不可能であろう。社会科学の認識しようとするのは、ただ事象の現実的な個性的な様相であって、体系とか法則とかは、どこまでも学的作業を行ううえでの手段にしかすぎないのである。しかし手段ではあっても、これなくしては学的作業を行うことはできない。したがって科学としての図書館学をうち立てるためには学的作業の手段としての法則の発見につとめなければならない。このように法則定立をもとめるとき、図書館学は一定の時間・空間の範囲内における図書館史的事実の叙述のみでは満足し得ない。法則は普遍妥当的なものでなければならない。したがって一定の時間・空間の範囲内における図書館史的事実から、その範囲内において妥当する法則が発見されたとしても、その法則が法則として純化されるためには、他のそれと比較しうる範囲内の事象にも同様に適合するかどうかが検証されなければならない。もしその場合、他の事象に適合しえないものであれば、その法則は法則として十分なものではありえない。このように他との比較を通して、一般的法則もだんだんと発見されてゆくし、また一つの歴史的事象の特異性もうきぼりにされてくるであろう。ここに社会科学の研究方法としての比較法の重要性がある。図書館学の研究方法としての歴史的方法については、前に書いたことがあるので[3]、本論においては、図書館学の研究方法としての比較法についてすこし考えてみたい。

注
1）詳しくは、拙稿「図書館学における体系と方法」『日本図書館学会年報』Vol.4, no.2, p.1-8 を参照されたし。
2）エミール・デュルケム著　古野清人訳『宗教生活の原初形態』上巻, p.18（岩波文庫版）
3）前掲1）拙稿。

2. 社会科学における比較法

今日の社会科学では、その研究方法として、比較法（comparative method）を用いるものが多い。すでに古典的な比較言語学や比較宗教学、また比較神話学・比較法学・比較民族学・比較教育学、さらには比較文学とあげてくると、社会科学のうちで、比較法を研究の方法として用いえないものは、ほとんど存在しえないようである。

ところでもっとも長い間、社会科学のうちでこうした比較法を採用することを拒んでいたのは歴史学であったが、この歴史学の分野でも最近20年ばかりのあいだに、比較法が浸透しはじめ、比較歴史学の成立をみたのであった[1]。

それでは比較法とは如何なる学的方法であろうか。たとえばRice の編した Methods in social science では「測定不能な要素間の関係の説明」という section のなかにおいて、政治学者 James Bryce の比較法を解説している[2]。また、Znaniecki は「実験が不可能な場合、同一構造を持った他のものとの比較が、ひとつのシステムの構成の分析をテストする唯一の方法である」[3]と書いている。このように「測定不能な要素間の関係」というものの多い、また「実験の不可能な場合」の多い社会科学において、比較法がとりわけ効果をあげうる法であることが予想されるであろう。

社会科学のうちでも、とくに社会人類学（Social Anthropology）や、民族学（Ethnology）は、この比較法を本質的な学的方法として、もっとも批判的に使用している。そこで比較法とは如何なる学的方法であるかを知るための便宜として、いまこれらの学問において用いられている比較法の概念を簡単にのべてみたい。

アメリカにおける代表的な社会人類学者 Franz Boas の論文のひとつに The limitations of the comparative method of anthropology[4]がある。この論文によれば、これまでの社会人類学における比較法は、ひとつの根本的な前提の上に立っていた。すなわち同じ民族誌的現象は、つねに同じ原因によるものとされていた。このことをさ

らに一般化して言えば、地球上の種々の地域の種族間に同じ民族誌的現象が見られるということは、人間精神はいたるところで、つねに同じ法則に従っていることの証拠であると考えられていた。しかし事実はこういった仮定を許さない。というのは、同じ現象でも、まったく異なった原因から起こりうるからである。たとえば、トーテム社会は独立氏族の連合によっておこる場合もあれば、また反対に増大する部族の分化によって起こる場合もある。

　社会人類学において、このような比較法が用いられる以前には、歴史的方法（Historical Method）が一般におこなわれていた。それによれば異なった種族間に同じ現象があればそれはつねに歴史的接触があったか、あるいは起源の共通を示すものと考えられた。すなわち同一の民族誌的現象はすべて歴史的な伝播によるという仮説に立っていたのである。それに対して比較法は人間精神の同一という仮定に立ち、同一の民族誌的現象は、それぞれ独立にあらわれたと考えるのである。このように社会人類学においては、歴史的方法も、比較法も、それぞれ不安定な仮説から出発する。したがってそれらは誤りにみちびきやすいものであった。比較法が科学的な方法となるためには、これまでのように同一現象に無批判に適用することをやめて「広汎な比較がなされるまえに、資料が比較しうるものであることが証明されなければならない」[5]。

　このように比較される資料が「比較しうるものであること」を証明するために、Boas は改めて歴史的方法を主張する。しかし、この歴史的方法はこれまでのように、同一現象をすぐに同一起源、あるいは歴史的接触にもとずけようとするものではない。比較しようとする現象の、それぞれの発展の原因を探り、いずれも同一原因の結果であることが歴史的に証明されて、初めて比較法が適用されるのである。このような歴史的方法による成果の上に根ざして、はじめて比較法はみのり多きものとなりうるし、比較法によって一般的な法則が発見されてくるであろう。

　しかしながら、社会科学が認識しようとするのは、はじめに述べ

たように、事象の現実的な個性的な様相である。したがって歴史的
方法によってえられた事実を相互に比較することによって、一般的
な法則に達したとしても、それは究極の目標ではなくて、個性的な
事象を説明するための作業上の道具にほかならない。Znaniecki も
書いているように「それは科学者の観察のもとに入ってくる具体的
な現実のあらたな断片を分析し理解するための道具であり、またま
だ知られていない組織体の種類を発見するための道具である」[6]

注

1) バート F. ホスリッツ「歴史における比較の方法」『アメリカーナ』〔米
   国大使館文化交換局出版部〕第 3 巻第 12 号，1958. 1.
2) Rice, Stuart A. ed. *Methds in social science, a case book.* Chicago, 1931.
3) Znaniecki, Florian, *The method of sociology.* New York, 1934, p.22.
4) Boas のこの論文は、はじめ *Science, N. S.,* Vol.4（1896），pp.901-908 に
   発表され、のちに Boas, Franz, *Race, language and cuture,* 1940, p.270-
   280 に収載されている。本論では後者によった。
5) op. cit., p.275.
6) Znaniecki, op. cit., p.25.

3. 図書館学における比較法

　日本において比較を図書館学の方法としてまず用いたものとして
は、加藤宗厚氏の比較分類法の研究[1]を上げることができるであろ
う。これは日本および外国の特色ある分類表の比較研究であるが、
分類の問題に関しては、その後も比較法によるものが発表され、そ
れぞれに豊かな成果をあげてきた。それは比較法の図書館学におけ
る有効性を示すものと言えるであろう。そして分類法の領域におい
て、とくに比較法が用いられてきたのは DC、EC、LC 等といった
比較研究の興味を喚起しうる、有名な、それぞれ特色のある分類体
系が多かったからであろう。
　さらに、ひとつの分類表の作成自体が、従来の分類表の比較研究
の上に立って構想されたものであることは言うまでもない。たとえ

ば Edward Edwards の分類表は、かれ以前の分類表の歴史的比較的研究の上に立って、Outline of proposed scheme of classification for a town library として提出されたものであり[2]、Dewey の DC 自体も、かれみずからのべているように、かれ以前のいくつかの分類表を参考にしているのである。

しかしながら、分類法の比較研究にあたって、たとえばいくつかの分類表における主類の排列について、たんに平面的な比較検討をおこない、その排列についていくら意見を提出しても、それはたいして学問的意義をもちえないであろう。たとえば西洋における 18 世紀以前の分類表の主類が神学（Theology）から始まっているものの多いのに対して、これは総記から始まるべきだと言っても、それはたんなる時代錯誤の妄評にすぎない。それと同様に、DC・EC・LC 等の主類の排列だけについても、ほとんど際限もない議論を展開しうるであろう。それは加藤氏も言われるように、「部門の排列については、分類表の創定者にそれぞれの意見があり、理由があって、決して絶対的なものではあり得ない」[3]からである。

このように、分類表創定者の意見が「絶対的なものではあり得ない」限り、創定者の意見にたいしては、別個の意見も容易に立てうるであろう。しかしながら意見（Opinion）はそのまま学問ではない。ひとつの意見は証明されたとき、はじめて学問性をもちうるのである。だからいろいろの分類表の部門の排列について、たんなる意見をいくら展開しても、それは学問とはならないのである。

分類表の比較研究においても、それがみのり豊かなものでありうるためには、各分類体系の歴史的考察が行われなければならない。あらゆる図書館の諸現象と同じく、ひとつの分類体系は歴史の産物だからである。たとえば DC において、考古学は第 5 門の Pure Science の中に入っている。いま DC〔第 15 版改訂版。第 17 版（1965 年刊）からは 9 類＝歴史分野に移動している。〕をみると

560 Paleontology

570 Biology. Archeology〔第 17 版以降この項空番〕*

572 Ethnology Anthropology

     ·

     ·

580 Botany〔Botanical science〕

となっており、考古学といえば歴史学の補助科学と考えるわれわれの常識と大きくくいちがっている。NDC では考古学は第 2 門　歴史の中にあって

202 歴史補助学

     ·

     ·

  202. 5 考古学

     ·

     ·

となっている。この場合、DC における考古学の排列位置について、日本人の常識からこれを批判しても無意味であろう。Dewey が DC を編んだ当時のアメリカ人にとっては、DC の排列で十分納得がいくし、日本人にとっては、NDC における排列位置は素直に受けいれられる。それは両国における考古学の発達の歴史そのものが異なっているからである。

　日本においては考古学は歴史学のひとつとして発達してきたのであるが、アメリカにおいては考古学は古生物学（Paleontology）にともなって発達してきた。また中部のミシシッピー渓谷およびアメリカ東南部の人工物を腐らせる湿地帯に考古学的研究が発達するにつれて、遺物の時代推定にあたっては樹木年代学の発達と相伴わなければならなかった[4]。したがって DC において、Paleontology・Biology・Archeology・Botany と続いても、この排列にはそうあるべき歴史的根拠がありうると言っていいであろう。

このように分類表の部門排列の比較研究にあたっても、まず各分類表を当時の学問の発達情況とむすびつけて考える歴史的研究によって先行されなければ、いたずらに議論を空転させるだけであって、真にみのり豊かな成果をあげることはできないであろう。

いま比較分類法における比較法について、考古学の一例をあげて説明したのであるが、比較法は歴史的方法と相伴って、はじめて十分な効果をあげることができるのである。このような歴史的研究の上に立った比較法は、図書館学においても、たんに分類法の比較研究においてのみならず、目録法の比較研究、あるいはまた図書館史の比較研究と、図書館現象のあらゆる分野に適用されて、それぞれ豊かな学的成果をあげうるであろう。その意味において、図書館現象の科学的考察を志す者にとって、比較法による研究は十分かえりみられなければならない。

注
1）加藤宗厚『比較分類法概説』昭 14。同『図書分類法要説』改定新版昭 25
2）Edwards, Edward, *Memoirs of libraries : including a handbook of library economy.* 1859, Vol.2, p.815-831.
3）加藤宗厚『図書分類法要説』改訂新版 p.311.
4）日本民族学協会編『現代アメリカの社会人類学』〈『民俗学研究叢刊』第 1 集〉昭 24, p.7-8.

4. 比較法にたいする反省

ところで比較法にたいしては、それはひとつの学的方法という名にふさわしいものであるかどうかという疑問が提出されうるであろう。なぜならば比較ということはあらゆる科学的思考において行われているとすら言いうるからである。自然科学の実験においても、それは実験室外の自然界の現象との比較を予想している。比較なしにはあらゆる科学的思考がなり立たないとするならば、それは特別にひとつの学的方法とは言いえないと言ってもいいであろう。しか

し比較法ということが意識的に言われ始めた歴史的背景を考えてみるとき、それはやはりひとつの意味をもつのである。

　いま法律学の場合を例として考えてみれば、James Bryce が比較法を法律学の方法のひとつとして初めて首唱したとき、彼はその著 Studies in History and Jurisprudence のなかで「比較法は法律学の方法のうちでもっとも若いものである」[1]と書いた。その時かれは従来の法律学が形而上学的・先験的・分析的、または歴史的であったのにたいして、法律学におけるひとつの新しい傾向を対比せしめんがために、比較法という言葉をつくりだしたのであった。したがって比較法は、厳密な一定の科学的方法というよりはもっと漠とした観点（point of view）とでもいうべきかもしれない。しかし比較法は 19 世紀以来、他の社会科学の領域においては豊富な成果をもたらした。それは従来の成果を新しい観点から眺めなおすという、学問における新しい傾向のもたらしたものであった。比較法がひとつの学問的方法として厳密なものでなくても、自覚的な観点としてとりあげられるとき、それはわれわれの図書館学においても、興味ある新たなる研究領域を開いてくれるであろう。

注

1 ）Rice, Stuart A. ed., *Methods in social science. Analysis* 33. *The comparative method of James Bryce* by Harold D. Lasswell, 1931, p.477 による。

＊編者によって付した注。

4　図書館学と情報学

『同志社大学図書館学年報』No.15（1989）

　今、ご紹介いただきました岩猿ですが、大変大袈裟な題を掲げました。「図書館学と情報学」という大変大袈裟な題をなぜ掲げたかと申しますと、渡辺先生からご紹介いただきましたように*、柄にもなく、日本図書館学会の会長というような大変な役目を仰せつかつておりますが、時々、会員の方から日本図書館学会なんてもう古いから日本図書館情報学会と名前を変えたらどうかと言われることがあります。で、私考えておきますわ、というようなことでおるわけなんでありますが、会員の方から名前を変えよと言われますと私自身も図書館学と情報学この2つの学問の関係、これについて考えざるをえないわけです。

　申し上げるまでもなく、既に日本では、日本の図書館学教育の一番の老舗である慶応大学が、いち早く昭和40年代のはじめに図書館・情報学科と名前を変えております。それから国立の図書館情報大学と言うように、今日図書館情報機関というような言い方がかなり一般化しておりますし、司書課程にも図書館情報学を称する大学がふえてきました。国内でもそういう状況でありますが、海外に眼を転じましても、皆さんご承知のとおり、1960年代から70年代にかけてアメリカでは、ほとんどみんな library and information science というような言葉がどんどん流行しており、英国においても同じであります。英国の図書館学校でもみんな information science というような言葉が名称につけ加わってきています。中にはライブ

ラリーが消えてしまったものもあります。例えば Sheffield**なんか
は、ライブラリーが消えてしまって、インフォメーション・サイエ
ンスだけになってしまった。ヨーロッパ大陸の方でも例えばドイツ
では、従来の Bibliothekswissenschaft だけではなくして、ドキュメ
ンテーションという言葉が図書館学校の名前に入ることがあります
が、もちろんインフォメーションという言葉もよく入ります。ちょ
っと 2、3 の例を紹介してみますと、例えば Stuttgart 大学では、
FachbereichWissenschaftliches Bibliotheks - und Dokumentationswesen
になっております。また、Hannover では、Fachbereich Bibliothek-
swesen, Information, Dokumentation になっておりますし、Köln で
は、Fachhochschule für Bibliotheks - und Dokumentationswesen とな
っています。これは、そういう名前のついたところだけを拾っただ
けじゃなくして、ドイツにおける図書館学、これはドイツでも西ド
イツでございますが、西ドイツにおける図書館員養成の学部名を見
てみますと、こういうように、もう、Bibliothekswissenschaft だけ
でおさまっているところがほとんどなくなってしまっています。
Dokumentation だとか、或いは Information というような言葉が、
皆、図書館学校の名前に入っている。万事、変わり身の大変遅いフ
ランスでは、フランス唯一の図書館学校は、戦後では 1964 年に初
めてできています。それが、École Nationale Supérieure de Biblio-
thécaires です。ところが、これも 1987 年に名前が変わるというこ
とで、実際、変ったかどうかは私は知らないのですが、このフラン
ス唯一の図書館学校も、École Nationale en Sciences de L'Information
et Bibliothéconomie というように、ただ単に図書館学だけではなく
して、インフォメーション・サイエンスという言葉が、入ってきて
おります。日本の国内においてもそうであります。もっとも東京大
学、京都大学では、まだ図書館情報学講座ではなく、図書館学講座
であります。しかし、東大、京大というのは、これは何といっても
古い大学の典型でありますから、ああいうところは変わり身の大変
遅いところでありますから、将来ともですね、果たして図書館情報

学講座というようなものになるかどうかは、予想ができないのであ
ります。

　こういうように、世界中を見渡してみても、皆、図書館学だけを
うたい文句にしている、そういう養成機関が段々なくなってきてい
る、それで日本図書館学会など苔の生えたような名前だから早く
“情報”を入れよというようなことが言われるのでありますが、私
はいささか懐疑的なんです。一体情報学という学問がどういうもの
であるのか。図書館学というのは小倉先生が既に指摘していらっし
ゃいますように、1808 年ドイツのシュレチンガーによって、一応、
スタートしておる。これまでかなりの長い歴史を既にもっておるわ
けです。それに対して、一体、図書館情報学というものがあるのか
どうか。外国では今お話ししたように、学校の名前にどんどん情報
学という名称を取り入れていますが、学校の名前というのはこれは
経営とからむわけであります。学生を呼びよせるには魅力的な名前
をつけなきゃいかん。今日、日本でも、大学が段々ファッション化
してまいりますと大学のいろいろな学部の名前もファッション化す
る。それで、国際学部というような名前がやたらに流行ったり、情
報という名前もさかんに使われている。それで図書館学部も図書館
情報学部というように名前をかえるのは、これは大学経営がからん
であるのであって、図書館学部がそういう風に名前を変えたからと
いって、図書館情報学というものがすぐに成立したと果たしていえ
るのかどうかですね。

　特にアメリカ、それからイギリスもそうでありますが、ご承知の
とおり、最近は、図書館学部ではなかなか学生が集まってこないの
で図書館学部がどんどんつぶれていく。アメリカにおける、アメリ
カにおけるといいますよりも、世界における図書館学教育の老舗
は、シカゴ大学の図書館学部ですが、それすらつぶれそうだという
話まで出ておるわけです。同じ状況は、イギリスでも見られるわけ
です。70 年代、イギリスでは、図書館学部というのはかなり繁盛
をしたのでありますが、80 年代に入りますと、イギリスの図書館

学部では、学生が集まらなくなってきた。学生が減ると、教師の数も減らされる。70年代は、学生対教師の比率が1対8となっている。学生8に対して教師1。この割合が80年代に入ると1対13から1対15くらいに教師の数も減ってきております。ドイツやフランスは図書館学部の学生数が、従来からもともと少ないわけでありますから、学生数が急激に増えた、或いは減ったというようなことで、すぐに図書館学部がどうこうということはないようでありますが、アメリカやイギリスのように、大規模な図書館学部をもっておるというようなところでは、どうしてもそういう景気の良し悪しというのが起こってまいります。

そうすると、図書館学部としては、これはどうしても生き残り策というのを一生懸命やらなければならない。だから学生が集まってきそうな名前をつけるわけであります。ドイツのように Dokumentation もつければ Information もつける。それからドイツではまた Archiv もつける例もあります。これで学生が集まればそれでいいわけでありまして、大学はやはり学生が集まらなければ、これはどうにもならないわけであります。しかし名前がどう変わったからといってすぐに新しい学問がそこに生まれたというように見るのは、これは大変おかしな話だと私は思うのであります。

英米では、こういう風に図書館学部が生き残り策をさかんに画している。図書館学の先生方も自分の生存権をかけていろいろがんばっておるわけでありますが、その点、日本の場合はまだ比較的平穏であります。日本では、今日、多くの大学で司書課程がある。これは以前に比べますと、段々受講者数は減っているのではないかと思います。さらに、司書課程の他に毎年司書講習というものが開かれています。私もやむをえず、毎年、その司書講習に出講しています。そのさい、何で皆さんは夏の暑い盛りに、何万円も受講料を払って講習会に集まるのかということで、図書館員になることに何を期待するのかというようなことをよく書いてもらうのでありますが、こういう講習会を受けても図書館員になることは極めて厳しい

71

ことは百も承知であるというようなことは皆さん、よく書いておられるんですね。それでも何で来るのかなと、日本における司書資格に対する根強い要求というのは一体どこからきているのですかね。外国では、外国と申しましても欧米でありますが、欧米の深刻な状況を伺うにつれて、一体、日本はどうなっておるのかという感じをもつのであります。

　日本では、司書課程に、現在でも、かなりたくさんの学生が集まってきている。そして学生の就職でも図書館だけではなくして、いろんな分野に学生諸君が就職口を見つけることができるのであれば、図書館学教育機関がその間口をどんどん広げるということは、私は、これは学問いかんとは無関係に結構なことだと思います。図書館情報学があろうがなかろうが、図書館情報学と称するもの、或いはその他に学生がそのことを期待をし、それから就職口がどんどん開拓できれば情報経営学だとかですね、そういう名前をつけることも最近あるわけでございますが、学生をひきよせる、或いは学生がいい職場が得られるということであれば、養成機関が、図書館学科というのではなくして、いろいろな名前を用いるということは、それはそれで経営政策として私は少しも異を唱えるものではないし、十分理解できるところであります。

　が、しかし、そういう風に、例えば、図書館情報学部としたからすぐにじゃあ図書館情報学というものが生まれたのかというと、これはすぐにそういう風には思えないのであります。ところが、皆さんもご承知のことと思いますが、大学基準協会が昭和29年に『図書館学教育基準』というものを作りました。これが昭和52年に改められて、『図書館・情報学教育基準』になったんですね。その主査は、慶応大学の沢本先生でした。昭和52年の『図書館・情報学教育基準』にどういう風に書いてあるかというと、図書館・情報学というのは、図書館学と情報学という、2つの学問の並列を意味するものではなくて、両者を合体融合した新しい領域なんだと。要するに従来の図書館学というのはなくなって、情報学と合体して新し

い図書館・情報学というものが生まれた。それの教育基準だということなのであります。そうなると、私は図書館学をやっているつもりだったのに、私がやっている学問はなくなったんですね、いつのまにか。要するに、従来の図書館学教育基準というものはなくなって、図書館・情報学の基準が生まれたんだというのであります。

　この教育基準では、図書館・情報学という学問はどういう学問かということは、何も書いてないですね。もちろん、図書館・情報学教育のカリキュラムは示されているわけですが、それだけでは図書館・情報学がどういうものであるか、従来の図書館学とどこが違うのかについては、具体的にはわからない。ところが、その後、『図書館・情報学概論』という本がご承知のとおり、津田先生が中心になって刊行されました。さらにこの3月に丸善から『図書館情報学ハンドブック』という分厚い、2万2千円の本が出ました。これは図書館学関係の本では1冊としては、もっとも値段の高い本だと思います。このハンドブックの中で、図書館情報大学の学長をしていらっしゃいます藤川先生が、次のように図書館情報学を定義しています。『図書館情報学は、人間の知情意の働きによる記号化行動と、その所産としての記録、ならびにその利用に関し、科学技術の立場に基づく体系的研究を行う分野である。」そうすると、この前半は図書館学の定義と同じことなのです。「人間の知情意の働きによる記号化行動」、要するに人間がメッセージを伝えるためにこれを記号化する。文字に変えたり、絵に変えたり、いろいろするわけでありますが、そういう記号化行動と、「その所産としての記録ならびにその利用に関し」と、これは従来図書館学がまさに対象としたところなのです。それをですね、ただ、科学技術の立場に基づいて研究する。要するに、図書館情報学というのは、従来、図書館学が対象としてきた人間の活動領域を科学技術の立場に基づいて、これを体系的に研究するというんであれば、対象領域は、従来の図書館学と少しも変わらない。それだったら、何も、図書館学というのはなくなる必要はちっともないんですね。ただ、図書館学が対象として

おるところを図書館情報学は科学技術の立場に立って研究するだけのことになります。

　日本では、図書館学というのは既に1906年に和田万吉が初めて、"図書館学"の語を用いたということを、藤川先生はさきの文章で触れていますが、これはミスプリントだと思うんですが、1906年というのは1908年の誤りですね。1908年に和田万吉が"図書館学"という言葉を初めて使ったというのであれば、"図書館学"という言葉を使ったのは、和田万吉よりもはるかにまだ古いですね。それは青木先生が、『同志社大学図書館学年報』の創刊号に「図書館学事始め」という論文を書いていますが、その中に日本で図書館学ということばを誰が最初に使ったかということが、ちゃんと書いてあるんですね。私は常に思うのでありますが、図書館員の書いたものほど文献検索の不十分なものはないと思ってます。引用されるべき文献が少しも引用されていない。青木先生が既に"図書館学"という言葉がいつ使われたかというようなことについて、きちんと調査して書いていらっしゃるわけですね。そういうことについて何ら言及していない。これは大変、残念なことであります。このように図書館学には古い歴史があるにもかかわらず、新たに出てきました図書館情報学が今までの図書館学にかわって、これからは図書館情報学でなきゃいかんというような言い方をする人がいますけれども、私には、まだ図書館情報学が図書館学にすっかりとってかわってしまうとは考えられません。渡辺先生も同志社の『文化学年報』（No.37）の中で、図書館学と情報学の交差するところに図書館情報学というものが成立するんだというような意味のことをお書きになっておりますね。渡辺先生のペーパーの103ページでございますが、「つまり図書館学と情報学とが重なり合った部分が図書館・情報学である。今後、情報学が周辺領域を取り込んだかたちで、図書館・情報学の領域が拡大・発展していくことが十分、予想される。ただし、共に固有の領域がある以上、同心円になることはあり得ない。」と。要するに、両者が全く重なって、前述の『図書館・情報

学教育規準』のように両者が合体融合してしまって従来の図書館学がなくなってしまうというようなことはありえないと、渡辺先生もおっしゃっておられるわけであります。しかし、私は図書館学と情報学の関係をこういう水平的な関係だけではなくて、垂直的な考え方で考えることもできるのではないかと思っております。そういうことにつきましては、かつて天理図書館の『ビブリア』という雑誌がございますが、それの50号の特集号であったかと思いますが、「何か書け」と言われまして、「書誌学・図書学・図書館学」というわかったようなわからないような題をつけた小さな文章を書かせていただいたことがあります。そこでも、私、既に述べたことでございますが、例えば図書館学と情報学というようなものを同一の平面上に置いて、隣接或いはお互い重なり合ってというように考えるだけではなくて、図書館学と情報学というものを垂直的に理解していく。こういう理解の仕方は社会主義国、それからドイツあたりでは一般にとられておると思います。要するに、図書館に関する文化というのは、もっと広いその基底に情報、コミュニケーションというコミュニケーション文化というものが、その基底にあってそのベースの上に図書館というものを中心とするコミュニケーションの過程があるというように、層として垂直の構造で見ていくという方向があります。そして特にソビエトあたりでは、図書館学とコミュニケーションの学問の間にもう一つ図書学という領域をその中間におくのが一般的でございます。情報学と図書館学というのを同一平面上において、どういう風に交差するかと見るだけではなくして、これを垂直の方向、垂直と申しますか、情報学の基盤というものが図書館学のより広い基盤として底にあるのではないか、こういう考え方は、例えば西ドイツの戦前の図書館学の総決算が Milkau の Handbuch der Bibliothekswissenschaft であったのでありますが、ああいう古典的な図書館学では、戦後はうまくいかないんではないかということでドイツ図書館学の見直しが行われます。それは、特に Köln 大学で開かれたケルンコロキアム（Kölner Kolloquium）においてで

ありますが、1969 年の最初のコロキアムでは、図書館学というものの学問的性格が問題にされたのでありますが、その時に、図書館学というものは Informationswissenschaft の特殊な分野だというように図書館学を見ている。これと同じ見方が、同じ Köln 大学の図書館学講座設置 10 周年を記念して再び、図書館学に関するコロキアムが開かれたさい、そこでも同様に図書館学を特殊情報科学として規定しています。要するに、図書館学というものを情報科学の 1 つの特殊な分野だというおさえ方をしておると理解できるのではないかと思います。即ち、図書館学と情報学というものを同一の平面の中で重ね合わせるということだけではなくして、これを一つの重層的な構造として理解していく。こういうような理解の仕方の方が図書館学と情報学の関係を考える上で、私は、より生産的ではないか、或いは図書館への理解をより深めていくのではないかというように考えておるのであります。

このように、情報科学の中の一つの特定の分野としての図書館学というとらえ方は、即ち、図書館というものを通じての情報の伝達、これのもつ独自の意味というものをしっかり考えるということであります。ここから図書館学というのは出発するのであって、図書館における情報伝達というのは、これもミニ・コミュニケーションの一つでありますが、他の情報伝達のプロセスとの相違がどこにあるかを考えることが大切です。そのような独自性がなければ図書館は他の電子化された伝達プロセスにとって代わられるでしょう。今日のように情報科学が発達してまいりますと、エレクトロニック・ライブラリーとかなんとかいいまして、図書館が情報センターにとってかわられる。図書館はもういらないんだという考え方、こういう考え方に対しては、図書館というものが歴史的に従来果たしてきた図書というものを中心とした情報伝達の形態のもつ意味をしっかり考えなければならない。この視点を除いたなら、図書館自体のアイデンティティーも私は消えてしまうと考えております。図書館というものは、利用者 1 人ひとりに対して、どういうように情報

というものを伝えていくかということが問題で、これはマス・コミュニケーションに対するミニ・コミュニケーションであります。今日の大変大規模なマス・コミュニケーションの時代に、こういうものの中にあって、図書館というものを中心として、そこには、図書館員というものが介在するわけでありますが、そういう図書館員を中心とする情報の伝達というものが、今日の社会において持つ意味というもの、これはマス・コミュニケーションに対する抵抗の役割を果たしうるものでありますが、これを忘れたならば、私は図書館学というものは、消えていってしまう、そして、図書館学の立つべき基盤というものはなくなってしまって、要するに、図書館学は情報学に吸収されてしまうであろうというように考えておるのであります。

　これは、もちろん、私の個人的な考え方でありまして、或いは、「お前の考え方はもう大変古い。」、「もう、そろそろ、お前もいいところで諦めて、ひとつ、図書館情報学会と名前をかえたらどうか。」という批判があるかもしれないのでありますが、私は今日のコミュニケーション過程の中で、図書館というものだけがもつ独特の情報伝達過程の意義というものがあるであろう、そしてこれを考えなければ、図書館学の意義というものはないであろうと、そういうことを申し上げてこれくらいで終わりにさせていただきます。どうもありがとうございました。

編者注
　＊同志社大学における渡辺信一教授（当時）の司会による特別講演をもとにしている。
　＊＊University of Sheffield：イギリスのイングランド中部の大学。

5 図書館学論とライブラリアンシップ

『図書館学の研究方法』（論集・図書館学研究の歩み第2集）
日本図書館学会研究委員会編、日外アソシエーツ（1982）

1. 図書館学論の系譜

　戦後の一時期、それは 1950 年代であったが、いわゆる図書館学論と呼ばれるものが、集中的に書かれたことがある。私もそのような時流の中でいくつかの拙論を試み、この時代に、図書館学とは何かを根本的に問い直そうとする気運が強く湧き起ってきた理由を、私なりに指摘してみた。その指摘の当否はともかく、新しい理念の上に立つ図書館法の公布をもって始まったわが国の 50 年代において、戦前からの図書館研究の成果を根本的に問い直すことは、新しい飛躍のためには、避けて通ることのできない作業であった。

　学問論が起こってくるのは、一つの学問にとって、その危機的状況のときである。これまでのパラダイムが通用しなくなってきたとき、その学問の存立基盤自体が問い直される。そこに、その学問にとっての学問論が生起する。このような、存立基盤そのものを問う根源的な問いをくぐり抜けることのできない学問は、亡びていかねばならない。古くからの既成の学問は、すべていく度か、このような学問論によって根底から批判され、その批判によって、新しくよみがえってきたのである。「哲学とは何か」、「社会学とは何か」という、その学問の本質を問い直す学問論が、その学問じたいを鍛え直してきたのである。

　図書館学が一つの学問として成立するためにも、「図書館学とは何か」という、いわゆる図書館学論の根源的な検討なくしては、その存立基盤を明らかにすることはできない。戦後日本の図書館界は、国立国会図書館法及び図書館法に明らかに見られるように、ア

メリカ図書館学の理念のもとに再構築されることになった。明治いらい日本の館界は、民主主義体制のもとに発展してきたアメリカ図書館学を輸入し、それを学んできたが、それは天皇制デスポチズムのもとで許される範囲内にとどまらざるをえなかった。敗戦後はそのような制約はなくなり、アメリカ図書館学の自由な導入が可能になった。新しい理念と従来の理念との出会いは、従来の理念の根本的な問い直しをせまらざるを得ない。しかも、そのような根底的な問い直しは、たんなる技術論のレベルに留まることは許されない。図書館のような、文化的社会的機関において用いられる技術は、つねに、その目的との関連において考えられなければならない。目的論との関連なくして、技術論じたいとしては、成りたたないのである。それは、図書館のばあい、目的そのものがつねに争われうるからである。たとえば、自由主義国の図書館が、資料の収集、提供にあたって、中立的な立場をとろうとするのに対して、社会主義国の図書館は、このような立場を排して、社会主義思想の普及・宣伝を目的とする。このように、目的そのものが争われうるとき、たんに技術論のレベルにおける問い直しに留ることができないのは当然である。必然的に、図書館そのものの目的、図書館の存立基盤そのものが問われなければならない。

　このような、「図書館とは何か」という問いに対する回答が、たんに個人的な信条にとどまらず、客観性を持ちうるためには、それは学問的に構成されなければならない。では、どのように学問的に構成されうるかと問うところに、いわゆる図書館学論の成立があったのである[1]。

　もちろん、図書館研究を一つの学問にまで高めようとする努力は、わが国においても、50年代に初めて始まったのではない。図書館学への志向、また欧米における図書館学の紹介は、明治以降図書館研究が始まって以来試みられてきた。その最初は、1883（明治16）年3月『文部省教育雑誌』第173号に掲載された近藤鎮三訳「書籍館学」であろうと、青木次彦氏は述べている[2]。近藤訳のこ

の原本が何であるかは明らかでないが、近藤が 1875 年以降『文部省教育雑誌』に、ドイツの教育関係文献を多数訳載しているところから、ドイツ系の学芸百科事典からの抄訳ではないかと、青木氏は推論している[3]。

　近藤訳の「書籍館学」を始め、戦前いく人かの人が、図書館研究を図書館学にまで高めるべき必要を説き、さらにまた、その可能性を考えようとした。しかし、その多くは、欧米においては、「図書館学ヲ一種ノ専門科トナス」[4]のであるから、わが国においても、図書館学が一つの学問として成立しうるであろうと説いたり[5]、あるいは、「既に或る範囲の知識の総和を組織的に取扱って居れば、之を呼ぶに学の語を以てするも強ちに咎むべきではあるまい」[6]というような、「知識の総和」の組織的な取扱いをもって、一つの学問の成立を予想する程度以上に出ることはできなかった。

　こうして、戦前においては、図書館活動のいくつかの分野、とくに目録、分類等の整理業務面の研究や図書館史研究は、とくに活発に進められ、いくつかのすぐれた研究成果が発表されたが、図書館学を全体としての根底から問い直し、学問としての成立基盤を探ろうとする、本格的な図書館学論は、戦後の 50 年代まで待たねばならなかったのである。

　それは、戦前においては、図書館とは何かを、改めて問い直されなければならないほどの図書館像の混乱がなかったからである。すでに今日までの日本図書館史研究が明らかにしているように、学術研究図書館を別にすれば、一般民衆に公開された図書館は、学校教育の補助機関から社会教育機関へと、理念的な展開を見せたが、要するに教育機関として、図書館像は安定していたのである。そのために、教育者としての司書像も安定していた。このように安定した図書館像のもとにあっては、図書館目的そのものを問うことなく、業務の合理化を追求するだけで十分である。そこに成立するのが library economy である。

　小倉親雄氏は、library economy にあたる「ことばをいち早くその

標題として出版した国はむしろフランスであろう」[7]と指摘して、1839年に出版されたL. A. C. Hesseの「Bibliothéconomie」を挙げている。この書物は副標題が示す通り、図書館の整理、保存、管理を対象としているが[8]、ライブラリー・エコノミーもビブリオテコノミーも、要するに図書館業務の合理的・経済的追求を目指すものである。ドイツでは今日は一般にBibliothekonomieよりもBibliotheksökonomieという言葉が使われているが[9]、Kluthはそれを「図書館業務をもっとも少ない経費で達成する」[10]ことだとしている。

　図書館像そのものを問うことなく、そこにおける業務の総体を記述し、業務の合理的追及を目指すライブラリー・エコノミーは、わが国においては「図書館管理法」という形で、明治以降あいついで書かれる。その最初が、1892（明治25）年の西村竹間『図書館管理法』であり、それに続くのが、1900年の文部省編『図書館管理法』であったことは、よく知られているところである。これらの『管理法』においては、図書館は学校とならぶ教育機関として位置づけられ、その目的達成のために必要な、図書館業務の総体が記述されるのである。しかし、このライブラリー・エコノミーの発展が、ライブラリー・サイエンスになりうるのではない。それが図書館学になるためには、それが立っている図書館像そのものが、根底的に取り直されることによって、経験的実在としての図書館活動の中から、図書館学の対象としての図書館現象が、抽出されてこなければならないのである。

2. 図書館学の対象

　では、図書館学の対象は何であろうか。「私は、図書館学といふ学問——といはふか、科学といはふか——としては成立する筈がないと思ふ。図書館といふ機関の下に学といふ文字を加へても、科学にはなるまい」[11]と、長澤規矩也氏はかつて書いたが、「図書館といふ機関」で行なわれている経験的事実の記述が、そのまま図書館学であろうか。Sheraはつぎのように述べている。"…図書館に学が

あるのかないのかという議論も多くありました。図書館の職業は結局学たりうるのでしょうか。問題は本当は「図書館学が学たりうるか」ではなく、図書館学とは如何なる学問かということです。ここが基本の問題点であると思います[12]”。ここでシェラの言おうとしていることは、あまり明確ではないが、「図書館といふ機関の下に学という文字を加」えるようなやり方で、図書館そのものをすぐに図書館学の対象と考えるのではなく、図書館学は何を対象とする学問かを、シェラは問おうとしたものと考えられる。

　ところで、「図書館といふ機関」で行なわれている活動の中にも、物品の購入・支払いという会計的な活動があり、職員の人事管理は、行政的な活動という意味を持ちうる。また、今日のコミュニケーション技術の発展は、個々の図書館をこえたシステムとしての活動を可能にしてきている。このように、「図書館といふ機関」で行なわれている活動と言っても、一体どこからどこまでが図書館活動であり、図書館学の対象となりうるかを決めることは困難である。シェラも言うように、経験的実在としての図書館じたいが、そのまま学問の対象となりうるのではない。無限の多様性を持つ現実の経験的実在から、それぞれの研究者の価値理念に従って、認識対象として抽出されたものが、図書館学の対象である。したがって、現実から取り出された認識対象を構成するものは、無限の多様性を持つ現実の一面を抽出したものであり、その意味で、抽象的なものである。このように抽出されてきた認識対象をいま図書館現象と呼べば、どのような現象を図書館現象として抽象してくるかは、研究者の価値理念によって、その現象に附与された文化価値によって決められる。したがって、抽出された図書館現象は、研究者ごとに異なりうるのである。

　たとえば、図書館学を自覚的に構想した最初の人と言われるシュレチンガー（M. W. Schrettinger）は、「……あたかも建築資材の堆積をもって家と呼ぶわけにはゆかないと同じように、単なる図書の収集・累積もまた図書館とは称し得ず、目的にかなった形の、すな

わち合目的的な整備（zweckmäßige Einrichtung）が行われて初めて図書館の名に値することを主張」[13]した。彼にとっての図書館現象は、資料の「合目的的な整備」であったのである。それは、図書館員としての彼が、「……実務の世界（praktisches Geschäftleben）に自分自身が非常に深く入り込んで行ったこと、そしてそこから、学問の世界（Reich der Wissenschaft）の中には、小さいものではあるがしかし実り豊かな図書館の分野（bibliothekarisches Gebiet）が、なおほとんど完全な形で未開拓のままに残されていることの確信」[14]に基づくものであった。学問の対象として現実から抽出され、かくて学問の内容となったものは、たとえ現実のごく「小さいもの」であってもいい。それが研究者にとって、「実り豊かな」分野と考えられるならば、図書館現象として選び取られるのである。

　また、ピアス・バトラー（Pierce Butler）にとっては、「図書とは人類の記憶を保存する一種の社会的メカニズムであり、図書館はこれを生きている個人の意識に還元するこれまた社会的な一種の装置」[15]であった。これは、バトラーによって抽出された図書館現象の内容であった。

　図書館現象として、現実の多様性の中から何が抽出されるかは、各研究者の価値理念によるが、このような価値理念は、明らかに研究者にとって主観的なものである。だからといって、ある研究者の図書館現象の研究は、主観的な結果しか持ち得ず、他の研究者に客観的妥当性を持ちえないということにはならない。抽出された図書館現象の研究が、科学的な方法で追及される限り、その結果は客観的妥当性を当然持ちうるのである。ただ、図書館現象を抽出する価値理念を異にする研究者相互間では、その成果がお互いの関心を引きにくいだけのことである。

　このようにして抽出された図書館現象が、図書館学の対象であり、対象であることによって、同時に図書館学の内容となるのである。この図書館学の対象であるものを、学問として研究しようとするとき、たとえば、統計学的方法、社会学的方法、あるいは歴史学

的方法、心理学的方法等をいうように、その対象の処理にもっとも
適した学問的方法が用いられる。このように他の分野で開発されて
きた学問的方法を使うからといって、図書館学がすぐにその学問分
野の応用科学ということではない。たとえば、教育学の研究方法と
して心理学的方法を用いるからといって、教育学は心理学の応用科
学だなどと言えないのと同じである。図書館現象として抽出された
図書館学の対象が、他の如何なる学問分野の対象としても構成され
ず、しかも、独自の文化価値を持つものであるとき、図書館現象を
処理する学問的方法が何であれ、それは独自の図書館学である。

3. 図書館学、情報科学、図書学

1950年代の図書館学論については、「この論議いらい、わが国に
おける図書館学に関する学問論ないしは科学成立の根拠に関する研
究は、現在に至るまで総じて不毛であるといってよいであろう」[16]
という評価もある。このような意見に対して、かつて私はつぎのよ
うに書いたことがある。「しかし、日本の図書館界は、図書館学論
の反省をくぐり抜けることによって、客観的に図書館業務のハウ・
ツウを追求する従来の library economy の立場に立つ論説と、library
science に属する論説を区別しうる観点を育て得たのである。とい
うことは、図書館に関するハウ・ツウだけでなく、図書館に関する
学問的成果といいうるもの、いや、言わなければならないものが、
数多く発表されるようになってきたのである」[17]。

今日、図書館に関して書かれる多くの論説の中には、たんなるハ
ウ・ツウの追求、あるいは意見の表明、実情の紹介に留まるものも
多い。それらはそれなりに貴重ではあるが、それは、図書館に関す
る学問的成果ではない。しかし、そのレベルにとどまらない数多く
の図書館学上の成果を、われわれは既に持っているのである。図書
館学論という形をとっての学問論は、十分に発展させられたという
ほどの成果を挙げなかったが、50年代の学論は、これまでの「図
書館」研究者の中から、「図書館学」研究者を生むことになったの

である。［1950 年代を 50 年代と表す。以下同じ］

　言うまでもなく、学問論と研究方法論とは、現実の多様性の中から、学問の内容となりうる対象をどのように抽出するか、そして、抽出された対象を、どのような科学的研究法というメスで料理していくかという考察にかかわるものである。しかし、社会科学のばあい、一般に、どのようなメスを使い、そのメスをいかに鋭利に研ぎ澄ますかを抽象的に論ずるより、そのメスを具体的な問題に適用して、認識成果をあげ、また、実際の研究過程の中で具体的に方法論を磨くことに、研究者の関心はある。とくに図書館学のように、現場における実践上の要求とかかわる学問領域においては、抽象的な方法論談義よりも、具体的な問題に対する科学的な認識成果に、より重点が置かれる。したがって、方法論が方法論じたいとして、抽象的に論ぜられることが少なかったというだけで、すぐに「不毛である」と結論づけることはできない。

　また、他の学問領域においても、一つのパラダイムが確立するとき、そのパラダイムのもとで、研究成果が挙げられていくが、学問論として、いちいちパラダイムそのものにまで立ち帰って問い直そうとはしない。そのような問い直しをせまられるのは、前述のように、パラダイムが崩壊するときである。

　社会科学の方法論が問題になるとき、よく引き合いに出されるマックス・ウェーバーも、彼の妻マリアンネが語るように、「成程彼は方法的洞察を非常に高く評価したが、然しそれにも拘わらず、彼はそれを自己目的として重視したのではなく、具体的なる問題の認識可能性を明瞭ならしめるための不可欠の要具として重視したにすぎない」[18]と言われている。方法論は決して「自己目的」ではあり得ない。大切なのは、すぐれた「方法的洞察」による「具体的なる問題の認識可能性」である。

　50 年代の図書館学論以後、抽象的な図書館学論及び方法論研究は一見「不毛」と思えるほど、それ自体として論ずることは少なかったが、方法的意識は各研究者の具体的な研究と結びついていた。

ところで、日本の図書館学は、50年代末以降、まずドキュメンテーションの側から、大きな挑戦を受ける。1957年8月に発足した日本科学技術情報センター（JICST）は、科学技術情報に関しては、従来の図書館では十分に対応できないという不信を示すものにほかならなかった。さらに翌1958年には、日本ドクメンテーション協会がスタートする。こうして、ドキュメンテーション及びその活動を担当するドキュメンタリストと称する人たちが、図書館員の前に、対立者として現れてきたのである。『図書館雑誌』は58年10月に、ドキュメンテーションに関する特集を行なって、ドキュメンテーションとは一体何かを問うている。さらに、日本図書館協会は58年6月から、ドキュメンテーションを図書館の立場から検討するための委員会を作り、60年に『ドキュメンテーション入門』を刊行している。こうしたことはすべて、当時の館界にドキュメンテーションが与えた影響の深さを示すものと言うことができるであろう。

　しかし、当初こそ、ドキュメンテーションは従来の図書館活動に対立するものかと思われたが、その正体が明らかになるにつれて、ドキュメンテーションが要するに文献・情報の処理に関する一つの技術であるかぎり、それは、図書館学の存立基盤の見直しまで迫るものではありえなかった。それよりも図書館学そのものに大きな影響を与えたのは、1960年以降発達してきた情報科学であった。ドキュメンテーションと同じく情報の問題を中心テーマにするが、ドキュメンテーションが技術論に過ぎなかったのに対して、一つの科学としての装いをもった情報科学はコンピュータ工学や通信工学の眼を見はるような発展に支えられて、はなばなしく登場してくる。

　ドキュメンテーション、さらには情報科学という対立者が現れてくることによって、図書館学の基盤をなす図書館は、新しい情報要求に対応しえない過去の遺物ではないかと、その存在じたいが問われることは、図書館学にとって大きな危機である。50年代初めに、アメリカ図書館学に直面したことによって、それまでの図書館研究

が、根底から問われたように、本来ならば、図書館学とは何ぞやが再度問われるべきであった。このような学問的反省が全く行われなかったわけではなく、たとえば、加藤一英氏の「図書館学の学としての成立は可能なりや」(1968年)[19]や、渋谷嘉彦氏の「図書館学の方法について－研究ノート－(1)、(2)」(1974, 1975年)[20]が書かれた。加藤氏は図書館学をコミュニケーション理論に立脚させようとし、渋谷氏は、これまでの図書館学論を再度問い直すとともに、図書館学をドキュメンテーションや情報科学との関連において検討しているのは、いずれも、時代の流れを反映するものであった。

50年代の図書館学論には、自分たちの立つべき基盤を模索し、基盤の確立なくしては、今後の図書館学研究の方向づけすら困難だという深刻さがあった。それに対して、その後のドキュメンテーションや情報科学からの挑戦のさいには、曲がりなりにも図書館学研究者の間に、研究業績が出始めており、基礎づけは不安定ながらも、実績の上にようやく自信も生まれ始めつつあった時期である。もう一度学論から基本的に問い直さなくても、図書館学として一定の成果が上がりつつあれば、それでいいのではないかという自信に支えられた安心感があった。

一方、挑戦者の方の正体も必ずしも定かではない。挑戦者は図書館学に対立し、これを否定するものとして、厳しく対立するよりも、むしろ、図書館学の味方になり、その戦力の強化に役立ちうるものとして理解することが可能であった。このような内外の事情が、これらが挑戦にもかかわらず、図書館学の存在を脅かすものとして、図書館学に、その根底からの問い直しをせまるまでに至らなかった理由として考えられる。

こうして、図書館学は、かつてドキュメンテーションに対して示した懐疑を、情報科学に対してはほとんど示さず、それどころか、その学問的基盤を、情報科学の中に熱心に求めていったのである。それは、アメリカにおいても多くの図書館学校が、1970年代には、Library School から School of Library & Information Science へと、名

称を変更していったことに、端的に現れているが、実は、情報科学とは何かについては、一致した定義も見られないのである。

それにもかかわらず、図書館学の情報科学へのもたれかかりは、長い間、学問的基盤の確立に苦しんできた図書館学が、情報を同じようにその主要な対象とするというだけで、自らを情報科学の一分野として位置づけることによって、学問としての成立基盤の問題を避けようとする安易な態度ではないかという批判を免れないであろう。図書館員の養成機関としての図書館学校が、図書館員が業務上必要とする知識、技能を教育することは大切なことである。今日、図書館業務上にしめるコンピュータや、ドキュメンテーション的手法の有効性を無視することはできないし、それらについて教育していくことは、きわめて重要である。図書館学校がその教育内容の範囲を、名称に明示することは必要であり、その意味で、アメリカの図書館学校が、Library & Information Science をその名称に含むことは、なんら差し支えない。しかし、それは、図書館学と情報科学の関係の問題が、一義的に解決されていることを意味するものではない。一体、図書館学は情報科学を基礎とするその応用学なのか、あるいは、たんに情報科学の一分野なのかは、あいまいなままに残されている。

いずれにせよ、一般に、わが国やアメリカでは、図書館学と情報科学とをストレートに関連づけているが、ソ連、東欧の社会主義国では、両者の間に図書学（book science）を考えることが多い。図書学とは、『ソヴィエート大百科事典』では、「いくつかの学問分野を統合したもので、図書の歴史及び出版の歴史、理論、方法、組織と、図書の販売、図書館学、bibliography を含む」[21]ものと考えられている。また、わが国でも、長澤規矩也氏の図書学の定義では、図書の材料、形態や書写、印刷の材料、様式、テキストの成立、著作権、出版権、さらに図書を対象とする企業等のほかに、図書の収集、保存、文庫と図書館との相違、発達、建築、さらに図書整理法、排架法等、図書館学に通常含まれる分野も含めている[22]。長澤

氏のばあいは、図書学の立場から、それに関連する図書館活動の分野を込めただけであるが、社会主義国においては、図書がコミュニケーションの手段としてとくに重要視されていることが、図書学の重視になっていると思われる。

情報科学の立場からは、図書も多くの情報メディアのうちの一つにすぎず、図書のメディアとしての機能は、他のメディアによって代えられうると考える人もいるようである。そこから、将来の図書館では、情報はすべてコンピュータ可読の磁気媒体に記録され、図書のない図書館になるであろうと夢想する人もいる。しかし、マクルーハンの「メディアはメッセージである」を援用して、シェラも述べているように、それぞれのメディアには、独自の情報伝達機能がある[23]。したがって、伝達されるメッセージが、メディアによって影響を受けるとすれば、図書及び図書館は、メディアとして独自のメッセージを伝達することになる。図書の持つ独自の伝達機能が、社会主義国で重要視されているのである。

もちろん、社会主義国においても、図書館学と図書学との関係は、『ソヴィエート大百科事典』の見解にすべて統一されているわけではなく、いろいろな見解のあることは、ハンガリーの Molnar は詳細に紹介している[24]。彼じしんは、図書館学や図書学の基盤になるそれぞれの文化じたいの関連を考察する。彼によれば、図書館学の基礎になる図書館文化は、図書文化の中心におかれ、図書文化を構成する印刷術や製紙、さらに bibliography などと一部重なり合う。図書文化は、書写及び印刷という手段によるコミュニケーションの中に含まれる。このグラフィックなコミュニケーション文化は、さらに広い、グラフィック以外のコミュニケーション文化に含まれ、これらの文化が最終的には、社会的な諸基盤に条件づけられていると考えられるのである[25]。この説の当否はともあれ、メディアがメッセージである限り、図書館学を考えていく場合、ドキュメンテーション、さらには情報科学だけでなく、図書学との関連も考えることが必要であろう[26]。

図書学にかなりの重点をおく傾向は、アメリカと比べると、研究図書館の伝統が長く強かった独、仏の図書館学教育においても見られる。西ドイツにおいては、伝統的な図書館学の中で重点が置かれていた図書及び図書館史や書誌などの歴史的な科目よりも、情報科学やドキュメンテーションに重点が移ってきている。たとえば、西ドイツでもっとも有名な図書館学校の一つである Bibliotheksschule Frankfurt am Main の 1977-78 年度の Höhrer Dienst（学術司書）のコースを見ると、情報科学関係の講義時間数は、総講義時間数の 33％ を占めるのに対して、歴史的な科目は 11％ と少なくなっている。しかし、日本の司書科目 19 単位中、図書及び図書館の歴史に僅かに 1 単位しか与えられていないのに較べると、かなりの時間が与えられていることになる。これが、フランスでは、さらに重点が置かれている。フランスで司書（Conservateur）を養成する唯一の図書館学校（École Nationale Supériéure de Bibliothécaires）の、すこし古い資料であるが、1968-69 年度のカリキュラムを見ると、図書、図書館史及び書誌の総講義時間数は、全講義時間数の実に 35％ に達しているのである[27]。

Rovelstad は、東西ドイツでは、図書館史は必要欠くべからざる歴史的展望を与えてくれるということから、必修になっているのに対して、アメリカの図書館学校では、図書館史はもう必修でないことが多いと指摘している[28]。図書館学研究が新しい傾向を追うに忙しくて、古い伝統、とくに歴史の中で重要な役割を果たしてきた図書というメディアを閑却することは、図書館学じたいを浮薄なものにするであろう。

4. 図書館学と司書職

司書職は一つのプロフェッションである、あるいは、なければならないと言われる。では、プロフェッションとは何かについては、いろいろな定義がある。Gates は多くの定義に含まれているもっとも本質的な要素の一つとして「組織的な理論」をあげ、この理論が

「プロフェッションを性格づける技能（skills）を支え、また他と区別する」[29]と述べている。歴史的にプロフェッションとしてもっとも早く成立し、その意味で古典的プロフェッションと呼ばれる聖職者、医師、弁護士は、また learned profession ともいわれるように、その技能は、「組織的な理論」であるそれぞれの学問の上に立脚している。聖職者は神学に、医師は医学に、弁護士は法学に、その技能は立脚しているのである。したがって、司書職もプロフェッションであるためには、その機能は一つの学問に根差さなければならない。それが図書館学である。

　戦前のわが国における館長及び司書の任用資格を定めた「公立図書館職員令」では、司書になりうるのは、高等文官や判任文官になる資格を有する者、または「教育又ハ図書ニ関スル公務」に一定期間従事した者となっている。このことは要するに、役人や教員になりうるものは、同時にまた館長や司書にもなりうるということで、司書職が独自の文化価値をもった職種であって、その職種につきうるためには、独自の知的訓練を受けた者でなければならないとは考えられていなかったことを示すものである。

　欧米においても、19世紀半ばまでは、司書職の独自性は認められず、ただ図書に通じた人（bookman）であればよかった。ヨーロッパにおいて、司書の持つべき知識を定めた規則が初めて制定されたのは、1869年にイタリアにおいてであった。これについで、当時のプロシアで1893年、学術司書の任用資格が定められた。それによると、候補者は大学である主題分野の学位を持つもので、2年間以上実務について図書館管理を勉強したのち、国家試験に合格しなければならなかった[30]。プロシアのように公的なものではなかったが、英国においては、1877年に創設された、図書館員の団体である英国図書館協会が、1885年より司書資格認定試験を実施し、試験のためのシラバスも作成している。

　このように、ヨーロッパにおいては、19世紀末には、司書の資格が公的に認められてくるが、そのような資格を持つ職員を教育・

訓練する本格的な教育機関は、1821年にパリーに創設された「古典学校」（École des Chartes）、及びドイツのゲッチンゲン大学に、同大学図書館長である Karl Dziatzko を教授に任命して、1886年に開設された「図書館補助学」（Bibliothekshilfswissenschaft）の講座くらいのものであった。しかも、パリーの古典学校は、もともと歴史学研究を目的として設立されたものであり、1829年の王令によって、この学校の卒業生には、「王国文書館と諸公共図書館とに、将来空席ができた場合の採用人員の半数が当てられた」[31]が、図書館に関する講義としては、1869年から、第1学年の講義プログラムに「書誌学及び図書館分類法」[32]が加えられた程度にすぎなかった。

司書職の持つ機能の公的な認知、それに伴う養成機関の設置は、ようやく19世紀末になってであるが、司書職の養成教育が本格的に問題として取り上げられるのは、ドイツにおいてである。そして、このことは、図書館学がいち早くドイツで構想されたことと深く結びついている。今日に至る図書館学の流れは、その源をシュレチンガーに発する。前述のように、かれは図書館現象を、図書の「合目的的な整備」として捉え、そこに「実り豊かな」分野を見たのであった。このような彼の図書館学構想の根底には、当時の政治的事情によって、教会所蔵の図書が大量に彼の勤務するミュンヘン宮廷図書館等に流れ込み、これらの貴重な、ぼう大な資料群を、いかに整備するかという緊急の問題があったと考えられるであろう。それはともかく、現実の経験的実在から、彼の価値理念によって、図書館現象として抽出・構想されたものは、他の学問分野の対象としてこれまで取り上げられることもなく、しかも、図書の「合目的的な整備」は、独自の文化価値を要求しうるものである。このように、他の学問の対象とならず、しかも、独自の文化価値を持つ領域を対象とする学問は、独自の学問として、その存在を主張しうる。そして医学という独自の学問に支えられた技能をもって病める人に奉仕する職種が医師であるように、独自の領域を持つ図書館学に基づく技能をもって情報を求める人に奉仕する職種が司書職である。

5 図書館学論とライブラリアンシップ

このように、図書館学の成立、すなわち、独自の文化価値をもった領域が見いだされ、それが学問の内容として抽出されるとき、図書館学の成立を見るのであるが、司書職はこの独自の領域に立つものである。このような、立つべき独自の領域を持たない職種は、プロフェッションとして成立することはできない。司書職が独自の文化価値を持つ領域に支えられるものである限り、それは、他の分野で訓練を受けた人で代替しうるものではありえない。そこから、司書職は司書職として養成されるべきだという自覚が生まれる。図書館学を初めて構想したシュレチンガーが、当時「文人」と言われる人に開かれていた図書館長の職には、「高度な全般的な学問的教養のほかに、理論・実際双方にわたり図書館学に精通している人物」[33]をあてるべきことを主張したのは、司書職が独自の領域であり、他の分野に精通しているというだけでは、とうていカバーできないことの自覚に基づくものである。

シュレチンガー以降、エバート（Friedrich Adolf Ebert）をはじめドイツでは、図書館学の発展とともに、司書教育の問題が論ぜられていく。その後ドイツの図書館学は、小倉親雄氏の研究が明らかにしているように[34]、その領域をめぐって論争が続けられるが、戦前においては、結局は Milkau 編 *Handbuch der Bibliothekswissenschaft* に総括されたように、図書館学の中に、図書学、書誌、図書館史、図書館管理学の 4 つが含められるのである。

戦後もしばらくは、ミルカウに代表される古典的図書館学が維持されるが、1949 年の東西分裂後は、東ドイツは当然のことながら社会主義図書館学に変わっていく。西ドイツにおいては、若い世代は伝統的な図書館学に満足せず、海外の図書館界との接触や、IFLA の活動への参加等が、従来の図書館学への反省をせまる[35]。そして 1969 年には、Wilhelm Grunwald の有名な「司書とその養成」（Der Bibliothekar und seine Ausbildung）[36]が発表され、さらに同年 10 月には、ケルンにおいて、図書館学とは何かをテーマにしたシンポジュームが開催された。討論の結果、図書館学は厳密な意味

93

で学問たりうること。さらに、図書館学は特殊応用情報科学
（spezielle angewandte Informationswissenschaft）であるとの統一的見
解が出されている[37]。

　西ドイツにおいても、伝統的な図書館学が再検討をせまられてき
たことから、図書館学論が起こってくるが、それはまた同時に、司
書職の本質論と、それを踏まえた養成論に深く結びついているので
ある。司書職とは何かを問うことは、司書職の根源的な立脚点を問
うことであり、その根源的な立脚点は、また同時に、図書館学の成
立してくる基盤である。このように、司書職論は図書館学論と根源
的に結びつくものであって、なにか科学めいた図書館学がなけれ
ば、司書職がプロフェッションになりにくいと言った装飾的な意味
で、司書職が図書館学を要請するのではない。

　英国においては、図書館学校は School of Librarianship と称する
ところが多い。ライブラリアンシップという言葉に当たる適切な日
本語を見いだすことは困難である。シップという接尾語は、たとえ
ば、スポーツマンシップとか、フレンドシップと使われるように、
一般には condition, character または skill 等を示す。したがって、
ライブラリアンシップも、言葉としては、司書職としての本来ある
べき条件なり、性格なり、あるいは技能を意味することになる。要
するに、司書職の根源的な立脚点を意味することになろう。そのよ
うな根源的な立脚点は、前述のように、図書館学の成立する基盤で
ある。ライブラリアンシップという言葉が、図書館学をも意味しう
る所以である。そのことは、図書館学が司書職の本質というもの
と、根源的に結びついていることを示している。

注
1）拙稿「図書館学論の進展」『図書館雑誌』50（1）1955. p.7-9.
2）青木次彦「図書館学事始め」『同志社大学図書館学年報』創刊号
　　1975, p.26-33.
3）青木次彦　前掲論文 p.31.

4）西村竹間『図書館管理法』1892 復刻版　日本図書館協会　昭和 53, p.13.

5）たとえば、植松安『教育と図書館』（1917）においても、ドイツの『マイヤー百科事典』の「図書館学」の項を引用して、ドイツでは、すでに早くから図書館学があることを紹介している。

6）田中敬『図書館教育』p.358　大正 7　復刻版　日本図書館協会　昭和 53, p.358.

7）小倉親雄「図書館学とビブリオテコノミー——図書館学思想の変遷」『京都大学教育学部紀要』22 号　昭和 51　p.23.

8）小倉氏のあげている 1839 年パリー刊行のものの副題は Instructions sur l'arrangement, la conservation et l'administration des bibliothèques となっているが、この本には 1831 年刊行の Bruxelles 版もあって、その副題は Nouveau manual complet pour l'arrangement, la conservation et l'administration des bibliothèques となっている。

9）たとえば、東ドイツの代表的な図書館事典である *Lexikon des Bibliothekswesens*（VEB Bibiographisches Institut, Leipzig, 1974）にも Bibliothekonomie はなく、Bibliotheksökonomie が項目としてあげられている。

10）Kluth, Rolf. *Grundriss der Bibliothekslehre.* Wiesbaden, Otto Harrassowitz, 1970. S.120.

11）長澤規矩也「書誌学と図書学と図書館学」『書誌学』4　1966　p.21.

12）シェラ，J. H.『図書館の社会学的基盤』藤野幸雄訳　日本図書館協会 1978, p.100.

13）小倉親雄「マルチン・シュレチンガーにおける図書館学の構想」『京都大学教育学部紀要』21 号　昭和 50, p.7.

14）小倉親雄　前掲論文　p.3.

15）バトラー，ピアス『図書館学序説』藤野幸雄訳　日本図書館協会 1978, p.23.

16）裏田武夫「図書館学研究の視点」『武田虎之助先生記念論文集』1970, p.245.

17）拙稿「Philosophy of librarianship について」『図書館学』no.30, 1977, p.15.

18）青山秀夫『マックス・ウェーバーの社会理論』昭和 25　岩波書店 p.18-19.

19）『図書館学』No.13, 1968.

20）『図書館短期大学紀要』No.8, 1974, & No.9, 1975.

21）*Great Soviet Encyclopedia*. Translation of the 3rd. ed. N.Y., Macmillan, vol.12, p.15.

22）長澤規矩也『図書学辞典』三省堂　昭和54, p.1-2.

23）シェラ，J. H.『図書館の社会学的基盤』〔前掲12）〕p.67-69.

24）Molnar, Pál, "The conception and interrelation of bibliology and library science formulated in recent debates in Socialist countries," *Libri*. 1968, 18（1）, p.1-34.

25）Molnar, op. cit., p.27-29.

26）この点については、つぎの拙稿を参照していただければ幸いである。「書誌学・図書学・図書館学」『天理図書館報ビブリア』75号．昭和55, p.452-461.

27）Ferguson, John, *Libraries in Frace*. London, Clive Bingley, 1971, p.102.

28）Rovelstad, Mathilde V., "The changing Dimensions of Library Science," *Libri*. 27（1）, 1977. p.18-19.

29）Gates, Jean Key, *Introduction to Librarianship*. N.Y., McGraw-Hill, 1968. p.96.

30）Rovelstad, Mathilde V., *op. cit.,* p.12.

31）F. ジュオン・デ・ロングレ　森洋訳「エコール・デ・シャルトの業績」『史淵』第99輯　九州史学会　昭和43, p.6.

32）F. ジュオン・デ・ロングレ　前掲論文　p.10.

33）小倉親雄　前掲13）p.9.

34）小倉親雄「ドイツにおける図書館学思想の形成とその起源」『図書館界』23（3）1971.

35）Kluth, Rolf, "Bibiothekswissenschaft in der Bundesrepublik Deutschland," *Libri*. 21（4）, 1971. p.369-70.

36）*Zeitschrift für Bibliothekswesen und Bibliographie*. 16, 1969. S.154-169.

37）このシンポジウムの報告書は翌年出版された。Bibliothekswissenschaft. Versuch einer Begriffsbestimmung in Referaten und Diskussionen bei dem Kölner Kolloquium.（27.- 29.10 1969）Köln Greven, 1970. また、このシンポジウムについて簡潔に報告したものにつぎのものがあり、本論はそれに従った。河井弘志「西ドイツの図書館学論－最近の傾向（1）」『図書館学会年報』21（1）, 1975, p.8-9.

6 図書館学方法論試論

『図書館学』No.2（1955）

　図書館は人類の記憶を表すものだ。それが我々の意識をか
たちづくっている。G. ヴィーゼンボルン、炎と果実－メモ
リアル

I

　図書館学の学としての可能性の問題が、日本の図書館界において
もそろそろ問われようとしている。この方面に暗い私の目にふれた
ものだけでも、菊地租氏の「図書館学の Akademie 性について」
（日本図書館学会年報第 1 巻所載）、黒田正典氏の「図書館原理に関
する一考察」（新潟大学教育学部教育科学第二巻所載）、大佐三四五
氏「図書館学の展開」があり、有山崧氏は「図書館学成立の一つの
可能性」について第二回日本図書館学会で発表しておられる[1]。
　このように図書館学の学としての可能性の問題を問おうとするこ
とは図書館活動の実践にとってどういう意味を持ちうるのだろう
か。それは人間の文化的な制度や文化現象を対象とする凡ゆる科学
が歴史的にはまず実践的観点から出発したように、図書館活動の実
践をより合理的な観点の上に基礎づけようとすることである。これ
までの図書館関係の多くの論考は実践的技術的問題に大体終始して
きた。それでたとえば図書館学という名辞にしても Library Science
或は Bibliothekswissenschaft とは呼ばれずに、Library Economy 或い
は Bibliothekstechnik 等と呼ばれていたのである。
　ところで技術というものは所与の目的に対する手段にすぎない。
それ故問題が技術論に止まるかぎり、いくつかの手段のうちどれが
目的に対して適合性を持ちうるかの判断は試行錯誤（Trial and er-
ror）によるほかはないのであるが、この場合合理的な技術批判を

97

可能にするのが科学でなければならない。図書館学の学としての建設が要請されるのは、これまでの技術的問題に対して、技術批判を与えようとすることがその一つの理由である。

さらに技術は所与の目的に対する手段に過ぎないのであるから、技術論からは目的自体の批判は不可能である。ところで図書館のような一つの文化的制度、または図書館活動のような一つの文化現象は、その社会的機能が歴史的にいろいろと移りかわっている。このことは図書館の歴史をふりかえってみると明らかであろう。古代の図書館は王侯貴族のために、中世の図書館は僧侶のために、そして近代図書館は市民のために作られたと言われている。したがってその機能も古代中世では専ら図書の保存のための書庫としての単純な機能を果たすものであったのに対して近代図書館はその機能をますます複雑にしていく。たとえば、ファウンスは近代社会における図書館の機能として、第一に知識を保存しまた伝えること、第二に諸事実を連関において示し展望を与えること、第三に理想を与えることを挙げている[2]。また、カウントリーマン（Countryman）は近代図書館は単にインフォーメーション・センターとして機能するばかりでなく、また Recreation Center として、一つの Social Center でなければならないと論じている[3]。

このように近代社会における図書館の機能はいろいろと論じられているが、いまかりに一般に受け入れられているところに従うことができるならば、これらの機能は、結局は図書館が社会に奉仕するという目的のためだと言えるであろう[4]。しかし前にのべたように、図書館がいかなる社会に奉仕してきたか、またいかに奉仕するかは歴史的社会的にいろいろと移り変わっている。したがって今の日本において、図書館の目的とするところは何かということは、われわれ図書館員にとって根本的な問題でなければならないし、かかる目的を見失った技術論はナンセンスであろう。かかる目的とその根底にある理念を批判的に評価することは、学としての科学の役割である。図書館学の学としての建設が要請されるのは図書館の目的

とその根底にある理念を批判的に評価しようとすることがその二で
ある。

注
1）『図書館雑誌』1954 年 12 月号の news による。
2）W. H. Perry Faunce, *The library as a factor in modern civilization. The library and Society,* ed. by Arthur E. Bostwick. 1920, p.344, 347.
3）Gratia Alta Countryman, "The library as a social center," *The library and society.* p.433, 437.
4）勿論私は図書館は一方的に社会に奉仕すべきものとは考えていない。後に述べる如く図書館現象が社会および文化の存続発展のための必要条件である時、図書館の存続および発展のためには、社会こそ却って図書館に奉仕しなければならないと思う。この点については S. C. Broadfield, *A Philosophy of Librarianship*（London : Grafton, 1949）を参照。

Ⅱ

　このようにわれわれにとっては図書館学の学としての建設は強く要請されてくるわけであるが、その学としての建設については、第三者的な冷眼視はともかくとして、図書館人自身の中にも反対者がいるのである。
　たとえばバトラーはこのことについて次のようにのべている。図書館人は社会的活動の他の分野の仲間たちと異なって、奇妙にも自分の職業の理論的な面に対して無関心である。外の分野では現代人は自分の特殊な仕事を人間生活の主流に沿って方向づけようとする好奇心を持っているのであるが、図書館人はこうした好奇心に対してユニークな免疫性を持っているように見える。そして個々の直接的な技術的過程を合理化することだけで、自分の知的関心を満足させ、こうした合理化を職業上の哲学にまで一般化しようとする努力は、無益であるだけでなく積極的に危険だと思われているのであると[1]。

99

バトラーの述べているような、図書館人自身の図書館学に対する無関心ということとは別に、図書館学そのものの学としての成立を否定しようとした人の一人は、G. Leyh であった[2]。彼は図書館学と言われているものは、ただ書物に関係があるということだけで結びついているいろいろな主題の集積だと考えている。そして彼にとっては、図書館の業務というものは余りに簡単であって、科学的研究にとって十分な素材を提供しないと思われたのである。

このような非難があるにもかかわらず、我々は前に述べたような理由によって図書館人としての実践的動機から、図書館学の学としての建設を強く要請されるのである。ところでこの点に関し、ドイツにおける近代図書館学の創始者の一人とみなされているエーベルト（Friedrich Adolf Ebert）はエルシュとグルーバの百科辞典のなかで「図書館学とは図書館業務遂行のために必要なあらゆる知識と熟練の全体」だと書いている。そしてさらに、これらの知識と熟練が連関的な全体を形造っていなければならない限り、図書館人が自覚的に首尾一貫して、それらを実際に適用しようとするとき、簡単明瞭な図書館学という名前をなぜひとびとが何かペダンチックなものとして、またドイツ的な組織癖から生まれたものとして見ようとするのか、わけがわからない。職業生活というものはそれ自身の理論を持つものであって、たとえその理論が実践とは純粋に切り離すこともできなければ、また理論はそれ自体で存在するものとされ得ない程に、実践に緊密に結びついていてもそうであるとのべて、すでに前世紀の始めに図書館学のために気を吐いているのである[3]。

それならば図書館学というものが果たして学として成立しうるだろうかということが、今や問われなければならない。ところで一つの学問が学として構成される学問構成の原理は方法論として追求されなければならない[4]。ここに図書館学方法論についていささか考えてみようとするのはこのためである。

注

1） Pierce Butler, *An introduction to library science.* 1933. p.xi-xii.

2） Georg Leyh, *Die Bildung des Bibliothekars.*

3） *Allgemeine Encyclopädie der Wissenschaften und Künste, herausgegeben von J. S. Ersch und J. G. G. Gruber. Zehnter Theil.* におけるエーベルトの書いた Bibliothekswissenschaft の項参照。

4） 戸坂潤『科学方法論』参照。なお以下の叙述は同書によるところが多い。

Ⅲ

　現実を学問的に認識するのはどういうことであろうか。今私の前にインク壺がある。このインク壺についてのある叙述、それは直ちに、インク壺についての学になるであろうか。カントのコペルニクス的転回と言われる考え方によれば、認識は一般に実在の単なる模写であることはできない。かりに私がインク壺を実際にあるとおりに叙述したとしても、叙述されたものはもはや叙述される実在と一つではない。叙述されたものは単なる模写ではなくて、実在に対する一つの構成加工である。こうした加工こそ学的認識の出発点でなければならない。ところでこの場合、加工は複雑化する事ではありえないことであろう。なぜならば、与えられたもののすべてが実在であり、これをさらに複雑にするだけの所与は他にないのであるから。そうすれば加工は単純化でしかありえない。この単純化する方法において初めて学問の方法が問題となりうるのである。常識と言われるものも一つの単純化ではあるが、それは方法的に単純化するものではない。

　では学問的方法は実在をいかに単純化するであろうか。リッケルトによれば、実在は二つの根本的な規定を持っている。すなわち連続性と異質性である[1]。実在についてわれわれは明確な限界を限ることはできない。またいかなる実在でも互に完全に相等しいものはありえないであろう。それ故実在は異質的連続（stetiges Anderssein）をなすと考えられる。さて、今われわれが実在に学問的

101

にせまるために、実在を方法的に単純化するためには、実在のこの二つの規定のうち、どちらか一つを捨てなければならない。そしてリッケルトによれば、異質性を捨てて連続性を保存するときに、すなわち、このような方法で概念を構成するときには数学が生じ、これに反して連続性を捨てて異質性－すなわち個別性－を保存するときさまざまの経験科学が生ずるのである。それ故個々の実在にせまるものは数学ではなくして経験科学であることは明らかであろう。

さらに経験科学の内部において、ある一定の見地に立って連続的な実在から不連続をいろいろに単純化し出すことができる。この場合単純化とは実在からある一定の原理に従って選択を行うことに外ならない。そして選択の原理を異にすることによって、即ち方法の差異によってさまざまの特殊科学が生まれてくることができる。かくしてリッケルトによれば、経験科学は自然科学と歴史科学という二群に分けられうる。この分類は方法の差異による形式的な分類であったが、内容的には自然科学と文化科学とに分類されると考えられたのであった。

さてわれわれの問題としている図書館学に帰ろう。いま図書館学とは何ぞやという問いに対しては、たとえば動物学は動物を対象する学問である、物理学は物理現象を対象とする学問であると答えうるように図書館学とは図書館を対象とする学問であると常識的に一応答えうるであろう。しかしこの答えはどこまでも形式的であって、内容的ではない。そこでわれわれは、それぞれの学の対象とされているものは何かを知らなければならない。

図書館の学を目指しているわれわれは、図書館という対象に方法的にせまっていこうとする。この場合の方法は無論研究の方法である。図書館という対象にせまっていく方法である。この研究の方法としては、たとえば統計学的方法、社会学的方法、心理学的方法、或いは歴史学的方法などを考えることができるであろう。これらの研究方法を用いて挙げられた業績としては、たとえば統計学的方法によるものとしてはベレルソンを[2)]、社会学的方法によるものとし

てはガルソーのものを[3]、また心理学的方法によるものとしてはいろいろの読書心理またはマス・コミュニケーションに関する優れた労作を、歴史学的方法によるものとしては図書館史関係の力作を挙げうるであろう。しかし私がここで試みようとしている図書館学方法論とはこうした研究上の方法論ではない。学問がまず方法であるとき、研究上の方法論は極めて大切であるが、しかし一般に社会科学の分野ではその方法論に関して、社会科学者自身の間においてすら、今日なおなんら一定した意見がないと言われているのである[4]。ポアンカレーは社会学に対して、もっとも多くの方法を所有しそしてもっとも少ない結果を挙げている科学と皮肉っている[5]。方法論が方法論にのみ終始するとき、それは結局不毛に終わるであろう。

　さていま図書館という対象にいろいろな方法を通じてせまっていくときこの問われた対象は答えられるであろう。その時対象は一つの変化を蒙る。即ち加工されるのである。研究の対象であったものが学問の内容になってくる。図書館学は「図書館を対象とする学問」から、「図書館についての学問」へとその概念が運動してくるのである。対象が方法によって学問の内容にまで構成されてきたとき、方法も構成前の対象にせまるべき研究の方法から、研究された構成後の学問の、対象の構成原理になってくる。方法は研究の方法から学問の方法になってくるのである。われわれは学問の方法という概念の下に学問の基礎一般を理解する傾きを持ち、また学問の基礎についての一般的考察が方法論と名づけられるのである。かくしてわれわれは方法概念そのものの運動によって二つの方法概念をうることになる。すなわち「学問研究の方法」と「学問構成の原理」である。かくて私の目指す「図書館学方法論」とは、図書館学という学問の構成原理の基礎についての一般的考察ということになる。そこで問題は結局図書館学という学問はいかなる基盤の上で成り立つかということでなければならない。

注

1）Heinrich Rickert, *Kultur-wissenscaft und Natur-wissenschaft.* 1899.

2）Bernard Berelson, *The library's public.* 1949.

3）Oliver Garceau, *The public library in the political process.* 1949.

4）三木清『社会科学の方法論』『三木清著作集』第6巻〔岩波書店，1949〕p.423.

5）〔アンリ・〕ポアンカレー『科学と方法』岩波文庫版　p.21.

IV

　マックス・ウェーバーの社会科学方法論は、周知の如く、リッケルトの考えを承けついだのであるが、いまマックス・ウェーバーに従って人間生活の諸事象を、それの持つ文化意義の観点から考察する科学を「文化科学」と呼びうるならば[1]、われわれの目指す図書館学はまず文化科学の範疇に属するものと言えるであろう。そして図書館学は一つの文化科学として、文化的社会現象における一側面を抽象してその主題を限定するのである。この文化的社会現象をたとえば経済的制約性という一観点から分析する場合、経済学が成立してくるのであるが、では図書館学は文化的社会現象から如何なる側面を抽出しようとするのであろうか。

　バトラーによれば人類の文化的進歩の三つの主な段階は、それぞれ特定の三つの発明によって進められてきた。先ず言語の発明により、人間は動物の段階から野蛮の段階に進み、文学の発明により未開の段階に進み、さらに書写の発明により文明の段階に進んだとされている[2]。周知の如くエンゲルスも、未開の第三期は、「鉄鉱の溶解に始まり、文字の発明とその記録と共に文明時代に移る」と書いている[3]。

　人間は言語によって空間的、時間的に彼の経験の地平線をはるか拡大することができる。しかし言語は保存ということには適しない。たとえある言葉がある人の胸に刻まれて生きながらえるにしても、結局はその人一代限りである。ところが今この言語に何らかの

文学的形式が附加えられてくると、保存という点でははるかに長い生命を持ってくることになる。古代の口づたえによる伝承というものは皆こうしたものであった。それでイリンは「書物の歴史」をまず人間のこうした記憶から書き起こしている。人間が図書の代用を果していたわけである。このような語部的伝承によれば、時間的永続という点ではその範囲を大いに拡大することができるが、空間的な拡大はまだ困難である。勿論神話・伝説・昔話の中には世界的に流布しているものもあるが、空間的な拡大の容易さにおいては図書に及ばない。ここから文書記録という方法が必然的にとられなければならなかった。図書によって人間の記憶の能力、およびその精確性に無限に擴大できる可能性を持つことになったのである。

　ところで文化についてキンボール・ヤングは「文化とは人間が集団的に生活することから発展させたあらゆる Folkways である。さらに文化は過去からわれわれに伝わってくる。各世代はそれを修飾したり何物かをつけ加えたりして次の世代に渡すのである」と書いている[4]。

　文化は人間が作るものである。しかしまた人間は過去から伝えられた文化によって作られる。いかなる原始人であっても、文化が人間の集団生活から発展した、あらゆる Folkways であるかぎり文化を持ち文化の中に生れ落ちるのである。ところで時間的空間的に伝えられるべきこの文化の運載者として図書ほど便利なものはないし、又図書は実にこの目的のためにこそ人間の案出したものであった。

　バトラーは図書は自然を超越すると書いている。人間の作り出したその他のものはすべて自然から供給された材料と力で仕事をしてきたものにすぎない。顕微鏡とカメラは眼球の模倣だし、飛行機は鳥の模倣だし、自動車もその系譜を遡れば、遊牧の蛮族が乗りならした家畜にたどり着く。このように人間は自然の中にすでに存在している原型を丹念に仕上げただけであるが、図書だけは自然に原型を持たない[5]。バトラーのこの言葉はなかなか面白いと思う。図書

館が自然を超越するのは、それは文化の運載者であるからである。文化は自然でないし、自然を超越しているのである。

　図書館が歴史的に先ず図書を中心とするものであるかぎり、図書館学は文化的社会現象を文化の運載者である図書という面から、単純化して限定していくところに、成立ってくるものでなければならない。ところで図書そのものについては、すでにビブリオグラフィーと呼ばれるものが成立している。A. L. A. のグロッサリーによれば、ビブリオグラフィーには四つばかりの定義が挙げられているが、何よりもまず「図書の物的形態の研究」だとされている[6]。それでビブリオグラフィーでは図書は物的形態の面においてとりあげられるのであるが、図書館学では図書は文化の運載者として、それの持つ文化的機能の面が問題とされてくるのである。図書という同一の対象に対しても、書誌学的方法と図書館学的方法とはこのように異なって来なければならない。しかしあるものの機能を知るためには、その生理・構造を知らなければならない。したがって図書の文化的機能面を取り上げる図書館学にとっては、図書の生理構造という物的形態を問題とする書誌学は必要欠くべからざるものとなってくる。図書館ハンドブックでも書誌学は図書館学の第一補助学だとされているのである[7]。

注

1 ）Max Weger, *Die Objektigität : sozialwissenschaftlicher und sozialpolitischer Erkenntnis.* 1904. 邦訳『社会科学方法論』岩波文庫、p.37.

2 ）Pierce Butler, "The cultural function of the library," *The library quarterly.* Vol XXII, p.86.

3 ）〔Friedrich〕Engels『家族，私有財産，国家の起源』水野不二夫訳. 〔1947〕p.32.

4 ）Kimball Young, *An introductory sociology.* 1934, p.xiii.

5 ）Pierce Butler, *The life of the books, librarians, scholars and booksellers at mid-century,* ed. by P. Butler. 1953, p.2-3.

6 ）American library Association, *Glossary of library terms.* 1943. Bibliogra-

phy の項参照。

7）『図書館ハンドブック』〔初版，1952〕p.20.

V

　われわれは前節において図書館学の成立の基盤を、文化的社会現象を文化の運載者としての図書という面から単純化して限定していくところに求めた。かかる単純化こそ図書館学の方法であり、われわれの求めた図書館学方法論であった。図書館学構成の原理はここに求められなければならない。

　ミルトンは言論および出版の自由を議会に訴えた有名な演説の中で、良書を滅ぼすことは殆ど人を殺すと同じである。人を殺す者は、神の像たる理性的被造物を殺すのであるが良書を滅ぼすものは理性そのものを殺すのである。良書は人類のために特に保存、貯蔵せられた卓越せる精神の尊い心血である。一度良書が滅ぼされると、真理の損失は償われぬことが多く、そのために諸国民はすべて痛手を受けるのであると論じている[1]。

　図書そのものを人間精神よりも重くみるミルトンの見方には異論はあるが、とにかく全ての図書が滅びるようなことが起こったら、人間文化には大きな空隙が生ずるであろう。

　このように文化の保存、さらに新しい文化の建設のためには、図書の存在は必要欠くべからざるものであるが、しかしこれまで図書の社会におけるあり方は混沌としたものであった。貴重な図書が無知となおざりの為に失われ、また社会の一隅でいたずらに紙魚の棲家となっていた例は枚挙にいとまない程である。文化が人間の集団生活から発展したあらゆる Folkways である限り、文化は社会から生まれまた社会は文化によって支えられていく。そのとき人間社会の支え手である文化の一つの大切な運載者である図書を、社会的に混沌とした在り方のままに放置しておくことはできない。そこから A. L. A. のグロッサリーの定義のように「書写または印刷された記録類を、認識・収集・組織・利用する知識および熟練[2]」である図

書館学が必要となってくる。一つの新しい科学の成立は、マックス・ウェーバーによれば「新しい方法によりひとつの新しい問題が追求せられ、それによって新しい意義ある観点の開示する真理が発見されるところに成立する」のである[3]。A. L. A. のグロッサリーの図書館学の定義では図書館という言葉が省かれていることに注意してほしい。図書館とは図書の世界の混沌の中から必要な資料を収集整理保存して利用に供せんとする施設であって、図書館学はかかる図書館現象の必然性をその文化的社会的基盤から認識しようとする学的活動に外ならない。

現実の図書館に対するわれわれの常識的概念は、それが常識的概念であるがゆえに持ついろいろの曖昧さを持つ。かかる常識的概念をそのまま学問の内容に持ち込むことは許されない。こうしてわれわれは図書館学の定義から図書館という言葉を排除する。

さらに現実の図書館は社会的、政治的、経済的な、即ち図書館外的な現象領域における与件によって構造連関的にいろいろの作用を受けるけれども、図書館学的認識方法論に立つとき、これらの図書館外的な与件は図書館学の構造連関から排除されていかなければならない。ここからも現実の図書館についての常識概念は図書館学の定義から排除される。

さらにこのような排除を行うのでなければ図書館学は一つの独立した学問としての地位を失うであろう。このことは政治学や経済学などの文化科学についても、それぞれ認識対象とする現象が決してただその本来の現象領域においてのみ動いているのではなく、ひろくそれ以外の多くの与件と構造的作用的に相互連関を持っているにもかかわらず、政治や経済などあらゆる文化現象の本質がそれぞれの現象に固有な方法と原則によって認識されなければならならないとされるのと同じである。こうした「一面性と非現実性とは、一般に、文化実在の科学的認識に全く一般的に通用する原理」なのである[4]。

したがってわれわれの目指す図書館学は、「図書館を対象とする

学問」ではなくして「図書館現象を対象とする学問」である。ここで図書館現象というのは、現実各種の図書館で行われている図書館活動の現象を指すのではない。それは「書写または印刷された記録類を認識・収集・組織・利用する」文化的社会現象である。

このような図書館学の概念は極めて抽象的であって、われわれ図書館人のこの学によせる実践的意図とは遠くかけ離れるかに思われるであろう。しかしながら図書館学の対象が構成された対象であり、またその意味で抽象の産物であり、したがって一般的であるからこそ、却ってわれわれは現実の個々の図書館活動についての常識概念のある一面を取り出して、これを図書館学の対象とすることができるのである。

最後に一つ注意しておかなければならないことは、図書館学が「経験的実在の思惟的整序」としての経験科学であるとき「拘束的なる規範や理想を発見し、それから実践に対する処方箋を導き出すというようなことは、断じて経験科学の課題ではあり得ない」ということである[5]。しかし最初にのべた如く、普通語られている図書館の目的について、その根底にある理念を指摘し、それらの諸目的の意義と関連を教えること、即ち目的批判を行うことは可能であるし、また科学の限界を超えるものではない。

注

1）ミルトン『言論の自由－アレオパジティカ』岩波文庫　p.10-11.

2）American library association. *Glossary of library terms.* 1943. Library Science の項参照。

3）マックス・ウェーバー『社会科学方法論』岩波文庫版　p.38.

4）マックス・ウェーバー　前掲書　p.44.

5）マックス・ウェーバー　前掲書　p.14.

これは普通ウェーバーの価値判断排除論といわれるものであり、社会科学の学徒がその研究の過程において常に留意すべき心構えである。なおウェーバーの価値判断排除論については、福武直『社会科学と価値判断』（『マックス・ウェーバー研究叢書』3）昭和24年　春秋

社等を参照されたい。

追記

　本論は学としての図書館学を樹立しようとする一つの試みにほかならない。私の意図している図書館学の概念については、いろいろの反論が予想される。反論にあらかじめこたえる為にも、また私の考えをもっと具体的にするためにも本論から直ちに導き出されるいろいろな問題、たとえば図書館における視聴覚資料の限界の問題、図書館が持つと言われる教育的機能の問題、さらに図書館と社会との関係の問題等についてもふれておくつもりであった。そうすれば私の考えももっとはっきりするだろうし、また学としての図書館学が実際的な問題の解決にいかに役立つかもはっきりするだろうと思っていたが、すでに予定の頁数も越えたし、また私自身の個人的事情により、終にそこまで論及するいとまがなかったことは残念である。いずれ後に稿を別にしてのこされた問題については書いてみるつもりである。

7 図書館文化史方法論について

『図書館文化史研究』No.15（1998）

1. 図書館の文化史と図書館文化の歴史

　与えられたテーマは、図書館文化史というものをどのように考えるかということであろうが、まず問題になるのは、図書館文化史は図書館史と同じ概念なのか、あるいは異なるかということである。図書館は、言うまでもなく、自然現象ではない。それは人間の作ったものであり、その意味では文化現象の一つであるとすれば、図書館史は文化史以外ではありえない。図書館史は文化史の枠内のものであれば、図書館文化史と図書館史とは tautology で、たんなる言いかえに過ぎないとも言える。

　この研究会は1995年9月から、それまでの図書館史研究会という名称から日本図書館文化史研究会へと名称を変更した。それは、図書館史と図書館文化史とはたんなる tautology ではないと考えられたからであろう。その際、名称変更の理由の一つとして挙げられているのは、"研究領域を拡充"[1]するということであった。したがって、名称変更はたんなる言いかえではなく、図書館文化史という概念には、より広い研究領域が期待されていることになる。

　ところで、図書館文化史という場合、これは図書館の文化史的研究ということか、また、図書館文化の歴史的研究かという問題が出てくる。いずれも、歴史的研究という点では同じであるが、前者では、歴史的研究のうちでも、とくに文化史的研究という方法概念にアクセントが置かれ、後者では、図書館文化というものをどのように研究対象として方法論的に構成するかという点に、重点が置かれていることになる。

　文化現象の歴史的研究はすべて文化史であるというように、文化

史を広い意味で考えるならば、図書館史じたい、それはそのまま文化史の一部と考えられるが、文化史の概念には、政治史や経済史等と肩を並べる歴史学の一分野と見る見方もある。一般的には文化史はむしろこの狭い意味で使われることが多い。この狭い意味で文化史という概念を用いるならば、図書館の文化史的研究は、図書館の政治史的研究や社会史的研究等と肩を並べる図書館史研究の一分野となる。その場合、図書館の文化史的研究は、英語で言えば history of library の一分野となる。

　それに対して、図書館文化の歴史的研究という場合、前述のように、図書館文化というものをどのように考えるかということが根本的な問題になる。これをどのように研究対象として構成するかが重要な問題であるが、今ここでは、英語の用例とは必ずしもうまく合致しないと思われるが、図書館文化の本質を librarianship という言葉で表現するとすれば、図書館文化の歴史的研究は history of librarianship ということになる。このように、図書館文化史を history of library と history of librarianship の両義に解することができるが、前者の場合、研究対象が具体的個別的な図書館であるため、研究対象を方法論的に構成する必要はない。そのため、研究者の視野が限定され、個別の図書館の記述に重点がおかれがちになる。もちろん、個別の図書館の具体的な事実の発掘と記述は、図書館史研究のもっとも基本的な作業であるが、個別の図書館の具体的な時系列的記述だけでは、図書館の歴史を構成することはできない。

　たとえば、鎌倉期の北条氏の一族によって設けられた金沢文庫と、徳川家康によって江戸城内に設けられた紅葉山文庫について、それぞれの詳細な具体的な時系列的研究が行われても、その各々は貴重な研究であるが、そのような個別の図書館についての研究成果を寄せ集めても、図書館の年表の作成にはなっても、日本の図書館の歴史を構成することはできない。図書館の歴史を構成するためには、個別の図書館の歴史を生み出している文化的社会的条件へと視野を広げることが必要である。個別的な図書館の時系列的研究か

ら、それぞれの図書館を条件づけている図書館文化の歴史的研究
へ、視野を拡大することが要求されてくるのである。
　「日本図書館文化史研究会ニューズレター」no.55（1995 年 2 月）
で、山本順一はつぎのように述べている。"これまで図書館史研究
というと一館史や特定地域の図書館史に関わる研究などにあって
は、それらの事例に閉じられた広がりのない自己完結的研究が多か
ったような印象をもっている。"[2] このような印象は、個別的な図書
館に焦点を合わせた従来の図書館史研究が持っていた限界を指摘し
たものと言えるであろう。

2. 図書館文化史における時代区分の問題

　歴史的時間はたんなる連続的な時間の流れではない。たとえば、
江戸幕藩体制が崩壊し明治国家が成立した明治維新、または、第二
次世界大戦の敗戦による戦前と戦後の時代というように、時間の連
続的な流れのなかに大きな断絶を見ることができる。歴史家はこの
ような時間の流れの断絶と思われる時期を目安にして、歴史的な時
間の流れを区切り、いくつかの時代に分ける。これが時代区分であ
るが、歴史家は時代区分をすることによって、それぞれの時代の持
つ意味を理解しようとする。したがって、どのように時代区分する
かは歴史家によって異なりうる。
　図書館の歴史を考える場合も、まずどのように時代区分するか
が、図書館史を構成する基本的な見取り図となる。もちろん、この
ような見取り図は図書館史家によって異なりうるし、また、図書館
史研究が進んで行くにつれ絶えず見直され修正されていくものであ
る。
　一般的な時代区分は政治的支配関係の大きな変動期を目安にする
ことが多い。しかし、政治的な変革によって政治的支配関係が一新
しても、他の文化的、社会的な諸状況まで一挙に同時に一新すると
は限らない。さらに文化史に限ってみても、その中のいろいろな分
野、たとえば文学史とか美術史とか出版史などを具体的に考えてみ

ると、それらもまたそれぞれある程度の自律的な動きを持っている
ことが解る。したがって、文化史の各分野は政治的支配関係を中心
とする一般史の時代区分と合致するとは限らない。

たとえば、17世紀初めに徳川家康が江戸幕府を開くことによっ
て、政治権力の中心は上方から江戸に移り、その時期以降を江戸時
代と呼んでいるが、出版活動の面で言えば、江戸開府後も京都、大
阪の上方がまだ出版活動の中心であった。江戸が出版活動の中心に
なってくるのは、宝暦以降の18世紀後半からであり、江戸開府か
らおよそ150年近く時間的にはずれている。

したがって、文化史の各分野の歴史を考える場合、それぞれの分
野ごとの時代区分を考えることができるが、これまでのように、個
別的に存在した個々の図書館や文庫の時系列的な記述だけでは、図
書館史独自の時代区分を構成しにくい。そのため、図書館の通史と
しては一般史の時代区分に従って、ある時代にはどういう図書館が
あったというように、小野則秋の用語を借りれば"一種の列伝体的
史書の形態"[3]をとらざるをえないことになる。

小野の『日本図書館史』[4]では、時代区分は一般史の時代区分に
そのまま従って、各種文庫の列伝体的記述に終わっているが、彼じ
しんは図書館は社会の知的文化現象であるから、"当然文庫史の理
解は社会の文化現象を中心に区分すべきであろう"[5]と、図書館史
の時代区分は文化史の時代区分に従うべきだと述べている。そして
小野は、わが国の文化現象の時代区分として、文化史独自の時代区
分を考えたが、文化現象の一つとしての文庫史については、"文庫
の存続は必ずしもこの時代的区分と終始を共にせず"[6]ということ
で、実際の図書館史の叙述にあたっては、この文化史独自の時代区
分も放棄し、一般史の時代区分ごとに、それぞれの時代にどのよう
な文庫があったかという、結局は年表的な記述にとどまっている。

わが国において、小野より早く日本図書館史の時代区分を考えた
のは武居権内であった。武居は「日本図書館史の方法」と題する論
文を1938年に『図書館雑誌』（32年3号）に発表している[7]。彼は

この論文で、日本図書館史を叙述する場合、まず"第一に重要な問題として取上ぐべきは時代区分の問題である"[8]と、歴史における時代区分の重要性を指摘している。

小野の時代区分論は文化史じたいの時代区分論であって、文化史の一分野である図書館史独自の時代区分論までは考えなかった。それに対して、武居は図書館史のような特殊分野の歴史は、文化史に対してはさらにその特殊史になると考える。そして"……特殊史の時代区分は一般史と一致せずして、特殊史としての時代区分をもつべきである"[9]と述べて、彼じしんの日本図書館史の時代区分論を展開する。彼は古代から奈良、平安時代までを貴族文庫時代、鎌倉から江戸時代までを武家文庫時代、明治以降を公共図書館時代に3区分する。この時代区分論じたいは異論もありうるが、図書館史を構想するための時代区分論の重要性をいち早く指摘し、具体的に時代区分論を試みたことを評価すべきである。

武居はさらに、"……図書館史は図書館のなかに閉篭る……"ものであってはいけない。図書館は"……時代文化と如何なる関係にあるかといふことを考へて来れば、自らその叙述は図書館の形態を越えて、時代の文化の中に生きたつながりをもつであらう。"[10]と述べている。この文章は図書館史は個別的な図書館のことだけを叙述するのではなく、より広くその時代の文化とのつながりの中において、すなわち、図書館文化の歴史として考えていく必要性を指摘したものと言えるであろう。

3. 図書館文化史の研究対象

では、図書館文化とはなにかが問題である。さきに述べたように、それは librarianship だと言うことも可能である。しかし、そう言いかえてみても、では librarianship とはなにかと問えば、同じように、それに対する答えは観点の相違によって分かれてくる。図書館という具体的個別的な対象をとり上げて、そこで行われる活動をただ記述しただけでは図書館学にならないと同様に、具体的な個々

の図書館について時系列的にただ記述していっても、それは図書館の年表にはなっても、図書館史とはならない。

　具体的な図書館が図書館学の対象となり、その歴史的研究が図書館文化史となりうるためには、研究者の観点によって図書館現象として、また図書館文化として、学問的研究対象に構成されてこなければならない。研究者の観点によって、学問的対象をどのように方法論的に構成するかが、具体的な学問方法論となる。図書館文化史の場合で言えば、どのように図書館文化史の対象を方法論的に構成するかが、具体的な図書館文化史方法論となるが、それは方法論じたいとして議論されるよりも、具体的な図書館文化史をどのように研究対象として構成していくかという、実際の歴史的研究の中に具体的に現れてくるものである。問題設定と研究方法は歴史を含めて社会科学においては常に一体であるからである。歴史研究においても、学問的対象は客体として始めからあるのではなく、主体である研究者じしんの観点なり、問題意識によって構成されるものであるからである。

4. 図書の歴史と図書館史

　図書館文化史の研究対象を、どのような方法で構成するかという方法論的考察を十分行わないまま、これまでわが国における図書館史研究は、図書の歴史と安易に結びつけて考えられることが多かった。図書館が図書と深い関係を持つことは明らかであり、論理的には図書文化があって始めて図書館文化は成立しうる。問題は図書文化の上にどのように図書館文化が成立してくるか、その際の文化的社会的諸条件はなにかが問われなければならない。

　図書館は図書の集積であるが、それはひとりでに集まるのではなく、そこになんらかの社会的意志が働かなければならない。図書館文化は図書文化の上に成立するとはいえ、それは図書文化に全面的に制約されるのではない。したがって図書館文化の研究にあたっては、図書文化以外の異なった観点からのアプローチも可能である。

それにもかかわらず、わが国では図書館史研究を図書の歴史と結びつけて見るような傾向を促した原因として考えられるのは、戦後における司書講習科目の一つとしての「図書及び図書館史」という科目名であったと思われる。図書文化の上に、どのような文化的社会的諸条件のもとに図書館文化が成立するかという問題が十分考察されることなく、図書や図書館の具体的個別的な諸事実が並列的に記述されることが多かったため、図書館史の科目を干からびた魅力のないものにしてしまった。

そのため、司書講習科目として、どのような科目が必要かという現場の図書館員に対するアンケート調査で、図書館史がしばしば軽視されることがあるのは、従来の図書館史の研究及び教育のあり方と関係していると思われる。たとえば、JLA 図書館学教育部会の1990 年度のシンポジウムで、公共図書館長に対する図書館学教育に関する質問紙調査結果に基づいて、朝比奈大作は "公共図書館ではあまり重要ではないと思われるものとして数字が集まったのは図書館史と書誌学であります"11) と報告している。そして、この集計結果に対する参加者からの質問に答えて、"図書館史はローマ時代にはどうとか、平安時代には芸亭が一番最初で、という、いわゆる暗記科目であって、現場ではほとんど意味がないと判断される図書館長が多いのではなかろうかと想像はしておりました。"12) と述べている。

社会科学は一般に歴史と理論と政策の三つの研究部門から成り立つものである。図書館学も社会科学の一つであるとき、図書館の歴史的研究は本来図書館学にとっても、もっとも基本的な研究部門でなければならない。それにもかかわらず、図書館史の重要性に対する一般の認識の不十分さは、今回の司書講習科目の改訂にあたっても明らかであった。聞くところによると、科目改訂の審議の過程で、図書館史は不要として一度は科目から削除されたが、関係者の努力によって辛うじて生き残ることになった。

図書館史研究会からも文部大臣あてに、司書講習科目としての図

書館史の必要性について、再度にわたって要望書を提出している[13]。しかし、新講習科目の中においても、図書館史は必修科目ではなく、従来と同様に選択科目の一つであるに過ぎす、その科目名も「図書及び図書館史」のままである。

図書館史に対する一般の認識の低さには、図書館史研究者の側にも責任がある。図書館史は個別の図書館の時系列的な記述にとどまるべきではなく、図書館文化の歴史でなければならないと言っても、そのような歴史的研究は、わが国では明治以降の公共図書館史研究において実績を示しているだけである。それ以外の分野、あるいは明治以前の図書館史研究では、図書館文化史研究のレベルに達していないため、図書館の現場とはかかわりのないものとみなされがちである。医学史が往々にして医家の趣味的仕事とみなされるようになることによって、医業じたいが仁術から儲け主義の算術に転落しかねないことになる。医業がたんに医療技術に矮小化されることなく、それ本来の社会的役割を果たし続けていくためには、その社会的役割を歴史的にたえず問い直していくという観点が必要である。一つのプロフェッションの持つべき社会的役割は、その歴史を通じて始めて明らかにしていくことができるからである。図書館史も図書館員や図書館学研究者のたんなる趣味的仕事としてみなされるべきものでは決してないのである。

5. 図書館文化史方法論

図書館文化史も歴史学の一分野である限り、一般的な史学方法論の枠内で考えられるべきであることは言うまでもない。そのような史学方法論ということになれば、専門史学者による優れた方法論に関する専著が、すでに数多く存在しているし、そのいくつかは常盤繁の論文「図書館史研究の現状と方法」[14]の注にも挙げられている。さらに、図書館史研究にあたっての一般的な史学研究法の適用についても、常盤の同論文に簡潔にまとめられている。したがって、以下に私なりの図書館文化史方法論について述べてみたい。

118

一般に史学方法論というとき、ふた通りの方法論が考えられる。第一は資料の収集、批判、解釈といった、史料の操作技術的な方法論である。それに対して、第二の方法論は、研究対象を研究者の問題意識に基づいて、どのように構成するかという問題構成にかかわる方法論である。第一の方法論が、具体的個別的な図書館史研究にあたって必須の方法論であり、一般化が可能であるのに対して、第二の方法論は、図書館文化を歴史的考察の対象とするに際して、どのように問題として構成するかにかかわる方法論であるので、必ずしも一般化はしにくい。

このように、二種類の方法論が区別して考えられるが、実際の歴史研究にあたっては、この両者は常に結びついて研究を進めていかなければならない。後者の方法論意識を欠くとき、個別図書館の研究は歴史的な基礎事実に歴史的価値づけを与えることができず、その記述は無味乾燥で煩瑣なモノグラフを産み出すにすぎない。個別図書館史研究は、常に図書館文化史研究に対する問題意識をともなっていなければ、研究成果は学問的価値の低いものに終わらざるをえない。

このように、図書館文化史の場合、研究対象が研究者の問題意識に基づいて構成されるものであるとき、研究者の問題意識の相違により、その方法論も異なってくる。しかも、このような問題構成そのものにかかわる方法論は、具体的な研究とは別に、方法論じたいとして切り離して論ずることが困難である。

文化史の方法論について、アナール派の歴史学者である R. シャルチェもつぎのように述べている。"あらゆる方法論的省察は、なんらかの個別の軌跡であるとか、歴史家による固有の研究であるとか、特定の仕事に、深く根ざしているものである。"[15] 図書館文化史の具体的な研究方法は、研究者じしんの「固有の研究」を通じて、具体的に示されるものと言わなければならない。

付記

　本稿は 1997 年 9 月 14 日立教大学で開催された図書館文化史研究会第 14 回研究集会で報告したときのメモに、大きく加筆したものである。当日は時間の制約上論旨を十分展開できずに終わったので、今回文章化できたことは私にとって幸いであった。

注

1）『図書館史研究会ニュース・レター』no.53, 1995, p.1.

2）山本順一「"図書館文化史" 研究について」『日本図書館文化史研究会ニューズレター』no.55, 1995, p.5.

3）小野則秋『日本文庫史研究』上巻　京都　大雅堂　1944　改訂新版　京都　臨川書店　1988, p.12.

4）小野則秋『日本図書館史』補正版　京都　玄文社　1976.

5）前出注 3）p.18-19.

6）前出注 3）p.21.

7）武居の日本図書館史の時代区分論は、ほとんどそのまま彼の『日本図書館学史序説』（第 2 刷　早川図書　1981）の「第 3 節　近世の図書館学（p.41-44）」に再説されている。

8）武居権内「日本図書館史の方法」『図書館雑誌』32 年 3 号，1938，p.65.

9）前出注 8）p.66.

10）前出注 8）p.65.

11）JLA 図書館学教育部会『会報』29 号，1990, p.5.

12）前出注 11）p.13. では、芸亭は平安時代とされているが、平安遷都は794 年、芸亭の創設者石上宅嗣の死は 781 年で、文庫は宅嗣の死後もしばらくはあったにしても、文庫存続の時代としては奈良時代後半とみるべきで、一般的にもそのように取り扱われている。

13）『図書館史研究会ニュース・レター』no.43（1991 年 5 月）及び no.45（1991 年 11 月）

14）常盤繁「図書館史研究の現状と方法」日本図書館学会研究委員会編『図書館学の研究方法』日外アソシエーツ，1982, p.113（『論集・図書館学研究の歩み　第 2 集』）

15）シャルチェ，R.『読書の文化史－テクスト・書物・読解』福井憲彦訳　新曜社　1992, p.1.

8 小倉親雄先生と図書館学研究
〔小倉先生追悼〕

『同志社大学図書館学年報』No.18（1992）

　近頃訃報を聞くことが多くなった。それは、私じしんが古稀を過ぎ、先輩、知友も高齢な人が多いから、当然と言えば当然である。訃報を聞くたびに、身辺にぽっかり隙間ができた感じで、今更のように、私たちは多くの人によって支えられて生きていることを実感させられる。最近もあいついで幾人かの先輩、知友の訃報に接した。私の人生のある時期、ある側面で教えられたり、支え合うことの多かった方たちであるが、その中で小倉親雄先生の訃報は、先生とのご縁がなにかと深く、また長かっただけに、大きな支えを失った感がひとしお大きい。

　先生とはなんとはなくこの一両年お会いする機会がなかったが、平素お元気な先生であっただけに、そのうちまたなにかの折にお会いできるものと思っていた。それで、今夏入院、手術を受けられたことは迂闊にも全く知らなかった。お元気でおられると思っていただけに、10月8日の朝刊で先生の訃報を東京の宿舎で知ったときは、一瞬息の詰まる思いであった。新聞の死亡記事欄の小倉親雄という活字をなんども眺めたが、どうしても先生の逝去という実感が湧かなかった。数行の事務的な死亡記事が、先生の死という重い重い事実と、どうしても結びつかなかった*。

　その日は日本図書館学会の研究大会の2日目であった。新聞を持って、会場であるお茶の水駅近くの中央大学駿河台記念館に着くと、多くの大会参加者の間にすでに電撃のように先生の訃報は伝わっていた。私は午後の図書館学会臨時総会の際の会長挨拶の中で、先生のご逝去を会員にお伝えし、先生を追悼した。

小倉先生を欠いた今年の研究大会は、やはり飛車、角を欠いたような感じがあった。先生はこの大会には熱心に出席され、時には鋭い質問、ご意見を投げかけられた。発言を求めて「小倉ですがね」と、あの独特なしわがれた声で質問が始まると、いよいよ御大の登場ということで、一瞬会場に緊張が走った。先生が会場におられるだけでも、今日は小倉先生がおられるという緊張感があった。それだけ、中堅、若手の図書館学研究者にとって、小倉先生の存在は、図書館学そのものといった存在感があった。

　私は戦後のわが国における図書館学研究者を、世代によって分けてみれば、それぞれの研究者の図書館学研究史上の位置づけを理解するのに便利ではないかと考えて、それについて少し話してみたことがある[1]。戦後の図書館学研究の第一世代と私が考えているのは、戦前からすでに図書館学の研究を始め、戦後のわが国の図書館学研究をまずリードした人たちで、同志社大学との関係で言えば、竹林熊彦、小野則秋の両先生に代表されるグループである。第二世代の人たちとは、戦後に初めて図書館学の勉強を始めた人たちで、学生時代は他の学問分野を専攻したが、図書館と縁を持つことによって、図書館の研究に眼を開かれ、中にはアメリカへの留学経験を持つ人たちである。第三世代の人たちとは、学生時代からすでに図書館員になる意志を持って図書館に入ったり、図書館学の教育、研究の道に入った人たちである。

　第一世代の人たちは図書館員として定年を迎え、定年後常勤または非常勤として図書館学の教育に当り、専門とする研究領域を持つが、それ以外の領域についても幅広く発言していく。その発言は、図書館での長期にわたる実務経験に基づいている。その好例を竹林、小野の両先生に見ることができる。両先生ともわが国における図書館史研究の開拓者として著名であるが、その論考は図書館史だけに限られず、整理論、管理運営論等広範囲にわたっている。竹林先生については、本人自ら「私が触れなかったのは分類と視聴覚だけだ」と語ったことを埜上衛氏が伝えているように[2]、本・年報第

6号（1980）掲載の「竹林熊彦先生年譜試稿」を見れば、その論考がいかに多方面にわたっているかが明らかであろう。同様なことは小野先生についても言える。本・年報第14号（1988）には小野先生の著作リストが掲載されているが、専門の江戸期までの日本図書館史研究のほか、その論考は多様な主題にわたっている。

　このような第一世代の図書館学研究者に対して、第二世代の研究者は研究領域がより専門化するとともに、専門領域以外の分野については、第一世代のように幅広く発言することはしない。それぞれの専門領域がはっきりと確立してきたためである。第二世代になると専門化がさらに進むが、これは学問発展の上で、どの分野においても見られる現象である。ある学問分野の研究が深まれば深まるほど、研究者の研究領域はますます狭められてくる。その結果、研究者はしばしば専門領域以外についてはなにも知らないというところから、専門馬鹿という言葉すら使われたことがある。

　私は小倉先生は第二世代の研究者の代表として考えることができると思う。小倉先生と言えば、アメリカ及びドイツの図書館学思想史の専門家として著名である。図書館学思想史以外の業績も無いことはない。しかし、第一世代の研究者たちが、自分の専門領域以外の問題についても幅広く発言し、著作もあったりするのに対して、第二世代の小倉先生の場合、図書館学思想史の研究にそのエネルギーの大半が傾注されている。さらに第二世代の人たちは、図書館学が大学で教育される科目になったこともあって、戦前のように図書館研究をたんに実務的経験的知識の体系化のレベルで考えるのではなく、ひとつの学問として構想していく。図書館の研究をひとつの学問的研究として取り組むようになったのが、第二世代の大きな特色と言えよう。もちろん、その際の学問的手法は第二世代の研究者のそれぞれの学問的基盤の相違によって異なってくるが、小倉先生の学問的手法は徹底的に歴史学的方法であつた。それは、先生の学生時代の専攻が歴史学であったことから、当然であったと言えよう。先生は史学における実証主義を重視した京大史学科の卒業であ

る。先生が卒業された戦前の史学界では、とくに日本史の分野では、非科学的な皇国史観が猛威を振るっていたが、京大史学は実証主義の伝統をなお留めていた。小倉先生の図書館学方法論が実証的な歴史的方法であったのは、決して偶然ではない。

先生がわが国で始めて思想史的に発展を跡付けたアメリカ及びドイツの図書館学思想の研究が、歴史的な方法をとるのは当然であるが、事実をして語らせようとする実証主義的歴史学の手法は、小倉先生の場合、米、独の図書館学思想家の著作の徹底的な研究によって、思想的展開が組み立てられていく。外国の図書館学思想の研究に際して、思想の直接的産物である文献を中心にして、客観的に思想の展開を追っていくのは当然であるが、同様な手法は、たとえば総合目録の思想をとりあげても、図書館学とは何かというような問題や、図書館学教育の問題をとりあげても同じように貫かれている。私は学生時代に哲学を少し勉強したこともあって、あるテーマについて考える場合、論理的な枠組を先行させる。と言えば聞こえがいいが、要するに理屈が先走り、実証という厳密な学問的作業の方がおろそかになり易いことをつねづね反省している。小倉先生はテーマに関する文献の丹念な検証によって、思想的流れを歴史的に追求し、テーマの内包する問題点を客観的に明らかにしていく。先生のこのような学問的手法の厳密さには敬意を表せざるをえない。

小倉先生が最晩年に執筆したもののひとつであり、また、先生の図書館学に対する総括的な考え方を示すものとして、『図書館ハンドブック第5版』（日本図書館協会1990）の「図書館学」の項がある。先生がこのハンドブックに「図書館学」の項を執筆されたのはこの版が最初ではなく、第4版でも同じ項目を執筆されているが、第5版ではかなり加筆があり、章立ても改められている。先生はまず「図書館学の成立と発展」から、この項目の筆を起こしているが、私であれば、図書館学の成立とは、図書館学的認識というものがいかにして成立しうるかという学問的認識論から論じ始めるであろう。ところが先生の場合、図書館学という語が誰によってまず使

用され始め、そこでは、その内容としてどういうことが考えられ、その後その考え方がほかの人たちにどのように継承され、発展させられていったかを、いつもの歴史的手法で丹念に文献を追いながら追求されていく。これは〔その〕次章の「図書館学の体系と方法」や「図書館学と情報学」の項でも同様であり、ドイツやアメリカを中心として多様な図書館学思想の歴史的展開が辿られる。その幅広い知識には圧倒される思いである。

　図書館学とは何かという場合でも、小倉先生は、私はこう考えるという先生じしんの考え方をストレートに出さず、まず欧米の図書館学者の思想を文献の丹念な読み込みによって、その展開を追求していく。私たちは欧米の図書館学思想の豊富な内容を、先生を通じて知ることができるが、先生じしんの考え方は端的にはつかみ難いことが多い。これは先生の論考一般に見られる特色である。このような特色は、特定のイデオロギーや主観的意見の跳梁を排した客観的な実証主義的歴史学の手法によられたからではないかと思われる。先生は主観的な論理の先行を好まず、テーマに関する諸文献に見られる思想的展開を厳密に追求しながら、問題に客観的に迫ろうとするのである。そのため、先生の論考から、私どもが豊かな知的刺戟を受けながら読み終えても、最後に先生じしん、そのような先人の思想的展開を踏まえてどう考えるかが、具体的に示されることは少ない。読者にとつては、いささかはぐらかされた思いが残らざるをえないが、ここに、事実をして語らせるという客観的な実証主義的歴史学の手法の限界を見る思いがする。

　このように、どこまでも客観的な学問的手法を重視された先生の書かれたものに、主観的な意見やご自身を語ったものが少ないのは当然である。その点で、本・年報第 14 号（1988）に掲載された先生の「図書館学との出会い」という一文は、先生自らの図書館学研究の発展を率直に語ったものとして、小倉図書館学の理解にとって重要なものである**。それは、1987 年 11 月に同志社大学司書課程の学生に対して行われた講演の筆記である。さらに先生が、1988

年6月に開催された青木次彦先生退職記念講演会で「青木次彦氏と私−図書館・図書館学との歩み−」と題して行った講演記録が、本・年報第15号（1989）に掲載されている。この講演でも青木先生さらには小野則秋先生とのかかわりを述べながら、ご自身を語っている。この2篇では、いずれも小倉先生が「私は」とご自身について語っており、先生を識る上できわめて興味深くかつ重要なものである。

1956年春に小倉先生は京大教育学部の図書館学担当助教授として、京大付属図書館から異動された。私はその後任として九大付属図書館から赴任、それ以来20年間京大付属図書館に勤務した。教育学部は図書館とは眼と鼻の先の距離であったため、小倉先生はよく図書館に来られ、図書館に来られると、私の部屋で話しこまれることが多かった。先生は話好きで、話題も豊富であり、話し始めると長時間に及ぶことが多かった。そのお話しも文章と同様に客観的に話されることが多く、主観的な意見や感情を強く出されることはなかった。

お話しと同様に、小倉先生の文章はセンテンスが非常に長い。ひとつのセンテンスが400字をこえることも決して珍しくない。そのことが先生の文章をいささか読み難くしているが、これは論旨の厳密な展開を企図されたことから必然的に生じてきたものと思われる。私は先生の文章の一節を示されただけでも、これは先生の文章だと判じうる自信がある。それだけ、先生の文章は独自のスタイルを持っている。また、二つのものの間の影響関係を表現するのに、先生は「培う」とか「つちかわれる」という言い方をよくされる。別に古語ではないが、今日の図書館学研究者の文章には、ほとんど見かけない言葉である。前述の先生の最晩年の文章である『図書館ハンドブック第5版』の「図書館学」の項でも、この言葉は使われている。先生が終生用いられた独自の用語である。

学問的にはどこまでも厳密に客観的であろうとする態度が、一方で先生の人柄を染めあげるとともに、他方では、もともと冷静で物

に動じない悠然たる人柄が、ねばり腰の強い客観的に牢固とした先生の学問を生み出したと言えよう。先生の場合学問が人を作るとともに、また人がその学問を生み出した典型であろう。

先生は学園紛争の嵐が吹き荒れた1974年から数年間にわたって教育学部長を勤めた。あいつぐ学生との団交で、京大では多くの学部長がひんぱんに交替していた時期である。教育学部も激しい紛争の嵐に巻きこまれていた。建物もバリケードや学生グループ間の内ゲバで荒れ果てていた。一見頑健な体つきには見えなかった先生に、この紛争の嵐の中で学部長職がどこまで勤まるだろうかと、私はひそかに案じていた。その後お会いするごとに、どうですかと尋ねると、大変だと学生の攻撃の激しさをこぼされながらも、先生の文章のように、二枚腰のようなねばり強さで、見事に紛争の嵐に耐え抜いた。学部長を始め学内の役職者たちが、学生の攻撃を避けて学内にめったに姿を見せなかった頃、小倉学部長がのんびりと学内を歩いている姿を、私の部屋から何度か見かけたときは、少なからず驚いたことがある。先生は学生の攻撃も、その動物的な激しさの中から主張の論理だけを客観的に受けとめ、それに、どこまでも学部長として、主観的な感情を混じえないで、客観的に対応されていったと思われる。私にも、学生側の攻撃の論旨の非論理性についてはしばしば語られることはあったが、学生に対する感情的な非難の言葉を聞いたことはなかった。

私は先生の後任として京大付属図書館に来てから、日常的に直接先生にお目にかかれるようになったが、先生に始めてお会いしたのは、1950年代の初め、当時私が勤務していた九大付属図書館で旧帝国大学の図書館だけの集まりである協議会が開催された際である。まだ図書館についてロクな知識も持ち合せなかったが、会場館ということで私も協議会に出席した。その際、京大図書館小倉事務長がひときわ優れた発言をしていたことと、その風貌がどこか作家の太宰治に似ているように思えたことが強く印象に残った。その時はまさか私がその後任になろうとは思いもよらなかったが、後任と

して選ばれたことは、私にとって光栄であった。

　いらい今日まで40年近い歳月が流れ、教えられることばかり多かった先生もついに旅立たれたが、その臨終が安らかであったと聞いて、先生の悠然たる生涯を象徴するように思われてならない。

注
1）岩猿敏生「戦後の図書館学についての回想－竹林・小野先生の業績にふれながら－」『同志社大学図書館学年報』17号 1991, p.33-45.
2）埜上衛「竹林先生の思い出，そして反省」『同志社大学図書館学年報』6号，1980, p.10-11.

編者注
　＊小倉親雄氏，1991年10月6日永眠。78歳，1913年鳥取市生。
　＊＊小倉親雄「図書館学との出会い」『同志社大学図書館学年報』14号，1988, p.39-65.

9 わが国における図書館学教育の諸形態と問題点

『文化学年報』37 輯（1988）

1. わが国における図書館学教育のカリキュラム案とシラバスの発展

戦後のわが国において、大学レベルでの図書館学教育が正式に始まったのは、衆知の通り、1950 年の「図書館法」の公布いらいである。同法第 4、5、6 条によって、司書、司書補が、図書館における専門的職員として認められ、その資格取得の方法として、司書の講習と、大学において図書館に関する科目の履修の 2 つが、規定された。このうち、司書講習については、修得すべき科目名および単位数（総計 15 単位以上）が、「図書館法施行規則」によって明確に示されているのに対して、"大学において図書館に関する科目を履修"（「図書館法」）するばあいについては、なにも定められていない。したがって、学科レベル以上の図書館学教育を行なっている大学以外のその他の大学、短大では、講習のために定められた科目名および単位数に基づいて、図書館学教育のカリキュラムを編成しているのが一般的である。

1950 年に定められた司書講習用のカリキュラムは、1968 年に改正され、単位数も 15 単位以上から 19 単位以上になったが、それから今日まで、すでに 20 年近く経過している。図書館も図書館学も、コンピュータと通信技術の発展の影響を大きく受け、その変化も急激である。わが国における図書館学教育のカリキュラムが、この 20 年間に発展してきた情報化社会の中にあって、その発展に十分に対応しうるためには、カリキュラムの検討は急を要する。省令に基づくカリキュラムの改正は、20 年近くも放置されてきたが、図

書館界その他においては、図書館学カリキュラムの検討は、くり返し行われてきた。今後のわが国における図書館学教育のカリキュラムは、いかにあるべきかについて考察を進めようとするばあい、戦後において、カリキュラムの検討がどのように行われたかを、ふり返ってみることが大切である。

1950年の「図書館法施行規則」で、わが国における司書講習のカリキュラムが、始めて規定されたが、図書館員教育あるいは図書館学教育のための大学におけるカリキュラム案は、大学基準協会および日本図書館協会（JLA）教育部会で検討されてきた。その最初は、1953年に大学基準協会が決定した「図書館員養成課程基準」である。この基準では、必修科目は20単位であるが、選択科目は単位数未定になっている。その翌年の1954年に、同じく大学基準協会が決定した「図書館学教育基準」は、"図書館学科に於ける教育を対象とする"もので、38単位以上となっている。

「図書館員養成課程基準」は、"図書館の任務を完全に、かつ、有効に果し得るための図書館員の養成を目的とする"のに対して「図書館学教育基準」においては、"図書館学教育はあらゆる図書館の機能達成および活動に一対し、必要適切な学術を教授研究し、併せて社会の進展に資するための応用能力を展開せしめることを目的とする"とある。ここに、図書館員養成教育と図書館学教育における理念の相違を看取することができるであろう。図書館員養成教育においては、図書館の任務を完全、有効に果しうるための図書館員の養成であるから、そのための技術的訓練に重点がおかれる。図書館はいかにあるべきかという広い視野からの学術的研究に基づく教育にまで立ち入らない。それに対して、図書館学教育は、図書館の機能達成および活動に必要適切な学術に基づく教育であり、あわせて社会の進展に資するため、図書館を巾広い視野から考察していくことが要求されているのである。

小倉親雄は、この2つの基準は両者併存の形としてこれを一応理解しておくべきものであろうとしながらも、後の「教育課程基準」

は「〔図書館員〕養成課程基準」の改訂であり、“実質上養成課程の方は〔教育課程基準に収拾され〕すでに消滅してしまっている”のではないかと推察している[1]。この「図書館学教育基準」は、後に述べるように、1977 年と 1982 年に改訂されるが*、いずれも大学における図書館学の専攻課程を中心としたものであったこと、また、その基準が、大学基準協会という図書館界とは直接関係のない団体によって定められたものであったため、館界一般の注目を集めなかった。

1959 年に JLA 内の組織として教育部会がスタートすると、図書館員の養成および図書館学教育の問題は、同部会によって精力的に取組まれることになる。以下に、同部会によるこれまでの取組みについて、ふり返ってみたい。

教育部会の正式のスタートは 1959 年の 5 月で、名古屋市における全国図書館大会からである[2]。前年の 58 年 6 月の大会では、図書館学教育者集会が、その 2 年前の横浜大会いらい、懸案となっていた図書館学教育者の団体を作ろうという意図のもとに、始めて開かれた。図書館大会に参加する図書館学教育者の中には、館種別のどの部会にも所属していない人もいるし、図書館学教育に関する共通の問題を、全国的に討議する部会がないというのも困る。また、職員養成の問題が、教育者を除いた現場の人たちだけで討議されると、から念仏に終る可能性もある。それに、この 2、3 年の間に、教育者の数が増大してきたことも、部会設置を要望させることになった。そのさい、日本図書館学会との関係が問題になったが、それは相互になわばりを含め、表裏一体となって、図書館界の発展に寄与することができればよいというのが、みんなの考え方であったと伝えられている[3]。大会後 58 年 10 月に教育部会設立準備会が開かれ、教育部会規程（案）と世話人会をおくことが検討された[4]。その後、数度の世話人会が開かれ、1959 年 5 月の大会から、部会が正式にスタートしたのである。

59 年の最初の教育部会では、各大学に図書館学に関する講義を

必置するように働きかけること、司書・司書補講習の再検討、司書教諭講習の再検討の3つの目標に取組むことになった[5]。61年11月の全国図書館大会では、「図書館員養成のための大学における関係学科、コースの増強に関し、文部当局ならびに大学当局に要望する件」が、可決されている。1962年6月には、それまでの大会や総会での図書館学教育に関する審議をふまえて、文部大臣あてに「図書館学教育の改善刷新に関する陳情」が出されている[6]。ここでは、当時の図書館職員養成所の大学昇格、講習制度の改善と、「図書館法」でいう大学において履修する図書館に関する科目名と単位数を決定すること、38単位以上の図書館学専門課程を大学におくこと、図書館学教育担当者の養成制度の充実が陳情されている。司書、司書教諭講習については、"現在我国の大学において、司書、司書教諭を養成する課程をもつ大学がまことに僅少である実状に鑑み、講習形式による養成を全面的に否定することはできない"[7]と、大学における司書、司書教諭課程の少なさが指摘されている。

1963年5月のJLA総会では。図書館職員養成所の大学への昇格を、総会の名において陳情するとともに、昇格運動を押し進める機関として、JLA理事会に、教育部会長を委員長とする委員会の設置が決議された[8]。

理事会では、昇格運動をも含めて、わが国の図書館専門職員養成のあり方を再検討し、その望ましいあり方について立案する機能を持つ委員会として、教育部会長を委員長とする図書館学教育改善委員会を設けることにし、同委員会は63年12月からスタートした[9]。委員会は公共、大学、特専、学校の4小委員会を設け、教育部会の幹事が、それぞれの小委員会の幹事役を果すことになった。その第一次の中間報告は、1964年9月の全国図書館大会で行われ、「図書館学教育改善委員会（小委員会）中間報告」として、『図書館雑誌』59巻1号（1965年）に発表された。また、この中間報告に対してアンケートにより全国的に広く意見を求め、それらの意見を

まとめて第二次中間報告が 1965 年の『図書館雑誌』59 巻 3 号に最終案が「図書館学教育改善試案」として同巻 9 号に発表された。

この試案の特長は、公共、大学、専門、学校図書館ごとに、それぞれの専門職員養成に必要な図書館学教育課程の科目名と単位数を定めていることである。そして、図書館学プロパーに限っても、公共図書館で必修 30、選択 6 単位、大学図書館では必修 30、選択 8、専門図書館で必修 38、選択 10、学校図書館では必修 14-20 単位、選択 6 となっていて、いずれも 4 年制の大学におけるカリキュラムとして立案されている。司書講習については、別の機関で考えることにしている[10]。

この試案は、JLA が 2 年間をかけて、教育部会長が責任者となってまとめあげたものであるが、学校図書館の専門職以外はいずれも必修だけで 30 単位以上という、学科レベル以上のコースでなければ導入しがたいものであったことと、「図書館法」の 15 単位以上という規定の改正がない限り、司書講習にも、副専攻として設置されている一般の大学、短大の司書課程にも無縁であった。そのため、『図書館雑誌』から意見を求められて、西藤寿太郎、菊池租の両名が同誌 60 巻 4 号（1966 年 4 月）に文章を寄せているほか、会員からの積極的な投稿としては、同巻 9 号に、学校図書館の立場から管井光男が意見を出しているだけである。しかし、試案の発表された翌年の 1966 年には、『図書館雑誌』は 1 年間を通じて、図書館員問題を連載しているのは、注目すべきことである。

この試案では、公共、大学、専門、学校の 4 部門ごとのカリキュラムに用いられている用語も不統一であったため、科目の内容についての統一的な見解を定める必要があった。また、4 つの〔部門ごとの〕委員会で検討されたため、案の全体的調整が不足していた。それで、この試案の検討は教育部会が引きつづき行うことになったが、具体的な試案も示すに至らないうちに、文部省の方では、司書講習科目の改訂が進み、1967 年 11 月の全国図書館大会のさい開かれた教育部会では、文部省の担当官が出席し、"年度内に改正の手

続きをし、来年に間にあわせたい"11)と、発言している。そして、この改正は「図書館法施行規則の一部を改正する省令」（文部省令第5号）として、1968年3月29日公布された。

1968年6月の『図書館雑誌』は、早速この司書講習カリキュラム改訂について特集を組み、改訂の担当者を含め6名の意見を掲載したが、それぞれの科目内容に対する意見に終始し、カリキュラム全体に対する意見は見られない。一方教育部会では、その後も改善委員会試案の検討を続け、全科目を、①館種を問わない共通必修科目、②公共、大学、専門の図書館別の必修科目、③選択科目の3グループに分けて検討した結果を、第二次案として、1968年9月の全国図書館大会の教育部会に、最低38単位以上（共通必修科目30単位、選択科目8単位以上）の科目案として提案したが12)、そこで息切れしてしまい、しばらくまとまった取組みは消えてしまう。

しかし、1968年3月の司書講習科目の改訂は、図書館員養成に関する館界一般の論議を呼ぶことになり、69年の『図書館雑誌』は、4月号から3号続けて、図書館員の教育・養成について、特集を組んでいる。さらに、70年の『図書館雑誌』は、2月号と8月号で、司書講習と図書館学教育の問題をとりあげているが、2月号では論者の多くが、司書講習廃止論を唱えている。

1971年になると、ふたたび教育部会の中に、5月の総会の決議に基づいて、図書館学教育基準委員会が設置され、図書館学カリキュラムの改訂、教育レベルおよび司書資格の改正にまで及ぶ改革案の検討が始まる。1972年6月には、早くも試案が発表されている13)。この試案が従来の案と異なる大きな特長としては、①従来のようなたんなるカリキュラム改善案にとどまらず、教育レベルに応じたカリキュラムになっていること、②教育レベルと司書および司書教諭資格のグレード化を対応させたこと、③講習形式の廃止、が挙げられるであろう。

この試案に対しては、翌年の1973年の『図書館雑誌』1月号（67巻1号）に、「図書館員の問題調査研究委員会」の批判が、2月

号には 3 篇の批判が寄せられている。これらの批判に共通している
のは、試案が図書館学教育、したがって、図書館専門職員の養成
を、短大を含む大学にのみ限定し、司書講習を廃止しようとしてい
ることに対して、現職者に対する司書講習の意義を認め、廃止に反
対していること、それと、司書の学歴によるグレード化反対という
ことである。同試案に対する全く同様な批判は、1973 年 3 月に大
阪で開かれた「図書館学教育を考える」討論集会においても出され
ている[14]。司書講習廃止論は、これまでも多くの人によって主張さ
れてきたが、廃止論が一つの試案として打出されると、現状追認の
立場から、多くの司書講習擁護論が打出されている。

　改善試案に対する館界一般の反対のため、結局このカリキュラム
案はそれ以上の展開を見なかった。改善試案のこのような結果につ
いて今まど子はつぎのように述べている。"これらの努力にも拘ら
ず、我が国図書館界におけるプロフェッション意識の欠如、グレー
ド化への危惧、何よりも現状変更への根強い抵抗があって、試案は
かなり論議を呼んだが、実現へ向けて進むことはなかった"[15]。

　そこで、教育部会は、カリキュラムと同様に重要な、各科目の教
授要目の作成に、その努力を向けていく。部会は 1973 年から図書
館学教授要目作成委員会を設け、一次、二次、三次案と検討を重ね
て、1975 年 2 月教育部会の『図書館学教授要目』[16]を決定した。こ
れまで正式のシラバスとしては、1951 年作成のものがあった。文
部省が「図書館法」に基づいて、全国的に司書講習を開講するにあ
たって、その講習で講師をつとめる館界の指導者層を集めて、1951
年 6 月から約 2 か月間、指導者講習を開催したが、そこで取りまと
められたシラバスが『図書館学講義要綱』[17]であった。その改訂版
は、1964 年に刊行された[18]。これらの『講義要綱』は、当然のこ
とながら、当時の司書講習科目にそったものであったが、教育部会
の『教授要目』は、さきの"「図書館学教育改善試案」の中の教育
課程をふまえて、大学における図書館学教授要目の標準的なもの"
を作成したのであって、"こうした作業をもとにして、改善試案の

教育課程の再検討に資することを意図"[19]したものであった。したがって、68 年に改訂された省令の司書講習科目とは、なんの関係もない。

この『教授要目』では、図書館学概論（4 単位）、図書館史（4 単位）、図書館資料論（4 単位）、逐次刊行物（4 単位）、図書館資料組織論（6 単位）、情報検索（6 単位）、図書館奉仕論（4 単位）、参考業務（6 単位）、読書指導（4～6 単位）、図書館経営論（4 単位）で、10 科目 46～48 単位となっている。そして、この『教授要目』は"大学における図書館学科の教授要目として"、"これまでの内外の図書館学の成果を単に集大成するというのではなく、図書館学教育の理念と、図書館学の教育体系を確立しようとする"[20]ことを、その基本的な理念としている。たんにカリキュラム案を示すだけでなく、具体的にそのシラバスの内容まで提示した教育部会の努力は、その内容にいくつかの問題が含まれているにせよ高く評価すべきもの、今後のシラバス検討のさいの基盤となるべきものである。

一方大学基準協会は、1954 年の「図書館学教育基準」作成いらいすでに 20 年余が径過しており、基準の全面的改訂をせまられるに至った。そこで、慶応義塾大学の沢本孝久を始め 10 名の委員からなる図書館学教育研究委員会を、1974 年 7 月からスタートさせ、20 回の委員会を開催し、1977 年 1 月に成案を得、同年 2 月に「図書館・情報学教育基準」として発表した。この基準は、60 年代後半から、わが国においてもようやく図書館界に大きな影響を及ぼし始めていた情報学の発展を、図書館学教育にどのように取入れるかについて、始めてひとつの基準を示した点に、その価値を認めることができる。しかもこの基準では、図書館・情報学と称するものを、一つの学問としてとらえ、"図書館学および情報学"という二つの学問の並列ないしは混在を意味するものではないことを、明らかにしている[21]。このように、この基準は、従来の JLA 教育部会が発表してきた改善試案と大きな違いを示すものであるが、専攻科目だけでも実習を含め 38 単位以上を履修する学部レベルの教育基

準であったため、教育部会が案の段階で、76年度の研究集会のテーマとしてとりあげたが[22]、それ以外に、館界ではなんの反響も呼ばなかった。なおこの基準は、1982年6月に「図書館・情報学教育に関する基準およびその実施方法」と改訂されたが、その内容は77年基準の内容の配列をいれかえただけで、関連科目名の例示が変ったほかは、内容上の相違はない。長い間、図書館学教育のためのカリキュラムとシラバスの問題に取組んできた教育部会は、1978年10月以降は、図書館学教育全国計画委員会を発足させ、図書館員の需給状況、養成および採用制度に関する全国調査を目ざしたが、経費面から、全国調査までにはいたらず、1980年5月『図書館職員の需要に関する調査研究－図書館学教育全国計画委員会中間報告－』を刊行、続いて80年には、九州地区の全公共図書館を、81年には、関東地区の全公共図書館を対象とする「図書館職員の採用制度に関する調査」を行った。その調査結果は、それぞれ、80年度、81年度の図書館大会で発表され、さらにそれに加筆して、1982年5月に『教育部会会報特集号』として、刊行された。それ以降は、教育部会としては、1980年の第12回図書館学教育研究集会を最初として、13回（1981年）、14回（1982年）、16回（1984）、17回（1985年）と、「図書館学教育におけるカリキュラムの構築をめぐって」を連続したテーマとして、個々の科目のシラバス案の検討を続けてきている。

2. 司書講習廃止論と擁護論

　以上で見てきたように、教育部会を中心とする図書館学教育に関するカリキュラム案は、すべて、大学における図書館学教育のカリキュラム案であって、それも、学科レベル以上の専攻課程用として立案されたものであった。大学における図書館学教育の改善を目的とするとき、それは必然的に、図書館学の発展のレベルに応じたものとならざるをえないし、図書館学教育の理想が投影せざるをえなかった。したがって、これらのカリキュラム案においては、司書講

習科目の改善は、問題として取り上げられることもなかったし、72年6月の図書館学教育基準委員会の試案のように、明確に司書講習形式の廃止を打ち出すことにもなった。

司書講習については、それまでも多くの人によって、いろいろな論点から、廃止論が強く主張されてきた。それに対して、司書講習擁護論は、明確な論拠によるよりも、必要悪といった現実の要求に根ざすものにすぎないとも思われていたのに、明確にその廃止論が、個人の意見としてではなく、教育部会というようなひとつの組織の試案として打出されると、大きな反対意見に出あった。今日は、司書講習の問題も、かつての70年代前半におけるように、その廃止、存続をめぐって、激しく議論されることは少ないが、それは、この問題が、議論として結着がついたことを意味するものではない。そこでもう一度、当時の議論をふりかえってみよう。

1972年に図書館学教育基準委員会が、講習形式による養成の廃止を試案として発表したさいの同委員会の委員長は室伏武であった。司書講習に対する室伏個人の考え方を明確に示している論文の一つは、試案とほぼ時期を同じくして発表された「司書講習廃止論」[23]であった。この論文で、彼はまず第1に、司書講習制度は本来公共図書館職員の養成であるのに、大学や専門図書館の職員養成にも適用され、各館種共通の司書養成に変貌している。司書講習の本来の意味と実態が異なってきている。第2に、短期間の安易な速成教育であるため、司書の社会的地位を低めている。第3に、専門職の養成は本来大学で行われるべきである。このように彼は講習制度は司書職の専門職化を阻害するという論点から廃止を主張する。

木原通夫は司書講習に対する従来の批判を大きく3つにまとめている。1. 教育者に関するもの。教育者の質の問題。2. 講習科目に関するもの。とくにカリキュラムや単位、講義内容など。3. 講習実施大学に関するもの。マスプロ教育、実習施設や資料の不足、講習の期間や時期などである[24]。これらの講習じたいの持つ問題点は、講習実施大学の努力によって、ある程度改善することも可能で

あろう。しかし、たとえ、それらの問題点が改善されたとしても、講習制度じたいの持つ安易さが、司書職の専門職化を阻害すると見るのが、講習反対論者の基本的な考え方である。

　これに対して、司書講習擁護論は、まず第1に、図書館現場の要求論である。これには2つの理由があげられる。その一つは、司書講習という安易な資格取得の方法があったからこそ、全国的に司書有資格者を配置することができた。高いレベルの教育を受けた有資格者は、地方の小規模図書館には就職を希望しないし、また、小規模図書館では、そのような有資格者を遇する道もない。だから、地方の小規模図書館では、むしろ低いレベルでの養成こそかえって望ましいという議論である。そこから、"戦後の図書館をつぶしたのは図書館法だ。町村の図書館は司書資格のため戦後つぶれた。そのために公民館が出来、図書館はすみにおいやられた。"[25]というような極論も出てくるのである。

　このような議論は、私に国立大学図書館の図書館員任用制度の変遷を思い起こさせる。戦後の国立大学図書館職員の任用制度はめまぐるしく変化してきたが[26]、1964年1月からは、人事院が直接行う「国立学校図書専門職員採用試験」となり、さらに、1972年からは、一般職公務員採用試験の中の試験区分（乙種止まり）として、図書館学の試験が行われるようになった。それにともなって、上級職甲の試験がなくなってしまった。その理由として、上級職甲の合格者の採用がきわめて少ないこと、また、甲の合格者を採用したばあい、現場の図書館では、将来の処遇が困難だというのが、廃止の理由と言われた。ところが、1985年からは、それまでの上級乙種試験と中級試験が廃止され、国家公務員採用Ⅱ種試験（1985年、中級に固定）の中に含められることにたった。図書館職員の採用試験としては、中級試験のみになったのである。その理由について、人事院がどのような説明を行ったかは知らないが、採用試験に関する限り、国立大学図書館員の試験のグレードは、上級職甲から上級職乙へ、さらに、中級職のみと下落を続けてきた。その理由と

して、現場が高いグレードの試験合格者をかえって敬遠したからだということであれば、それは、低いレベルの資格であるからこそ、現場では受け入れやすいという、さきの議論を実証したような結果を示しているとも言えよう。

現場からの要求論の第2は、現場では司書と一般職との交流の結果、つぎつぎに無資格者が生れてくるが、このような職員に対する教育と資格付与のため、講習が永続的に必要という議論である。椎名六郎は、"図書館の事は何一つ知らない人が任命される。こうした図書館界の現状から、少しでもオーソドックスな常識を少しでも持った人が増加すれば、図書館界の一歩前進になるという信念に到達した[27]と、講習廃止論に抗して、あえて東北地区で司書講習を開始した理由を述べている。

現場につぎつぎと無資格者が任命されるということは、要するに、司書職の制度化が確立していないためで、そのための無資格者の誕生を講習が救済しているとすれば、講習じたいが司書職制の確立を阻害し、現場における安易な人事交流を助長することになる。

司書講習擁護論の第2は、講習は多様な専門を待った人を現場へ迎え入れる途を開き、その結果、司書職全体をバラエテイ豊かな人材の集団にすることができるという議論である。たとえば、和田吉人は、"専攻のコースから養成される司書と、講習で養成される司書は異質的な司書である。図書館には、この両方の種類の司書が必要"[28]と強調している。この問題は、司書職にとって図書館学の知識と他の主題領域の知識のいずれがよりウェイトを占めるべきかという問題に帰着する。

講習擁護論の第3は、現在すべての大学に図書館学の課程があるわけではない。司書講習は、大学で図書館学を学ぶことができなかった者に対する救済策となりうるという議論である。

第4に、司書補の養成には講習しかないということ。また、学歴上司書補の資格しかえられなかった人が、図書館で実務経験を積み、司書講習によって司書資格を取得できる途を開いておくために

も、司書講習は必要とする議論である。

第5に、現在の大学における司書課程をみるとき、後述のように、それじたいも多くの問題を持っている。少くとも、司書講習は実施大学の努力いかんでは、広い範囲から、各分野のすぐれた講師陣を集めることも可能で、その運営の仕方によっては、かえって、大学の司書課程に勝るとも劣らない教育効果を挙げうるのではないかという議論である。

3. 司書課程の問題

司書講習が多くの問題を持っているのと同様に、大学における図書館学教育もまた、多くの問題点を持っている。戦後のわが国において、大学レベルで図書館学教育を最初に開始したのは、衆知のように、慶応義塾大学文学部図書館学科（日本図書館学校）で、1951年からである。その後、東大、京大に図書館学講座がおかれ、専任の教師が講義を始めたのは、東大では1953年、京大では1956年からであった。

学科、講座という形以外で、図書館学が大学教育の中に入りえたのに、教育職員免許法に規定する教職科目中の選択科目という形があった。しかし、それも1954年の免許法の改正で、選択科目として選ばれる機会は低いものになってしまった。

1953年に「学校図書館法」が公布されるが、それにともなって、司書教諭資格のための図書館学の開講が多くなる。1958年7月に図書館職員養成所が行った調査結果に基づき、北嶋武彦が「大学における図書館学教育の現状」[29]について報告している。それによると、図書館学開講大学数84校、その57％に当る48校が国立大で、私大は25校で30％、公立、短大はあわせて11校で、わずかに13％にすぎない。このうち、8単位以下が55校で全体の64％、8単位から14単位までが17校で20％、司書資格の取得できる15単位以上は国立1、公立1、私大11、私立短大1の合計14校で、全体の16％にしかすぎない。この数字は、昭和30年代前半において

141

は、司書教諭資格にかかわる図書館学の開講が、大多数を占めていたことを推察させる。

つぎに司書課程である。JLA 教育部会の 1982 年 5 月 1 日現在の全国調査によると、国立大では、司書資格に必要な 19 単位以上の教育を行っているのは、わずか 5 校であるのに対して、司書教諭資格に必要な単位数の教育を行うもの 16 校、教職専門科目その他が16 校である。私立大では、司書資格の教育 70 校、司書教諭資格の教育 69 校に対し、司書、司書教諭資格以外の教職専門科目その他として開講しているのは僅かに 6 校である。私立短大でも、司書72 校、司書教諭 70 校に対し、教職専門科目その他は 5 校にすぎない[30]。国立大では、司書または司書教諭資格と関係のない図書館学科目が、教職専門科目その他として、なおかなり多くの大学で開講されているのに対して、私大および私立短大では、それは少数で、圧倒的に多数を占めるのが、司書および司書教諭資格と結びついたものである。

司書および司書教諭資格のための図書館学の開講は、私立大学および同短大では、ほとんど司書課程として置かれている。司書課程は、大学全体を通じて共通に受講できる選択科目という形をとる。図書館学教育の大学の中におけるあり方の大多数が、このような形をとることに対して、小倉親雄は、つぎのように述べている。このような形は、"一見学生に対して、如何にも便利に配慮されているかの如き印象を与え、また事実多くの大学において行なわれている実際であるが、裏返して見るとこれは、その大学（学部）における図書館学に対する受入体制が至って消極的である場合に見られる典型的なものでもある。すなわちせいぜいヒサシを貸して店を張ることを許している程度……"と、批判している[31]。

大学における今日の図書館学教育の持つ問題点は、図書館学がひとつの academic discipline として大学教育の中に根を下しているのではなく、その多くが、選択科目の司書課程として、いわば大学の中で、ヒサシを貸して貰って店をはっているというような、大学教

育の中にしめるその基盤の弱さである。司書課程の持つ問題点の多くは、結局はこのような大学における図書館学のあり方じたいに基づくものであるが、司書課程の問題点のいくつかを挙げてみよう。

まず第1は、「図書館法」第5条2項でいう大学における図書館に関する科目については、なんらの規定もないということである。そのため、実際的には、司書講習科目名とその単位数が、司書課程にもそのまま適用されているが、もともと、大学の教育とは、講習形態の教育とはカテゴリーを別にすべきものである。したがって、講習のために定められたカリキュラムは、大学教育にはなじまない。それにもかかわらず、司書課程の教育は、講習形態のためのカリキュラムを、1年ないしは2年間に伸ばして配当した形になってしまっていることが多い。

第2に、司書課程が結局講習形態をそのまま大学教育の中に持ちこんだ形を脱しきれないために、その多くが講義中心になり、大学教育の特色である多様な教育形態（講義、実験、実習、演習、さらには講読等）をとることが困難である。

第3に、司書課程の大学教育の中における位置づけの不安定さから、司書課程で履修した単位は、大学の卒業単位の中に算入されない大学も多い。また、国公立大では、図書館学科目の履修のために、別に受講料を徴収する大学は全くないが、私立大では、82年の『図書館学教育担当者名簿』の調査によれば、司書または司書教諭資格の教育を行っている大学70校中45校（64％）、私立短大では72校中54校（75％）が、受講料を特別に徴収している。このように、特別に受講料を徴収するということは、司書課程をして、ますます母屋のヒサシを借りている感じを強め、大学教育の中にしっかりと根を下していないこの課程の基盤の弱さを痛感させる。また、受講料の徴収が、課程担当者に心理的な圧力となり、単位の安易な認定につながる怖れがある。

第4に、司書課程が大学の中に十分な基盤を持たないため、担当教師の人選に当っても、大学の正規の科目の担当教師の人選のよう

な、学術的な業績に基づく厳密な選考をへないで、ただ過去の図書館勤務の経験だけで選ばれ易い。そのことは、たとえば、図書館学専任教師の平均年令の高さからも、推察されよう。青木次彦は、JLA教育部会が1977年に調査した『図書館学教育担当者名簿』その他を資料にして、図書館学専任教師の現状を分析しているが、そのひとつとして、担当教師の年令を調査している。それによると、60才以上が全体の46％を占め、70才以上に限っても、全体の17％を占めているのに、34才以下は僅かに4％である[32]。これは、図書館の現場を定年またはそれに近い高令で退職した経験者によって、担当教師の大半が占められていることを示している。

『図書館雑誌』は1969年に‘図書館員の教育・養成’の問題を3号にわたって特集、連載したが、特集の一つとして、教育担当者に、図書館学教育の核心についてアンケートを行っている。そのさい、多くの担当者が、教育者じしんの質を問題にしているが[33]、こうした状況は、現在においてもまだ十分に改善されていない。

図書館学担当教師にかかわる問題は、たんに質の問題だけではない。82年の『図書館学教育担当者名簿』によれば、国立大で図書館学教育を行っている大学は37大学であるが、図書館情報大学を除けば、専任39名、非常勤63名である。1大学当りの専任数は1.05人、非常勤数は1.7人である。私立大では図書館学開講大学は91で、専任教師数228人、1大学当り2.5人、非常勤数373人、1大学当り4.1人である。私立短大は開講大学数98に対して専任教師数198人、1大学当り2.02人、非常勤数288人で、1大学当り2.9人である。専任総数465人であるが、この数字の中には、図書館学以外の専任者数がかなり含まれていると思われる。

青木次彦も前掲論文で、調査年度は異なるが同じく教育部会の『図書館学教育担当者名簿』（1977年）を他の『大学職員録』等と比較検討し、『名簿』では図書館学の専任教員の総数が522人であるのに図書館学プロパーの専任教員数を178人と算定している[34]。

このように、今日の大学における図書館学教育の主流を占める司

書課程の持つ問題点を考えるとき、批判を受けることの多い講習と、実態においては、実質的な相違は余りなさそうである。このような、司書課程の実態の弱さが、制度としての講習形態に対する批判を弱くしている。

4. 今後の図書館学教育における若干の問題

　以上見てきたように、今日のわが国における図書館学教育、または、図書館員養成教育は、若干の図書館学専攻課程を持つ大学を除き、司書課程にしても、司書講習にしても、克服すべき問題点を多く抱えていることは明らかである。法律に基づく同じ司書資格でありながら、専攻課程、司書課程、司書講習と、教育レベルに大きな差がある。このような差がある以上、司書資格のグレード化の要求が当然起りうる。現行の19単位の司書資格も、将来法律が改正されたばあい、初級または2級司書の資格取得に必要な単位数として位置づけられていることは、衆知のことである。

　では、今後の図書館学教育はどうあるべきであろうか。まず第1に、法律に基づく同じ資格であるならば、その教育レベルに、現状のような大きな差がないのが望ましい。また、それが当然であろう。差をなくそうとするとき高いレベルで統一すべきか、低いレベルにそろえるべきかが問題になる。司書職をプロフェッションとして確立しようとする立場から言えば、当然高いレベルでそろえるべきである。しかしその時、低いレベルの教育で十分とする現場の要求が無視され、現場は結局無資格者で占められる怖れが生ずる。

　アメリカでは、わが国の司書資格のような、個人に認定される資格はないが、図書館学校じたいが、アメリカ図書館協会によって認定されているものと、そうでないものに分かれる。どちらの卒業生を採用するかは、採用側の裁量による。東西ドイツでは、学術司書と司書と司書補の3つのグレードがあるし、フランスでも、司書と司書補の2つのグレードがある。英国においても、Associate of the Library Association（ALA）と Fellow of the LA（FLA）の2つのグ

レードがある。わが国でも現に司書と司書補の別がある。

　かつて JLA 教育部会が、1972 年に「図書館学教育基準委員会試案」を発表したさい、もっとも強い反対を受けたひとつは、資格のグレード化であった。しかし、現実にレベルの異なる教育形態があるのに、個人に対する資格認定という制度をとる限り、法的には同じ資格というのは不合理である。将来図書館法が改正されれば、高いレベルの教育と低いレベルの教育の相違によって、1 級、2 級のグレード化も可能であるが、それまでは、まず、レベルが低いと言われる司書講習や司書課程を、少しでもレベル・アップする努力が必要である。そのためには、さしあたり現行の 19 単位以上を、少なくとも社会教育主事の資格と同様に、24 単位以上に高める必要があろう。

　第 2 に問題になるのは、司書講習擁護論者がよく主張するように、講習は館界にバラエティに富んだ人材を迎え入れることができ、それは館界にとって有益だと言うが、この議論は司書にとって図書館学の知識と主題分野の知識とのどちらによりウェイトがおかれるべきかという問題になる。図書館が処理する資料の多様な言語、業務のコンピュータ化さらには専門分野におけるサービスの深化等は図書館学以外の専門分野の知識を持った職員を必要とする。

　それで、西ドイツの学術司書は、他の学問分野でドクターの学位（promotion）を持ち、年令 30-35 才の者で、2 年間の図書館学校の教育を終えた者である。英国図書館協会による資格認定にのみしぼってきた英国においても、戦後はいくつかの資格認定のコースが設けられた。とくに、図書館学以外の分野の 27 才以上の専門家で、図書館に勤務している者は、図書館学講習で 30 単位を修得することによって資格が認定される[35]。

　このように、多様なバックグラウンドを持った人が館界で要求されるため、すでにある分野で専門的知識を修得している人に、付加的に図書館学を修得させることによって、可書資格を与えている。それはそれなりに、現場の図書館においては有効であろう。しか

し、それならば、他の主題知識を持たず、図書館学を専攻するということは、一体どういう意味を持つのであろうか。もちろん、主題分野の知識の必要性といっても、すべての館種、規模の図書館で、それが要求されるのではない。それは一般に中小規模の公共図書館や学校図書館では低く、担当する主題分野の資料や利用者が狭く限定される大学図書館や専門図書館において、より高くなっていく。

専門領域の知識と図書館学との関係は、学校図書館においては、学校図書館員はまず教師であるべきか、図書館員であるべきかという問題になる。この問題は、学校図書館学は図書館学の一分野として教えられるべきか、あるいは、教員養成教育の一部として教えられるべきかという問題に置きかえられる。学校図書館学を図書館学の一分野とするとき、それは、児童図書館員のコースと関連を持たせるべきか、別にすべきか。今日こうした問題について、国際的に一致した見解はない。それぞれの問題が、それぞれの国の文化や教育の問題と深くからむため、国際的に一致した見解を求めることが無理であろう。わが国はわが国で独自に考えていくことが必要であるが、わが国では学校図書館学の問題は、図書館学一般のカリキュラムの一部として考察されることが少ないのは問題である。

戦前のわが国の学校教育が、師範、高等師範卒業生で固められていたのに対して、戦後教師への門戸が拡大され、多様化された。そのことが一面において。「デモ・シカ」先生を大量に生むことにもなった。図書館界も同様である。門戸を安易に開放するとき、「デモ・シカ」図書館員が輩出する怖れなしとは言えない。すでにおよそ 80 年の昔、和田万吉はつぎのように述べている。"‥‥‥斯界に入るに先って相当の専門的知識を備へさせ、此知識の具備をば本人の身上として永久之に従事するといふ一念の牢乎たる者の外は滅多に足を入れぬことにしたい。" "入ることが難ければ出ることも難くなるのは自然の勢である。啻に身勝手で出ることがむつかしいのみならず、他人から出るのを余義なくされることも不容易になろう。"[36) "入るも難く出るも難く"することによって、"図書館員の位置の安

全鞏固"を、彼は求めているのである。

　要するに、誰でも容易に入ってこれるということは、専門職と言われる業種にはなじまない。主題の知識と図書館学の知識のウェイトの問題は、必然的に図書館学専攻ということの持つ意味の反省をわれわれに迫る。それはまた、図書館学とは何かという、図書館学の本質の問題につながっていくが、ここでは、立ち入らない。

　第3の問題は、図書館学と情報学の関係である。1977年の大学基準協会の基準は、始めて「図書館・情報学基準」という名称になり、図書館・情報学という一つの学問の教育基準として発表された。では、図書館学と情報学が一つの学問になって、一方が他方に含まれたのであろうか。そのばあい、情報学が図書館学の一部門になったのか、あるいは反対に、図書館学が情報学の一部門になったのか。あるいはまた、図書館学と情報学はお互いに密接な関係はあるものの、それぞれは独立の学問なのかについては、国際的にも、まだ一致した見解は見られない。

　私は、図書館学と情報学とは、それぞれ発展の歴史を異にする独立の学問であって、どちらかが他の学問の一分野というような関係ではなく、相互に重なり合う領域を持つとともに、重なり合わない分野をそれぞれが持っていると考えている。たとえば、児童サービスの分野、学校図書館の分野など、情報学的アプローチになじまない分野であろう。また、地域における文化的・教育的、さらにレクリエーション・センターとしての公共図書館の活動面は、情報学の成果をとり入れることはあっても、情報学の領域内に吸収しきれるものとは思われない。

　しかし、今日、もはや伝統的な図書館学の分野にのみ閉じこもることが許されないのも明らかである。その場合、図書館学教育の分野にいかに情報学をとり入れていくかが、図書館学教育のカリキュラム構築の上で重要な問題であるし、欧米諸国においても、さまざまな構築の試みがなされていることは、衆知のことである。図書館員の養成教育という点から言えば、図書館学以外のものであって

9　わが国における図書館学教育の諸形態と問題点

も、図書館の現場で必要な知識の分野は、カリキュラムの中にとり入れていくことが必要である。だからといって、他の分野の知識が教えられることが、その学問分野が図書館学の一分野になったとか、あるいは反対に、図書館学がその学問分野の一部になったとか言うことではない。それぞれの学問は、それぞれの体系を持つものだからである。

注

1）小倉親雄「大学における図書館学教育」『図書館雑誌』56（7），1962.7，p.314.

2）『図書館雑誌』53（8），1959.8, p.294-298.

3）「昭和33年度大会，総会をかえりみて　ルポルタージュ図書館学教育者集会」『図書館雑誌』52（9），1958.9, p.280.

4）『図書館雑誌』52（12），1958.12, p.411.

5）『図書館雑誌』53（8），1959.8, p.294-5.

6）『図書館雑誌』56（6），1962.6, p.290-91.

7）『図書館雑誌』56（6），1962.6, p.291.

8）「昭和38年度総会議事録」『図書館雑誌』57（7），1963.7, p.341.

9）「総会資料」『図書館雑誌』58（9），1964.9, p.417.

10）「昭和40年度全国図書館大会記録」『図書館雑誌』59（12），1965.12，p.535.

11）『図書館雑誌』61（12），1967.12, p.587.

12）『図書館雑誌』62（12），1968.12, p.593. 試案では学校図書館は除外されている。

13）『図書館雑誌』66（6），1972.6, p.278-282.

14）『図書館界』25（2），1973.8, p.44-55.

15）今まど子「司書課程に関する諸問題」中央大学人文科学研究所『人文研紀要』no.5, 1986.8, p.47.

16）図書館学教育部会『図書館学教授要目』日本図書館協会，1976.5，82 p.

17）昭和26年度図書館専門職員養成講習　第1回指導者講習会編『図書館学講義要綱』1951.7, 138 p.

18）『図書館学講義要綱』改訂版　日本図書館協会，1964.

19) 図書館学教育部会『図書館学教授要目』p.1.

20) 同上 p.1.

21) 沢木孝久「図書館学教育研究委員会報告」『図書館学教育部会会報』no.5, 1977.8, p.8.

22)「第8回図書館学教育部会研究集会の報告」『図書館雑誌』70(12), 1976.12, p.499-501.

23) 室伏武「司書講習廃止論」『図書館界』23(6), 1972.3, p.224-227.

24) 木原通夫「図書館学教育の「場」の再検討」図書館雑誌 64(8), 1970.8, p.348.

25)「昭和36年度全国図書館大会記録　図書館学教育部会」『図書館雑誌』56(2), 1962.2, p.142.

26) 詳細についてはつぎの拙稿を参照されたい。「戦後の大学図書館における司書職制度問題」『大学図書館研究』no.11, 1977.10, p.63-74.

27) 椎名六郎「図書館学教育雑想」『図書館雑誌』64(8), 1970.8, p.340.

28) 和田吉人「単位増による問題点」『図書館雑誌』62(6), 1968.6, p.221.

29) 北嶋武彦「大学における図書館学教育の現状」『図書館雑誌』53(4), 1959.4, p.124-125, 135.

30) 図書館学教育部会『図書館学教育担当者名簿（昭和57年調査)』日本図書館協会 1983.8, 148 p.

31) 小倉親雄「大学における図書館学教育」『図書館雑誌』56(7), 1962.7, p.315.

32) 青木次彦「わが国の図書館学担当教員の現状－日本図書館協会図書館学教育部会昭和52年調査を中心に－」『同志社大学図書館学年報』no.8, 1982, p.39（表Ⅰ）

33)「図書館学教育の核心　教育担当者・アンケート」『図書館雑誌』63(6), 1969.6, p.290-294.

34) 青木次彦　前掲論文 p.38-39.

35) 詳細についてはつぎの拙稿を参照されたい。「大学図書館員の養成」『同志社大学図書館学年報』no.8, 1982.

36) 和田万吉「入るも難く出るも難かるべし」『図書館雑誌』no.10, 1910.11, p.25.

編者注

＊1977年1月「図書館・情報学教育基準」（本稿 p.136, 137 参照）

10 大学図書館員の育成と図書館学教育

『*Library and Information Science*』 No.11（1973）

Résumé :

To discuss the problems of training of university librarians in Japan, it is necessary to know their present states in this country. The writer, therefore, analyses the data on qualifications and academic backgrounds of the present university library staff members in this country, and explains the present recruitment procedures for library staff members of the national universities. In case of recruitment of the national university library staff, any applicant should first pass the recruitment examination given by the Government. There are, however, many successful candidates, passing through the difficult examination but not being employed, because the employer's requirement and the applicant's needs do not match.

Knowing such a present status as stated in the above, the writer discusses the problems of training of university library staff member. As a university librarian, he is required to have acquired knowledge of general education, managerial capabilities, domestic and foreign language abilities, and knowledge of a subject. Some people emphasize the need of knowledge in a specific subject field in depth, but in the writer's opinion, subject specialists should be inducted under the necessity.

Since World War II, Japanese education for library science has been given on the college level, but it is, in most cases, still on the confines of vocational education. Education for library science exists not merely for training of librarians. It is true that education of librarians must have its basis on research in library science, and research in library science must be closely connected with actual library activities. The fact, however, should not mean that library science must be limited by the actualities, but it must rather orientate the actualities. Since services of a profession are supported by "Wissenschaft" forming the foundation of the profession, professional education which has its basis on scientific research should be necessarily given on the university level. Thus, when education for library science would go beyond the confines of vocationalism, professional librarians trained in sophisticated library science could reform the actualities of university libraries in Japan.

I. 大学図書館員の現状

　日本の大学図書館員に関する実態の数値的現状は、毎年発表される文部省情報図書館課編『大学図書館実態調査結果報告書』によって知ることができる。いま、この報告書によって大学図書館の現状のうち、2、3 の点についてふれてみたい。

　まず、昭和 41 年度から 45 年度までの資格別の実態をみると、41 年度の専任職員のうち、無資格者（図書館法上の司書及び司書補の資格を持たない者）は、国立 42.3%、公立 46.3%、私立 44.9%（国、公、私の平均値 44.5%）であったのが、年々減少していき、45 年度では、それぞれ 39.3%、36.3%、36.3%（国、公、私の平均値 37.3%）と、30% 台に下がっている。

　図書館には図書系職員以外の一般職員もいるわけであるから、全員が有資格者であることは当然ありえないし、また、人材の使い方という点からいって望ましいことでもない。それならば、有資格者と無資格者の割合はどのくらいが適切かについては、日本ではなんの基準もない。図書館員養成のレベルの異なる外国の基準を、そのまま日本に適用することは危険であるが、たとえば ALA は大学図書館における非専門職の割合について、ひとつの案を出している[1]。

その案はかなり複雑でわかりにくいが、McNeal は要約して、一般職員は全職員の最小限 40％〜最大限 60％ ということであって、20 人の専任職員を持つ図書館であれば、一般職の職員は最大限 12 人、最小限 8 人になると説明している[2]。これに対して、McNeal じしんは、専門職 1 に対して非専門職 2 の割合を推奨している[3]。

この両案に対して、Voigt[4] は、提案の根拠が示されていないと批判しているが、McNeal は、ALA の案は大多数の大学図書館の現状を示したまでであり、彼の提唱する 1 対 2 という専門対非専門の割合は、望ましい比率だと述べている[5]。そして、業務分析を十分行って、専門職の業務から非専門職の業務を除いていくことによって、専門職のパーセントをできるだけ低くおさえていこうとする傾向を指摘している[6]。彼が示している 1940 年から 1954 年までの間の、アメリカの 50 の大学図書館における専門職の比率の変化[7] を見ると、一般的に専門職の比率が下がり、それだけ非専門職員が増大している。McNeal はこのような傾向の到達すべき望ましい比率として、専門 1 対非専門 2 の比率を提唱したのである。

表1 資格別（専任職員のみ）

| | | 41年度 | | | 42年度 | | | 43年度 | | | 44年度 | | | 45年度 | | |
		国	公	私	国	公	私	国	公	私	国	公	私	国	公	私
有資格者	司　書	1133	150	1119	1159	153	1240	1175	152	1373	1220	165	1365	1267	168	1677
	司書補	242	13	165	234	15	197	235	17	210	230	14	196	232	23	219
	計	1375	163	1284	1393	168	1437	1410	169	1583	1450	179	1561	1499	191	1896
無資格者		1009	141	1048	1025	143	1102	1032	151	1048	1007	121	982	974	109	1081
(%)		42.3	46.3	44.9	42.3	45.9	43.4	42.2	47.1	39.8	40.9	40.3	38.6	39.3	36.3	36.3
計		2384	304	2332	2418	311	2539	2442	320	2631	2457	300	2543	2473	300	2977

日本のばあいの有資格者というのが、前にも述べたように、アメリカの専門職にそのまま該当するとは決して言えないが、日本の大学図書館では表1が示すように、有資格者の比率は年々高くなっていくのに、アメリカでは専門職の比率は低くなるという、きわだった対照を示している。それは、彼我の図書館における専門職の質の相違を如実に示すものであろう。

153

表2 学歴別（専任職員のみ）

	41年度		42年度		43年度		44年度		45年度	
	短大以上	高校以下	短大以上	高校以下	短大以上	高校以下	短大以上	高校以下	短大以上	高校以下
国立	1030	1354	1082	1336	1101	1342	1126	1331	1151	1322
公立	158	146	172	139	169	151	174	126	178	122
私立	1523	784	1684	855	1780	851	1808	735	2176	801
計	2711	2284	2938	2330	3050	2344	3108	2192	3505	2245

つぎに、学歴別にみると、短大卒以上と高校卒以下に分けて集計したのが表2である。国立では高校以下の方が数においてつねに上廻っているが、短大卒以上の者が少しずつながら増えている。公、私立のばあい反対に短大卒以上の者が上廻り、とくに私大では、短大卒以上の者は、41年度において高校以下の学歴の者の1.9倍であるが、年ごとにますます増えて、45年度においては2.7倍に達している。今後の大学図書館の活動がますます複雑化していくにつれて、大学図書館員は量より質の向上が要求される。このような要求が、大学図書館員の高学歴化の原因とみることができるであろう。

Ⅱ. 大学図書館における職員任用の現状

　国立大学図書館における職員の任用条件の戦後における変遷については、かつてその概略を『図書館学会年報』に書いた。そして、"1964年1月18日より、現行の「国立学校図書専門職員採用試験」が、人事院の直接行う公務員試験のひとつとして実施され、今日に至っている"[8]と述べたが、1972年からこの試験制度はまた変更された。それまでは、国立学校の図書専門職員採用のため、一般職公務員試験とは別に、独立した試験が行われていたが、1972年からは、一般職公務員採用試験の中に組みこまれ、ただ試験区分として図書館学の試験が行われるようになった。それと同時に、図書館学の採用試験には、上級職甲の試験がなくなってしまった。このことは誠に残念なことであるが、上級職甲の試験を実施しても、合格者の採用がきわめて少ないこと、及びこれと裏腹の関係にあるが、上級甲の合格者を採用しても、現場の図書館では、将来の処遇において困難があることなどが、人事院側における廃止の理由と言われて

いる。私どもは、上級甲の試験があることによって、これを図書館員の待遇改善のひとつの足がかりにしようとしてきたのであるが、それが潰えてしまった。

　公、私の大学のばあいは、このような全国一律の採用試験によって任用するのではなく、公立では、府、県、市の教育委員会や人事委員会などが一般職と同時に、あるいは別個に採用試験を行って任用していくのが一般的である。私大のばあいはそれぞれの大学ごとに任用が行われるのでその任用方式も区々である。それで全国一律の任用方式として、国立大図書館のばあいをつぎにみていきたい。

　前に述べたように、1964年から国立大図書館では、人事院の行う採用試験合格者の中から任用することになったが、つぎの表3及び表4で見るように、その試験は激烈であり、実際の採用率はきわめてきびしいものになっている。

　いま、1963年から1970年までの図書系採用試験の受験申込者数、合格者数、採用者数及び国立大学図書館への採用者数は次表の通りである[9]。

表3　上級試験

年度	申込者数	合格者数		採用者数	
		甲	乙	甲	乙
1963	334	9	51	8(7)	42(35)
1964	395	6	24	7(6)	13(9)
1965	476	11	21	6(5)	12(8)
1966	438	12	17	4(4)	8(7)
1967	379	9	16	5(5)	12(12)
1968	368	7	15	6(6)	9(9)
1969	369	7	12	4(4)	8(8)
1970	430	13	16	不明(8)	不明(6)

（　）内は国立大学の採用者数

表4　中級試験

年度	申込者数	合格者数	採用者数
1963	494	99	58(50)
1964	687	80	45(38)
1965	1039	79	42(27)
1966	1162	90	51(37)
1967	1199	53	24(21)
1968	1309	42	21(21)
1969	1591	38	27(27)
1970	1492	40	不明(13)

（　）内は国立大学の採用者数

　71、72年度の数字を知らないが、71年以降は国家公務員の定員削減のため、国立学校の採用数はますます縮小されているはずであり、そのため試験の激烈さはここ当分緩和されるとは思えない。

　この試験は採用試験であって、資格試験ではない。一般職の公務

員採用試験は、公務員のポジションをすべての国民に開くたてまえから行われるのであるから、年齢以外の制限はない。したがって、受験資格としては、司書資格の有無は問われない。採用試験であるから、合格しても、2、3年の間に採用されないと、採用資格を失うことになる。こういう全国一律の採用試験によって採用資格を決定し、司書資格自体が採用資格として認められないということは、図書館員の専門職性とか、図書館員教育という観点からは問題があろう。ここから、国が試験を行うのであれば、採用試験ではなくて、国の認定する資格試験にすべきであるという意見も生まれうる。たとえば、国立大学協会が1970年6月27日に発表した『大学の研究・教育に対する図書館のあり方とその改革について』（第一次報告）の中で、Ⅲ-4、大学図書館専門職制実現の方策と考慮すべき問題点のひとつとして、"専門職としての司書職制度実現のため、国家試験による資格付与の方式を検討すること"と述べている。

　国立大学における現行の採用試験方法は、その試験のむつかしさから、合格者には確かにすぐれた資質の人が多い。しかし、せっかくむつかしい試験にパスしながら、実際に国立大学図書館に任用されるのは、合格者のまた5〜6割以下にしかすぎない。これには、いくつかの原因が考えられる。ひとつは、合格者の多くが女性であるにもかかわらず、とくに上級試験の合格者は、将来管理的なポジションにつくことを期待されるので、現場の図書館では、どうしても男性の合格者を欲しがること。第2は、地方の大学から採用申込があっても、合格者の多くが大都市に集中しがちで、応ずる者が少ないといったような、合格者側と採用者側の要求の食い違いが採用率を低くしている。こういった理由から、地方の国立大学では、かなり大規模な大学図書館であっても、人事院による採用試験がはじまっていらい10年近くたっているのに、1人もこの試験の合格者を採用せず、地元で得やすい一般職初級試験合格の男子職員を主として採用している大学がある。このような任用方式をとれば、図書系の仕事は一般職でも十分に可能であることを、図書館じたいが認

めていることになり、図書系職員を専門職化していこうとする運動にとっては、大きなブレーキになることは確かである。

Ⅲ. 大学図書館職員養成のための教育のあり方

　大学図書館職員養成のための教育のあり方を、現場の立場から具体的に考えようとすれば、結局はあるべき図書館員像と結びついてくる。理想的な図書館員像を描くことができれば、そのような図書館員を養成する道もおのずからはっきりしてきそうである。しかし、幸か不幸か、このような図書館員像を固定的に描くことは困難である。図書館活動の発展、変化とともに、図書館員に要求される知識、技術、さらにはパーソナリティーも、時代とともに変化していく。このことは、アメリカにおける図書館員教育が、90年足らずの歴史しかまだ持たないのに、なんどか大きな改革が行われていることからも明らかである。

　アメリカにおける正式の図書館学教育は、衆知のように、Melvil Dewey が 1887 年 1 月 5 日コロンビア大学内に School of Library Economy を開いたときに始まる。これは、それ以前の時代の、一館的徒弟的教育の型を破る "世界最初の図書館学校" として[10]、まさに画期的なものであった。

　小倉親雄氏は Dewey を軸として、アメリカにおける図書館学教育の歴史を、Dewey 以前の時代、Dewey 時代、Williamson 時代、Williamson 以後の時代の 4 つに分けている。そして、Dewey 時代は、彼がはじめて図書館学校の構想を公表した 1883 年または図書館学校が実際に開設された 1887 年から、1923 年に至る約 40 年間、Williamson 時代は、かれが図書館学教育に関するいわゆる『ウィリアムソン報告』を公刊した 1923 年から 1948 年に至る期間で、Dewey 時代の技術中心の教育から図書館学を開放し、図書館学教育が大学において行われるようになった時代である。1948 年以降が Williamson 以後の時代で、前時代の反省と再検討から、カリキュラムの改革及び修士をもって最初の学位（first Master Degree）と

157

する図書館学教育の改革がはじまった時期であり、それは現在にまで及んでいるとみるのである[11]。

　J. Dalton は、今世紀以降のアメリカにおける図書館学教育の歴史を、3つのきわめて活発な活動期とその活動期にはさまれた静かな時期とに分けている。まず第1の活動期は、1920年代初期から1933年までで、『ウィリアムソン報告』から1933年に ALA が図書館学校の最低基準を採択するに至った時期である。第2の活動期は1946年から1956年までの10年間である。この期間は図書館教育に関する多くの著書が書かれ、図書館学教育に関する会議が開かれ、さらに、図書館学の学位に関して大きな変革がもたらされた。第3の活動期は1965年からはじまり1975年に至るであろうと思われる10年間である[12]。彼の歴史的図式によれば、アメリカの図書館学教育は今や第3の活動期の中で新たな変貌を遂げつつあるわけである。小倉氏との大きな相違は、小倉氏は Williamson 以後の時代を1948年から今日にまで至るとみているのに対して、Dalton は1965年から新たな活動期に入ったとする点である[13]。そしてこの新しい活動期を特徴づけるのが電算機の登場であり、図書館学教育のカリキュラムに大きな影響を与えつつあると見るのである[14]。

　いずれにせよ、アメリカにおける図書館学教育の歴史が示すように、図書館活動の発展、多様化とともに、図書館員に要求される知識、技術も多様化せざるを得ない。そうなると、1人の専門職の図書館員があらゆる知識、技術をマスターすることは到底不可能になり、図書館員の構成も、活動の多様化に応じて多様化してくる。当時 ALA の教育局長であった Asheim 博士は、1968年秋に、このような傾向に対処するため、Education and Manpower for Librarianship[15] と題するワーキングペーパーを発表して、図書館の業務に少なくとも5つのレベルがあり、各レベルに対して、それぞれ職員を養成するする必要があることを認めている。このペーパーは、さらにその後の討論を経て、1970年4月に ALA の Policy Proposal として発表された[16]。

いま、それによると、図書館に働く職員は、専門職の職名とし
て、Senior Librarian と Librarian の２つのレベルがあり、基礎的な
資格として、後者はマスターの学位、前者はそれ以上の学位を要求
している。補助的（supportive）職位として、Library Associate と
Library Technical Assistant 及び Clerk の３つのレベルがあり、Li-
brary Associate はだいたい学士の資格、Library Technical Assistant
はカレッジ程度の最低２年間の学習を基礎資格とし、Clerk はそれ
以下の資格になっている。

　以上は、図書館一般に通ずる職員のカテゴリーである。したがっ
て、図書館の規模によって、５つのカテゴリーの職員をすべて持た
ないこともある。戦後における英国の大学図書館に関する総合的な
調査報告として有名ないわゆるパリ報告でも、大学図書館の職員
を、graduate grade, professionally-qualified non-graduate grade, profes-
sionally-unqualified non-graduate grade, secretarial and clerical grade,
technicians' grade の５つに分けている[17]。

　ALA のいま紹介した提案で興味深いことは、図書館に働く Spe-
cialist をはっきり位置づけして、図書館員と対応的に置いているこ
とである。Specialist の方も、Senior Specialist, Specialist, Associate
Specialist, Technical Assistant, Clerk の５つのカテゴリーに分けられ、
それぞれ要求される学歴上の資格は、図書館員のばあいと同様であ
る。図書館業務の多様化が、図書館職以外の、図書館に働く職員の
位置づけを必要としてきたのである。

A. 学術図書館員としての養成の問題

　図書館活動の発展と多様化につれて、職員のレベルごとの教育、
養成が問題になるとともに、また、図書館の種別ごとの職員養成も
問題になってくる。ここでは、大学図書館員としてとくに要求され
るものについて、若干述べてみたい。

　まず第１は一般的な教養である。大学図書館員としては、どうし
ても大学卒程度の一般教養が要求される。Williamson も "どんなに

159

図書館技術の教育をしても一般教育を欠いた人であれば、いい図書館員にはなれない"[18]と指摘している。この点で、もちろん多くの例外はあるが一般的に言って、高校卒以下の者では大学図書館の上級職員として持つべき一般的な教養の面から言って不十分であろう。日本の大学図書館のばあいでも大学卒以上の学歴の者が増加しつつあるのは、現場のこうした要求のそのままのあらわれであろう。

第2は管理能力である。従来、図書館員には管理能力は必要でないと考える者もいたし、また、管理的業務に向かないものが、図書館員の業務を選ぶことも多かったように思われる。しかし、今日の大学図書館のように、利用者も蔵書数も組織も複雑化し、大型化してくると、管理の問題が重要になってくる。資料処理だけに終始する図書館技術だけでは、管理を欠くばあい、もはやその技術すら図書館内において有効に発揮させることが困難になってくる。ましてや、図書館じたいを新しい要求に応じて適切に運営していくためには、図書館運営についての管理能力が、職員にとって必要になってくる。しかも、図書館員の専門職化が進むとともに、従来のような官僚的組織機構では、図書館の管理が必ずしもうまく運ばなくなってきつつある。そのため、管理運営のための新しい組織論が必要になってきている[19]。また、アメリカでは、専門職の新しい組織化の試みが、すでにいくつか報告されている[20]。

このように管理の問題は、それに伴う組織機構の問題とともに、今日の大学図書館ではきわめて重要な問題になってきつつある。管理の良否がそのまま図書館運営の良否につながってくる。しかも管理行為は図書館のトップにおいてのみ行われるのではなく、各レベルにおいて行われなければならない。したがって管理能力はトップ層にだけ要求されるものではないので、今後の図書館学教育においては、管理能力を高めるための教育が必要になってくる。

19世紀末から20世紀のはじめにかけて、アメリカの図書館界を指導したすぐれた図書館人たちは、当然のことながら正式の図書館学教育を受けていない人たちであった。だから"いい職人は作られ

るが、偉大な図書館人は生まれるのであって作られるのではない[21]"という考え方がありえた。これと同じように、優れた管理者というのは教育によって作られるのではなく、生まれながらにして管理能力を身につけているものであるとも考えられる。管理的才能は教育によって教えられるものではないにしても、管理技術は教えられるものである。アメリカの図書館学校は今世紀のはじめから管理はひとつの技術であり教えられるものだという考えに立ち、図書館管理の教育に関心をはらってきた[22]。これに対して日本の図書館学教育は整理技術に傾斜し、経営管理の面に弱かった。今日のように変化の激しい時代に図書館が対処していくためには、今後ますます図書館員の管理能力を高める教育に重点が置かれる必要がある。

第3は語学力及び主題についての知識である。津田良成氏は、専門図書館員に要求される知識として、①図書館学、②語学、③主題についての知識の三つをあげているが[23]、このことは、大学図書館員にもそのまま当てはまる。今日のように、学術情報の国際的流通がますます盛んになってくるにつれて、学術文献及び情報の処理にあたる大学図書館員にとって、とくに外国語の知識が必要になってくるのは当然のことである。

また、大学図書館といっても、総合的な性格のものから、特定分野を対象とする専門図書館としての性格を持つ分館や部局図書館もある。とくに、後者のような専門領域にかかわる図書館に勤務するものにとっては、主題についての知識が必要になってくる。

さきにも紹介した、英国の大学図書館に関するパリ報告では、図書館員としての専門的な資格よりも、専門主題の知識と語学力の方が、大学図書館の上級職員に対する当初の任命には、より重要であると述べている。そして、資格を持たないこれらの職員に対して、図書館学校に行かないでも、専門職の資格が取れるような措置が必要であると指摘している[24]。これは、正規の図書館学校教育よりも、実地における訓練による養成を重要視してきたイギリスの伝統に根差す考え方であり、語学力と主題の知識の重視には異存はない

が、図書館学の知識よりもこれらの方を重視するという点では、にわかに賛成しがたい。

　図書館学の知識と主題の知識とは、いずれが重要かについては、とくに専門図書館のばあい、議論が分かれてきた。Wilson とTauber は、専門図書館のばあいはどちらも必要だとして、主題の知識こそ必須条件だと信じこんだ主題専門家の素人館長が、ばかげたやり方で、めちゃめちゃにしてしまった専門図書館の例があまりに多いという Shera の観察を引いている[25]。

　主題についての知識といっても、主題に対する研究者的な知識では、あまりに狭くなりすぎてしまう。Referenten として、主題専門家が導入されてきた西ドイツの大学図書館のばあいでも、総合的な大学図書館のばあい、平均して 8 名程度の Referenten では、学問の全主題をカバーすることは到底不可能である。博士号を持つReferenten を数多く持つことは、大学図書館の知的権威を確立するには役立つが、実際の業務上において、主題専門家の果たす役割は、総合的大学図書館では理想通りには行きにくい[26]。したがって、図書館員がある主題について、主題専門家でもあることは望ましいことであるが、まず図書館学の基礎知識が絶対必須の要件である。どうしても、主題に対する深い知識が図書館運営上必要とされる場合は、先に述べた ALA の Policy Proposal に示されたように、Specialist として主題専門家を導入していくべきであろう。

B. 図書館学教育と図書館員養成教育

　日本において図書館員の養成教育が、はじめて学校教育の形をとるようになったのは、衆知のように、1921 年帝国図書館内に開設された図書館員教習所であった。この教習所は、その後、講習所、養成所と名称を少しずつ変え、わが国唯一の図書館員養成機関として、多くの人材を送り出してきた。しかし、1964 年に短期大学に昇格するまで、正式の学校制度の中に組み入れられることなく、各種学校のひとつとしての存在にしかすぎなかった。

図書館学教育が大学において正式に開始されるのは、日本においては戦後である。慶應義塾大学をはじめとして、図書館学が大学教育の中に導入されてきたことじたい、まさに画期的なことであるが、小倉親雄氏がすでに指摘しているように、そこには、明らかに異なった二つの態度が見出される。"その一つは、これを図書館員の養成課程という形で捉えようとするものであり、他はそれとは別個の大学課程として受けとめようとするものであった"[27]。小倉氏は戦前からの図書館員の養成方法であった講習形態が、戦後は大学における図書館学教育にもそのまま持ちこまれているが、"この二つは全くカテゴリーを異にしている"ものであるから、大学における図書館学教育は、"講習形態と職業教育的な臭い"[28]から脱却しなければならないことを力説している。小倉氏の説くような、大学における図書館学教育のこのような脱却は、慶應義塾大学において、はじめてその実現をみるのである。

　1951年春、慶應義塾大学文学部にわが国最初の図書館学科が開設された。この図書館学科の目的を、その後主任教授になった橋本孝氏は、つぎのように述べている。"大学の目的は教育と研究にあり、図書館学科の目的も当然図書館学の教育と研究を通じて社会に寄与することにあると言える。大切なことは、経済学部が銀行員の養成機関ではないのと同様に、図書館学科は単に図書館員養成を目的とする職業学校とは異なる"[29]。

　では、大学における図書館学教育と図書館員養成とは、どのようなかかわりあいを持つのであろうか。いま、教育とは education にあたり、養成とは training にあたるとすれば、図書館学教育と図書館員養成について、英国図書館協会は、前者は"ライブラリアンシップの原理と一般的実践の研究"であり、後者は"ある特定の図書館システムの内部で得られた経験を直接的な方法で伝えること"と定義している[30]。この定義に従えば、図書館員の養成だけであれば、それは学校教育による必要はない。一館内の徒弟的訓練によって、その図書館の必要とする職員は養成することができる。古くか

らの、それぞれユニークな図書館活動の伝統を持つヨーロッパでは、このような training 方式の図書館員養成が長い間とられてきたし、それはそれなりに効率的であった。

Dewey が始めた図書館学教育は、内容的には、図書館技術偏重の徒弟的訓練の域を出ないものであったたにせよ、これがたんなる training の域を脱して education になりえたのは、一館内訓練ではなく、学校教育の形をとることによって、多くの図書館に通ずる技術が教えられ、技術の標準化と原理を追求する道が開かれたことによるものと言えよう。しかし、Dewey の図書館学校がまず目指したのは、図書館員の養成である。その意味では、職業教育の域を出るものではなかった。Dewey に始まるアメリカの図書館学校が、この徒弟教育的な職業教育の域を脱するには、Williamson の徹底的な批判をまたねばならなかったのである。

Nassif はひとつの文化的な職業領域内には、2つのレベルの養成と活動があると考える。ひとつのレベルは技術的であり、いまひとつのレベルは科学的である。いまこれを、図書館員の養成と活動について考えてみると、第1のレベルの目的とするところは図書館員の養成で、それは図書館業務の含む機能と職務を包含するものである。第2のレベルの目的は、図書と図書館の科学を専門領域とする専門職を作り出すことで、このような専門職のひとは、この主題を洞察力と独創性とをもって追求し、さらに人類文化の全体との関連において把握しえなければならない。図書館学校はその初期の時代においては、差し当たりの職員養成に追われて、このような2つのレベルを予見しうる余裕がなかった。しかし、図書館員の活動分野が拡大し、この業務の含む知識と技術の複雑さの増大が認められるようになるとともに、図書館教育は大学教育のレベルに引き上げられ、純粋に技術的な線を越えて、科学の領域に入りこむようになった。高度に訓練された図書館員の領域は、まさにこれである。このように、Nassif は図書館員養成から図書館学教育への展開について簡潔に述べている[31]。

アメリカにおける図書館学教育の歴史的発展は、まさに Nassif の説くような展開をたどった。図書館学教育における Dewey 時代から Williamson 時代への移行は、図書館員の養成教育から図書館学教育への発展であった。この移行には、アメリカにおいても 40 年近くを要したのである。日本においては、戦後ようやく大学教育の中に図書館員養成教育が持ちこまれたが、そのほとんどが、まだ図書館員養成教育の段階に止まっている。Williamson 的変革が、一日も早く来ることが望まれるのである。

図書館学教育は、たんに図書館員養成を目的とする職業教育とは異なるものでなければならないとするならば、図書館学は図書館員の養成とどのような関係にあるのであろうか。両者の関係についての全く同じような問題提起は、他の分野の専門職の養成についてもなされうるであろう。たとえば教員養成と教育学、医師養成と医学、法律家養成と法律学との関係の問題である。教育学はたんに教員養成のためにあるのではないと同様に、医学、法律学も、たんに医師、法律家の養成だけを目的とするものとは言えないであろう。

Nassif は教育（Education）と教育学（pedagogics）を区別して、教育は現実的な活動であり、教育学は教育現象の研究であり、教育活動を規制している規範（norm）の研究であると述べている[32]。これと同じように、図書館学とは図書館現象の研究であり、図書館活動を規制している規範の研究であるということができよう。図書館現象とはなんであり、図書館活動を規制している規範はなんであるかの学問的追求は、それ自体図書館員養成を目指すものではないが、このような学問的追求なくしては、図書館員養成の教育をうち立てるべき基盤すら固めえないであろう。医学の研究そのものは、医師の養成教育そのものではないが、このような医学自身の追求なくしては、医師の養成が不可能であるのと同様である。医学教育は医師養成のためにのみあるのではない。これと同じことが、図書館と図書館員養成について、また、前に引用した橋本氏の言葉を借りれば、"経済学と銀行員の養成"の関係にもあてはまるのである。

165

このように図書館員養成の基盤としての図書館学が学問として追求されていくとき、それは当然のことながら大学の中に市民権を要求することになる。それは大学こそは、学問の追求と学問的基盤に立った専門職の教育が行われる唯一の場所だからである。Williamson はプロフェッショナルな図書館学校は大学の中に置かれるべきことを強調したが、まさしく当然というべきであろう。

しかし、教育現象または教育活動がまずあって、そのあとに教育的思考が体系化されてくるのと同様に、図書館現象、図書館活動があって、図書館学的思考がはじまり、図書館学が展開してくる。そしてまた、このような図書館学的思考が、新しい現象、活動を生んでいく。したがって、大学の研究と教育の中に図書館学を持ちこめば、それだけで学問としての基盤を持ち、専門職教育となりうるというものではない。学問的な追求を可能ならしめる豊かな図書館現象、図書館活動がなければ、人類の文化に貢献しうる学問としての図書館学は育ちえない。現実という土壌が貧弱であれば、決して美しい花は咲きえない。図書館活動の後進国で、図書館学の先進国になりえないのは当然である。

もちろん、今日の図書館学的思考の土壌をなす図書館的現実は一国だけに限定されない。研究の対象となりうる、また、図書館学的研究が養分を吸収しうる図書館現象、図書館活動は、先進諸国に豊富に見出される。日本の現実の図書館活動が貧しくても、図書館学者はその養分を全世界の図書館活動から吸収していくことが可能である。インドの図書館活動はたとえ貧弱であっても、すぐれた図書館学者ランガナータン博士を生むことができたのである。したがって、図書館活動の後進国では、図書館学は現実の後進性と歩を一にすることなく、また、図書館活動のあとを追いかけるだけでなく、先進諸国の諸現象、諸活動およびその図書館学的理論化を学び、研究することによって、学問が現実の停滞を破り、方向づけをしていくものにならねばならない。

図書館員養成もその基盤を図書館学の上におかねばならない。職

員養成に対する現場からの要求を考慮することは必要であるが、図書館学教育が図書館員養成にひきずられ、図書館員養成が現場の要求にのみひきずられるのは危険である。図書館学は現場の下僕ではない。現場の要求が低ければ、図書館学のレベルも、職員の養成も低いレベルでいいということにはならない。現場のレベルから図書館員養成機関のレベルを論じようとする者がいる。現場のレベルが低いから、低いレベルの養成でいいとする議論であるが、現場のレベルと職員養成の問題について、つぎの一例はまことに興味深い。

東京工業大学の前身であった東京職工学校が1881年に創設されたさい、これを担当した専門学務局長浜尾新は、"本邦においては、…工業工場があって工業学校を起すのではなく、工業学校を起し卒業生を出して而して工業工場を起さしめんとしたのである"と述べたという。そして、東京職工学校の第1回卒業生24名のうち、ただちに就職できたものは僅か2、3名にしか過ぎなかった[33]。浜尾新の言葉には、教育が新しく現実を作り出して行くという確信がはっきりと述べられている。図書館員の養成のばあいも同様である。優れた図書館員の養成が、低い現場のレベルを高め、新しい現実を創り出していくのである。

要するに、図書館員の養成は図書館学教育に基づかねばならないし、図書館学教育は図書館学の研究に基づかねばならない。とくに、専門職と言われるものが、その職業的基盤をそれぞれの学問的基盤におくものであるかぎり（たとえば、医師という専門職は、その職業的基盤を医学の上におく）、その学問的基盤を培う場所として、大学の中に学問的市民権をえなければならないし、その学問の上に成り立つ専門職の養成は、当然大学において行なわれなければならない。専門職の養成ということが、このような構造をとるかぎり、イギリスのように、試験によって個人を認定するのではなく、アメリカのように、大学におかれている図書館学校じたいを認定するというやり方は、きわめて意味深いというべきであろう。

注

1) ALA Board on Personnel Administration, *Classification and pay plans for libraries in institutions of higher education.* vol.III –Universities. 2d ed. Chicago, ALA, 1947, p.xxiv.

2) McNeal, Archie L., "Ratio of professional to clerical staff," *College and research libraries.* vol.17, May 1956, p.219.

3) McNeal, Archie L., "Financial problems of university libraries," *College and research libraries.* vol.15, Oct. 1954, p.407.

4) Voigt, Melvin J., "Ratio of professional to clerical staff," *College and research libraries.* vol.16, Jan.1955, p.77.

5) McNeal, "Ratio of professional to clerical staff", *op. cit.,* p.221.

6) *Ibid.,* p.219, 221.

7) *Ibid.,* p.220.

8) 岩猿敏生「大学図書館の職員制度」『図書館学会年報』vol.17, no.2, 1972, p.2.

9) 各年度ごとの受験申込者数、合格者数、採用者数は、飯野達郎「国立学校図書館専門職員の任用等について」『現代の図書館』vol.9, 1971. 6, p.100 によった。

10) Downs, Robert B., "Education for librarianship in the United States and Canada," 〈Bone, L. E. ed. *Library Education : An international survey.* Illinois, University of Illinois Graduate School of Library Science, 1968〉p.2.

11) 小倉親雄「「「ウィリアムソン報告」と図書館学教育——1920 年代を中心とするその転換−」〈京都大学アメリカ研究所『アメリカ教育思潮の研究』1966〉p.199-201.

12) Dalton, Jack, "Library education and research in librarianship : Some current problems and trends in the United States," *Libri.* vol.19, 1969, p 158.

13) 小倉氏の論文（「「ウィリアムソン報告」と図書館学教育」）が発表されたのは、1966 年である。ダルトン〔1969 年〕のような把握がなされていないのは当然である。

14) Dalton, op. cit. p.161.

15) *A. L. A. bulletin.* vol.62, no.9, Oct. 1968, p.1096-1106.

16) "Library education and manpower : ALA Policy proposal," *American libraries.* vol.1, Apr. 1970, p.341-344.

17) University Grants Committee. *Report of the committee on libraries.* Lon-

don, H. M. S. O., 1967, p.142.

18) Gates, J. Key, *Introduction to librarianship.* New York, McGraw-Hill, 1968, p.116.

19) つぎの山田氏の論文は、新しい組織論の立場から大学図書館の組織論を試みたものとして、注目に値する。山田修「大学図書館の組織構造」〈大学図書館国際連絡委員会編『大学図書館の管理運営——第2回日米大学図書館会議応募論文集』1972〉p.34-48.

20) たとえば、つぎの論文を参照。Holley, Edward G., "Organization and administration of urban university libraries," *College and research libraries.* vol.33, May, 1972, p.175-89.

21) White, Carl M., *The origins of the American library school.* New York, Scarecrow Press, 1961, p.185.

22) *Ibid.,* p.189.

23) 津田良成「医学図書館員の教育」*Library and information science.* no.10, 1972, p.21.

24) University Grants Committee. *op. cit.,* p.143.

25) Wilson, L. R. and Tauber, M. F., *The university library* : The organization, administration and functions of academic libraries. 2d. ed. New York, Columbia University Press, 1956, p.275.

26) 主題専門家としての Referenten の問題については、つぎの拙稿でふれておいた。岩猿敏生「西ドイツの大学図書館」〈『図書館学とその周辺——天野敬太郎先生古稀記念論文集』昭和46年〉p.5-20.

27) 小倉親雄「大学における図書館学教育——日本の現状とその在り方」『図書館雑誌』vol.56, 1962.7, p.313.

28) *Ibid.,* p.316.

29) 橋本孝「図書館員の教育をこう進めている—慶応義塾大学文学部図書館学科」『図書館雑誌』vol.3, 1959. 4, p.312.

30) Harvard-Williams, P., "Education and training for national and university libraries," *Libri.* vol.19, 1969, p.206.

31) Nassif, Ricardo, "Essentials of pedagogics and methodology," 〈Sabor, Josefa E., *Methods of teaching librarianship.* Paris, UNESCO, 1969,〉p.16.

32) *Ibid.,* p.18.

33) 永井道雄『日本の大学——産業社会に果たす役割』東京, 中央公論社, 1969, p.33.

11 戦後における大学図書館研究史 (1)

『図書館界』Vol.14, No.1 (1962.4)

I. 序論

この一文は戦後17年間にわたり大学図書館について書かれた論文を中心に、大学図書館に関する研究の概況を通観しようとしたものである。あるいは重要な論文の見落しがあったりして、そのため見当はずれの見解に終ったところがあるかと思う。また大事な問題で全く落ちているものもある。たとえば、経費・予算に関する問題など、現実的にはもっとも痛切な問題であり、各種の大学図書館関係でもしばしば論議される問題であるが、この面に関する論文はほとんど書かれていない。大学図書館における目録・分類に関する問題についてもそうである。したがって、大学図書館にとって現実的には重要な問題でありながらも、全く書かれなかったか、とりあげるに値いする論文のない問題は、全く欠け落ちることになった。

とりあげた論文は、すべて日本人の研究に限ったので、解釈・紹介は一切とりあげなかった。また直接大学図書館として書かれたものに限ったので、単行本の一節として大学図書館についてふれているようなものも省略した。

II. 歴史的研究

1. 一般史的研究

戦後の大学図書館の動きを、全体としてふりかえってみたものとして、後藤純郎氏の「戦後の大学図書館運動」[1]をあげることができるであろう。後藤氏は戦後の大学図書館の動きを3期に分けた。第1期は敗戦の年の昭和20年8月から、新制大学の発足にいたる24年4月までの戦後の混乱時代。第2期は昭和23年1月、大学

基準協会による大学図書館基準の作成着手から、27 年 6 月の基準
決定までの期間である。

　第 2 期は「図書館の質的向上をこの基準の出現に求め、戦後の混
乱から前進し、新制度へ対応をはかった時代といってよい」[2]。し
かしその基準は積極性の全くない、抽象的なものであったため、図
書館界に大きな失望を与えただけであった。

　第 3 期は大学図書館基準の作成にあたり、関東案と関西案が対立
し、結局明治大学の佐々木吉郎氏を主査とする図書館基準研究小委
員会が設けられて、いわゆる佐々木私案が発表された昭和 26 年か
ら、文部省令の大学設置基準の公布された昭和 31 年 10 月までの期
間である。この時期は「国立大学図書館改善要項」や「私立大学図
書館改善要項」がつくられ、大学図書館が自らの力で向上を企図し
ようとした時代と考えてよい[3]。

　後藤氏による戦後の大学図書館運動史の構想は以上であり、この
論文では第 2 期までしかとりあげないが、これによれば、現在すな
わち昭和 31 年以降は第 4 期ということになるであろう。

　後藤氏の戦後の大学図書館運動史の時代区分は、第 1 期は昭和
20 年 8 月から 24 年 4 月まで、第 2 期は昭和 23 年 1 月から 27 年 6
月までというように、各歴史的時期の始めと終りはつぎの時期と重
り合っている。現実の歴史は、つねにひとつの歴史的時期の終りに
はすでにつぎの時代がはらまれ、動き出しているものであるから、
このことは当然であろう。しかし時代区分として図式化する場合
は、やはりまずいと思う。したがって第 1 期：敗戦から新制大学の
発足まで（昭和 20 年 8 月〜24 年 4 月）、第 2 期：大学図書館基準
成立まで（昭和 24 年 4 月〜27 年 6 月）、そして第 3 期：昭和 27 年
6 月〜？、とした方がいいと思うがいかがであろうか。

　後藤氏の時代区分で、とくに問題になりうるのは、第 3 期および
第 4 期をどのように見るかということである。後藤氏は第 3 期を昭
和 31 年 10 月の大学設置基準の公布をもって「この時期の形式上の
終止符と考えてよい」[4]と書いているが、後藤氏の図式の 1 期、2 期

を容認するとき、現在の大学図書館のおかれている歴史的時点を明確化するためには、現在は第3期にあるとみるか、それとも第4期として位置づけるかが、重要な問題となってくる。後藤氏もこの点、第3期を大学設置基準の公布をもって、「形式上の終止符」とみなし、この基準の公付に、重要な歴史的意味を置いていないようである。もしこの基準の公布にたいした歴史的意味がないとすれば、現在は第3期の連続の中にあるのか、それとも現在を第4期として、第3期と区別しうる、なんらかの歴史的区切りがありうるか。この問題は結局大学設置基準の持つ歴史的意味の評価にかかわってくるであろう。第3期以降の研究については、「別の研究にまつ」[5]と述べている後藤氏の、今後の研究が期待される。

　後藤氏が戦後の大学図書館運動史を全体的に把握し、それを歴史的に構成しようとしたのに対し、国立大学の動をとくに司書職制度の問題から記述したものに、小倉親雄氏の「戦後図書館界の歩み――国公立大学図書館――」[6]がある。小倉氏によれば、敗戦後昭和21年・23年と来朝した米国教育使節団や、人文科学顧問団は、日本の大学図書館に通有な根本的な欠陥を指摘したが、「ここには、何よりも大学図書館行政のひ弱さ、図書館員の無力がクローズ・アップされている」[7]と書いている。

　アメリカ側からの指摘をまつまでもなく、大学図書館に根本的な欠陥を克服していくためには、なによりも職員素質の向上が急務でなければならない。しかも小倉氏の指摘するように、「戦後における司書職確立の運動には、単に一般行政職からこれを独立するというだけではなく、専門職として、それにふさわしい地位と待遇とを獲得する趣旨が織りこまれている」[8]のである。それは単に戦前における職名の復活ということではなく、大学図書館の「根本的な欠陥」を克服すべき力を備えた、またその力にふさわしい地位と待遇を与えられた「専門職としての実質を求めたところにその意義があり、また困難性をともなったということができよう」[9]。

　この運動はまず第1に昭和23年1月[10]からの大学図書館基準の

設定に燃焼していった。大学図書館界のこれに対する関心は非常に大きかったが、27年6月に発表されたものは、「結局最も貧弱な部に属する大学が、とに角大学と称し、基準協会の会員として加入しようとする場合に参考とされる審査基準の一つであって、すでに会員となっている大学、すなわち大部分の大学には縁のないものであることを知らされるに至って、自然これに向けられてきた運動の矢も、いささか肩透かしを喰った形で終焉してしまった」[11]。

第2段階は昭和25年頃からの、人事院が立案した職階制にともなう、司書職職階制問題であった。これは大学図書館職員を、独立の種として取り扱い、1級司書から5級司書にいたる「司書職列職級明細書」を適用しようとするものであった。しかしこの職階制も結局昭和28年には日の目を見ずに流産に終ってしまった。

職階制の流産により、司書職の確立は失敗に終ってしまった。したがって第3の段階は、大学図書館員資格の法制化という方向をたどった。その方法としては、大学図書館法の制定という方向と、いまひとつは新しい法律を制定するのではなく、学校教育法を改正して、その中に司書の職名を位置づけようとする方向とがあった。後者はその後、国立学校設置法施行規則改正の方向に転じていった。第4の段階は、昭和28年11月に文部省から刊行された「国立大学図書館改善要綱」を中心とするものである。

以上のように、小倉氏は「戦後における最大の運動方向であった職員制度の改善」[12]のための運動の後を4つの段階に分けて書いているが、その時期は後藤氏の時代区分によれば大体第2期にあたる動きを中心にしたものである。そして小倉氏のいう段階は決して厳密な時代区分的な意味を持つものではない。それはまだ歴史的構成を経ない生の事件（das Geschehe）の記述である。歴史となりうるためには、この das Geschehe が die Geschihte〔歴史〕として構成されてくることが必要であろう。しかしふんい気をよく知る者のみに可能な筆致で、戦後の大学図書館運動の一面を描きだしている。

私立大学図書館の戦後の動きを記述したものとしては、小野則秋

氏の、「私立大学図書館の歩み——私立大学図書館協会を中心とし
て——」[13]がある。これは私立大学図書館協会の活動を中心に、私
大図書館の活動状況を羅列的に紹介したものであって、その活動状
況を知るには簡潔ないい資料である。なお私立大学図書館協会自体
の歴史は、同協会によって、1956年に「私立大学図書館協会史」
として刊行されている。

　ほかに藤田豊氏の「大学図書館発達史序説——特に私立大学図書
館を中心に見たる——」[14]があるが、これは1959年3月に日本私立
短大協会が、また同年6月に日本私立大学協会がそれぞれ行った実
態調査の集計報告ともいうべきもので、「大学図書館発達史」と呼
ぶべきものとは、いささか遠い。

　しかしこのような、ある特定の時点における大学図書館全般の概
観を行ったものとしては、日本図書館協会調査部が行った1953年
3月末現在の調査報告[15]がある。その後、「図書館雑誌」には毎巻
ごとに、年1回1年間の図書館の動きが特集され、その中には大学
図書館の動きも報告されている。

　私立大学図書館全般の調査として特筆すべきは、1957年刊の
「私立大学図書館総覧」(昭和31年版)と、1961年刊の35年版が
ある。これはいずれも私立大学図書館協会の調査になるもので、別
冊として「館舎見取図篇」を添えている。調査は組織、運用、整
理、参考事項に大別され、私大図書館のあらゆる面を網羅的に調査
したもので、私大図書館に関するもっとも信頼しうる資料として、
その利用価値は大きい。

　短大図書館については、藤田豊氏の「短期大学図書館の実情と諸
問題」[16]がある。これは1959年3月末、日本私立短大協会加盟の
204校を対象として行われた調査結果の報告である。

　後藤氏の言うように、「戦後の大学の発展の過程はあまりにも身
近なできごとで、歴史と称することができないほどである」[17]が、
それでもわれわれはすでに17年間の歴史を、われわれは持ってし
まったのである。それでは、戦前からの大学図書館の歴史的研究は

どうかと言えば、われわれはまだ一篇のそのような研究を持たない。ただわずかに、各大学図書館の一館史がそろそろ書かれはじめたにすぎない。

注

1）『図書館学会年報』Vol.8, no.1, 1961 年
2）同上論文 p.22.
3）同上論文 p.23.
4）同上論文 p.23.
5）同上論文 p.23.
6）『図書館界』Vol.11, no.2, 1959 年
7）同上論文 p.84.
8）同上論文 p.86.
9）同上論文 p.86.
10）小倉氏は大学図書館基準設定のための図書館研究委員会の設置を、23 年 2 月としているが（p.85）、後藤氏の前掲論文によれば、同委員会の関西地区委員会の設置決定は 1 月 13 日、東京地区は 1 月 27 日となっているので、1 月とすべきであろう。
11）小倉親雄前掲論文 p.85.
12）同上論文 p.87.
13）『図書館界』Vol.11, no.2, 1959 年，p.87-90.
14）『図書館学会年報』Vol.7, no.1, 1960 年
15）「日本の図書館・52 年 53 年集計分析解説第 2 部大学図書館」『図書館雑誌』Vol.48, no.9, 1954 年
16）『図書館界』Vol.12, no.2, 1960 年，p.48-
17）後藤純郎　前掲論文 p.26.

2. 一館史研究

　この面でわたしの眼にふれたものしては、1960 年 1 月刊の「東北大学五十年史」下巻に附属図書館の篇があるのと、1961 年 3 月刊の「京都大学附属図書館六十年史」、田口欽二篇「西南学院図書館略史」（1956 年 9 月）、小野則秋「同志社大学図書館発展史」

（1957 年)[1]である。

「東北大学五十年史」は附属図書館篇に 58 頁を割いているが、その 50 年間の図書館史を創立時代（明治 44 年～大正 8 年)、拡充整備時代（大正 8 年～昭和 6 年)、戦中戦後時代（昭和 16 年～昭和 28 年)、現況の 4 つに時代区分している。石井敦氏は「東北大学 50 年史は、現状批判に力を注ぐ点で異色である」[2]と評している。

「京都大学附属図書館六十年史」については、すでに本誌に寄せられた石井敦氏の書評[3]に詳しく紹介・批評されているが、第 1 期（明治 32 年～明治 40 年)、第 2 期（明治 41 年～昭和 10 年)、第 3 期（昭和 11 年～昭和 20 年)、第 4 期（昭和 21 年～現在）と、やはり 4 期に区分されている。

「西南学院図書館略史」は同大学神学科図書室の田口氏の筆になるもので、謄写刷、本文 22 頁に同館規則その他を付録としたもので、ほんの小部数しか作成されなかったようである。わたしはこの文章のため、同館の山下和夫氏の特別のご厚意で一読する機会を与えられたが、同館史の時代区分は（1）西南学院開校（大正 5 年 2 月）より昭和 17 年まで（図書室時代)（2）赤煉瓦書庫時代（昭和 17 年 3 月～昭和 28 年 9 月)（閉架式図書館時代)（3）新図書館時代（昭和 28 年 10 月以降)（開架式図書館時代）となっている。

「同志社大学図書館発展史」を、小野氏は 3 期に区分して、第 1 期は明治 8 年官許同志社英学校の開設から、明治 20 年同志社予備学校創設に至る 12 年間の初期図書室時代。第 2 期は予備学校発足から明治 45 年専門学校令による同志社大学に改組されるまでの 25 年間にわたる、現在の有終館を館屋とした旧図書館時代。第 3 期はそれ以降今日までとし、第 3 期をさらに 2 つに分け、明治 45 年から昭和 10 年同志社創立 60 周年にいたるまでの新館屋整備時代と、それ以降の図書館近代化時代としている。

京都大学の場合、第 2 期と第 3 期を区分する歴史的事件は、ほとんど専任館長的に 20 有余年にわたって在職した新村出館長の退官と、閲覧室の焼失という一館としての歴史的事件が館史の一つの時

代区分をなしている。また東北大学の場合、創立時代と拡充・整備時代とを区分する大正8年は、大学令の制定とともに、帝国大学令が改正され、大学史全般にとっては大きな意味のある年であるが、同館史では、法文学部の設置を間近かにひかえての、やはり一館的な時代区分である。西南学院、同志社大学の場合も同様である。

このように、一館の図書館史の場合、それ独自の歴史的事件が、館史の時代区分をなしうるのであって、一館史の時代区分はそのまま全体の大学図書館史には妥当しえないであろう。しかし日本の大学図書館史全体が書かれるためには、まずこのような個々の館の歴史の発掘が行われなければならない。今後の大学図書館史研究の発展のため、これら各大学の図書館史は貴重な礎石を置いたものと言えるであろう。

注
1）『同志社大学図書館学会紀要』第1輯（1957年5月）所収
2）石井敦「本格的な大学図書館史－「京都大学附属図書館六十年史」を読んで－」『図書館界』Vol.13, no.3, 1961年．p.92-93.
3）石井敦同上書評 p.93.

Ⅲ. 大学図書館管理の研究

戦後における学制の改革とともに、大学図書館の大学における位置、およびその機能等に対する根本的な検討が当然起こってこなければならなかった。多くの大学図書館関係の協議会・研究会等では、たえず人事・予算等のいわゆる大学図書館管理に関する問題が中心議題としてとりあげられ、また今なおとりあげられつつあるが、この方面の論説の多くは、単なる意見の表明に終始するものが多く、学問的な論説と言えるものは少ない。

ところで管理という言葉は、岡部史郎氏の指摘するように、「一義的にとらえることが、なかなかむずかしい」[1]ものである。それでは図書館管理とは、図書館活動のどのような機能を指すのであろ

うか。岡部氏の論文は、大学図書館とは直接的な関係はないが、岡部氏は W. Thoms によって「経営活動には、根源的、直接的なものと、調整的、間接的なものとの二種があること。そして、この後者が管理といわれる活動機能である」とし、このような「第二次的経営活動に相当するものを『図書館管理』と定義することができる」[2] と書いている。

いまこれを図書館活動にあてはめて言えば、整理・奉仕活動は、図書館活動の根源的・直接的な活動ということになろう。したがってそれは、図書館管理という活動機能には属しないことになる。整理・奉仕というような直接的活動を、共通の経営目的に向けて調整し、これをもっともよく達成せしめるような経営活動、すなわち Thoms のいう第二次的経営活動が図書館管理ということになるわけである。本節においても、わたしはこのような考え方に従って、ここで大学図書館管理に関する研究というのは、直接的な整理論・奉仕論以外の大学図書館経営活動に関する研究を指すものとする。具体的には大学図書館の目的論、機能論、そのような目的、機能を果すための組織論、組織を動かす人間の問題等に関する研究を含むものとする。

注
1）岡部史郎「図書館管理論序章——行政学的アプローチ——」国立国会図書館編『図書館研究シリーズ』No.4, 1961 年，p.1.
2）同上論文 p.17.

1. 管理組織論の研究

大学図書館は大学というより大きな組織の 1 ユニットであり、「前者の目的とする所は後者の目的を要するに図書館的方法により実現するにある」[1]。したがって、管理組織全体を問題とするとき、まず大学と図書館との関係が問題にならなければならない。国立・公立の場合、それが「附属」という関係において結びつくわけであ

るが、「附属」という結びつき方には、いろいろな問題がはらまれているようである。

　国立大学附属図書館設置の法的根拠は、国立学校設置法の「大学に附属図書館を置く」の条文である。しかし土井重義氏の指摘するように、「附属図書館とは何をさすかということは、現在の大学にとってはあまり明確にされていない」[2]のである。慣習的には中央図書館のみを指していう場合が多いが、土井氏は学内の「一切の図書館機構を総括したもの」[3]を附属図書館と称した方が妥当だと述べている。このような観点から、土井氏はその「大学図書館小論」の中で、全学的な図書館機構と結びつき方の問題をとりあげ、そこから中央図書館の性格を、大学内における図書館網の拠点となって、それを代表とするとともに、学部図書館・分館等に属しない文献の収蔵、「略言すれば、大学内における公共図書館的性格を持つと言える」[4]と書いている。公共図書館的性格というのは、教養課程に対応するために要求されてきた性格と思われるが、中央館の在り方を公共図書館的に見ることについても異論も起こりえよう。土井氏も中央館がそのような性格をとるとき、「実際はその存在を弱体化させる危険がないものでもない」[5]と指摘している。教養課程というものが、実際上はとかくどうでもいいようなものとして取り扱われ、また教官の研究に中央館が密着しなくなるとき、土井氏の指摘する危険性は大きい。

　国立大学図書館における「附属」の意味するものについて考察したものに、小倉親雄氏の「大学図書館の諸問題——「附属」の意味するもの——」[6]がある。小倉氏は附属図書館を中央館のみを指すものと限定して筆を進めているが、附属という言葉の持つ意味と、実際との食いちがいをするどくついている。国立大学には官制上いくつかの附属と称する機関があるが、「附属図書館の附属は、図書を有たない大学は到底考えられない以上、図書館は大学の成立に伴って不可欠に附属するという意味、又そうした意味での唯一の附属機関である」[7]というのが、附属という言葉の持つ意義である。し

かし現実に附属図書館の置かれている、あいまいな、どっちつかず
の状態からみれば、附属の2字は「二義的なもの、アクセサリー、
つけたしなど意味に解されているのではないか」。結局「現実がこ
の二字のもつ本来の意味を歪めている」[8]と結んでいる。

土井氏は附属の意味のあいまいさを、中央図書館のみを指すの
か、部局図書室までを包含させるべきかという大学図書館全体の機
構のあいまいさの点に置いたが、小倉氏の場合、「附属」という言
葉の意味を現実があいまいにしてしまっていると見ている。

それでは「附属」の持つ本来の意味をゆがめている現実とは何で
あろうか。九山悦二郎氏は、大学図書館の大学における、存在理由
については、「いまさら疑義をさしはさむ余地はない」のであるが、
それにもかかわらず大学図書館の現状が「眠れる図書館、死せる図
書館にすぎない」理由は、「それは教官の図書の独占欲に発すると
ころの研究室万能主義に基因することは、大学図書館人の胆に銘じ
ている。筆者はこの研究室万能主義を教官の個人主義に基く大学の
封建性と見たい」[9]と書いている。このような教官の個人主義は、
大学図書館の図書購入費の主体である教官研究費を教官個々に分散
させることになり、図書の独占とあいまって、中央図書館制の確
立、全学的な図書運用をはばんでいる。

大学図書館本来のあり方をこのようにゆがめている現状を打破す
るには、どうすればいいか。丸山氏は「まず、教官自ら大学図書館
推進運動の陣頭に立たざるを得ないという必要性が第一義的に考え
られなければならない」[10]。それには少くとも教員養成大学に図書
館学科または図書館学論講座を設置し、これを教職課程中の必須課
目とすること。そうすれば、小中高校の図書館教育は本物となり、
すべての青年が本格的な図書館教育を受けることになるから、「何
十年か後には、ことごとく大学教授についても目的を達成し、学内
における内部的な理解と協力を得ることができるようになる」[11]と
結んでいる。まことに百年河清をまつがごとき対策といわなければ
ならない。

これに対して上野先氏は、大学における教育および学術研究の中枢機関としての図書館は、附属施設であってはならないとし、学長に直結する機関として、「事務部と学生部と、もう一つ図書館が、三権分立のかたちで大学本部の構成分子として登場すべきである」[12]と、図書館と大学との結びつきについて、一つの提案をしている。これに対しては、上野氏自身も指摘しているように、国立大学設置法の施行により、附属図書館も一個の独立した施設となったと見ればあらためて本部機構の中に入れて考えることの可否については、異論がありうるだろう。しかし大学全体と図書館との結びつきという問題についての、一つの興味ある提案と言えるであろう。

また武居権内氏は、大学図書館の現状の低迷状態は「大学図書館が、現在何等確然とした法的根拠をもっていないためであるとしたい。図書館の本質について、図書館の機能について、何等法制化されていない点にあると思う。大学図書館の法制化以外、現状打開の途は残されていないと思われる」[13]と書いている。「大学図書館の法制化」とは具体的にどのような法制化を考えているのか明らかでないが、現状打開を法の強制力によろうとするもので、大学図書館界の中で多年叫ばれている「大学図書館法」制定論者の意見を代表するものと言えるであろう。

このような真向からの現状打開論に対し、吉川尚氏は、「まどろっこしい消極論ではあっても、教官に対しては PR を続行し、学生に対しては大学内の予算措置によって、学生経費の獲得による学生サービスに精進して、研究室万能から図書館中心へと漸進すべきである」[14]と述べている。

「附属」の意味のあいまいさにしろ、現状の低迷の打破にしろ、現状を克服するには、克服しうる体勢がとられなければならない。すなわち全学的な図書館組織が問題になってこなければならない。この問題について、土井氏は、中央図書館が大学の図書館活動の拠点であると、早くも指摘していたが[15]、拠点たるべき実をいかにして挙げるかという、具体的な図書館組織の問題については、なんら

発展させることなしに終っている。

　大学全体の図書館組織を問題とするとき、いわゆる集中制か分散制かの問題が起ってくる。この問題をとりあげたものに、高宮誠氏の「大学図書館の管理方式——分散制より集中制へ——」[16]がある。高宮氏はこの論文で、集中制と分散制の利害の比較の後、日米両国において集中制に向いつつあることを論じ、分散制から集中制に至る段階として、一部集中制または混合制のあることを述べている。ここでいう一部集中制とは、医・工のような特定学部等の分館のみ独立し、その他の分館は中央図書館の所管の下にある場合であり、混合制というのは、全分館を管理する1人の分館管理者を中央図書館におき、分館管理者は学部長と中央図書館長とに対し責任を負うという形式とされている。しかし、このような分散制から集中制への展開のし方は、果して現実的に可能であり、また理論的にも可とすべきであろうか。

　この問題をさらに深く追求したものとして、高橋正明氏の論文を挙げることができるであろう。高橋氏は1957年に「大学図書館の管理組織」[17]を発表し、ついで「綜合大学図書館における管理組織と職階制（上・下）」[18]を書いている。

　高橋氏は大学図書館管理の問題に、経営学の立場からアプローチする。「大学図書館の管理組織」では、まず管理組織一般の原則と機能を述べ、つぎに大学図書館管理組織の目的と機能を、まず大学の目的と機能の定立からはじめる[19]。そして大学図書館管理組織の目的は、大学の目的を図書館的方法を以て、もっとも有効に達成することにあるが、この管理組織の目的を具体的に把握するためには、まず一般的な意味で図書館の機能を明らかにしなければならない。そして大学図書館の第一次機能として、teaching and research level における bibliographic service が、第二次機能として technical service が明らかにされてくる。かくて大学図書館管理組織の目的は、このような大学図書館の機能を大学の目的に結びつけて、「方式化、具体化し、それに対し合理的な伝達体系を形成・維持し、

夫々の職位（position）にある各成員の自発的献身を確保し、かく
して大学図書館の effectiveness と efficiency とを維持する」[20]ことで
ある。

　つぎに、この伝達体系としての管理組織の構造が、具体的にアメ
リカの大学図書館の管理組織を例として検討される。管理組織の構
造としては、まず全般管理組織として、館長・副館長の問題がとり
あげられるが、図書館の規模が大きくなっていくにつれ、これらの
人たちの義務が過大になってくる。そこに助言機能を持つスタッフ
職員が必要になってくる。

　図書館管理組織におけるスタッフ（staff）の機能については、川
上一氏がその「大学図書館の組織について」[21]という論文の中で、
要領よく解説している。川上氏によれば、組織を考える場合、ライ
ンとスタッフという2つの概念について知っておかねばならない。
「ごく一般的には、ラインとは組織目的に応じ、本来的な業務の実
施に当たる部門のことを意味し、スタッフとはその円滑な遂行に必
要なサービスを提供する補佐部門（special staff, service staff）と、
上級管理者の企画、立案を援助、補佐する部門（general staff 又は
brain staff）を意味している。そしてゼネラル・スタッフには業務
の執行権限を認めないとするのが普通である」[22]。ついで図書館組
織におけるスペシャル・スタッフとゼネラル・スタッフの例をあげ
て、「庶務。経理・用度。人事。渉外・厚生・調査・統計という業
務は、ライン業務の円滑化、能率化、合理化のために補佐している
わけで、これらは職能的にスペシャル・スタッフの側にある。また
組織の長たる館長、副館長の諮問に応じて図書館運営の問題につき
補佐し、協力する「顧問」、「図書館運営委員会」、「図書館協議員
会」等の制度がある場合は、これらは明らかにゼネラル・スタッフ
と呼ばれるものであろう」[23]と書いている。川上氏の論文も、高橋
氏と同じく、経営学的理念の導入によって、大学図書館組織の問題
にアプローチしようとするもので、この論文では序論的な域を脱し
ていないが、一読に値しよう。

ところでふたたび高橋氏の論文にもどろう。高橋氏は全般管理組織のつぎに、ライン部門を中心に、部門管理組織の考察に入る。一般に組織体が有効に行動しようとする場合、いわゆる「組織の原則」が問題になる。この組織の原則として、高橋氏は A 部門化、B 集権化と分権化、C span of control, D ラインとスタッフの 4 つをあげている[24]。

いまこの組織の原則を図書館の管理組織とかかわらしめて考えるとき、部門化としては、機能による部門化、地域による部門化、主題による部門化が考えられる。つぎに権限の集散に関しては、両極端に集権管理と分散管理とがあり、その中間に種々のタイプが存在しうる。高橋氏は完全な分散管理から完全な集権管理に至る段階を 5 つに具体的にアメリカの大学図書館の実例をあげていく。

さらに span of control に関しては、(1) departmental lines と (2) divisional lines を区別し、departmental lines の欠陥と、divisional lines の利点をあげていく。

最後に管理組織目的の資料保存的レベルから、教育研究的レベルへの移行を、12 種のタイプに分けて、アメリカの実例をあげて追及していく。この分野は、日本の大学図書館の管理運営を考える上に、もっとも示唆の多いところであるが、アメリカの文献を十分に読みこなしていない私には、理解の行きとどきかねる所が多い。「コレクションの増大と組織目的の変化に対する管理の合理化の線に従った変化のプロセス」[25]を、今後もっと十分に詳しく紹介していただければ、わたしひとりの喜びに止まらないであろう。

高橋氏の精力的な、管理組織に対する追求は、ふたたび「綜合大学図書館における管理組織と職階制（上）（下）となって、公表されている。この論文の前半は「大学図書館の管理組織」と重複するところが多いが、アメリカにおける大学図書館管理組織の動向が、いくつかの個々の大学図書館自体の変遷を通じて追及されていく。すなわち前の論文でいわば巨視的に追及されたものが、ここでは微視的に追及されている。そして上篇の結論としては、具体的に早稲

田大学図書館の管理組織形成のための私案が提出されている。

　下篇は管理組織を支える人事問題を、とくに職階制の観点から追求したもので、大学図書館の人事問題について、これまでふれられなかった新しい観点から照明を与えたものとして、その労は高く評価さるべきであろう。この論文においても、ハーバード、コロンビア、イリノイ、カリフォルニア大学等の実例が詳細に紹介され、さらに最後に、早稲田大学図書館における職階制の問題が追求されている。大学図書館における司書職の職務内容・資格等について関心を抱くひとたちにとって、一見を要求しうるものであろう。

　図書館に関する経営学的アプローチを提唱したものとして、さらに大山綱憲氏の「図書館管理学と経営学」[26]をあげなければならない。これは直接大学図書館を中心にしたものではなく、また大学図書館の問題を具体的にとりあげたものでもないが、経営学的方法による図書館学の体系化の可能性を示唆したものとして興味ぶかい。

　これに対し永田清一氏の「大学図書館管理の研究」[27]は大学管理機構の中に位置をしめる理事、学長、司書の役割を検討し、その実情がどのようになっているか、種々の統計を利用して記述したものにすぎない。

注

1 ）高橋正明「大学図書館の管理組織」『図書館学会年報』Vol.4, no.3, 1957 年．p.88-116.

2 ）土井重義「大学図書館小論」『季刊図書館学』Vol.2, no.1, 1954 年 p.7.

3 ）同上論文 p.8.

4 ）同上論文 p.9.

5 ）同上論文 p.9.

6 ）『図書館雑誌』Vol.49, no.6, 1955 年．p.178-180.

7 ）同上論文 p.7.

8 ）同上論文 p.8.

9 ）「大学の封建性と大学図書館」『図書館雑誌』Vol.49, no.7, 1955 年．p.2.

10) 同上論文 p.6.

11) 同上論文 p.7.

12) うえの・すすむ「大学図書館の二つの問題」『図書館雑誌』Vol.49, no.7, 1955 年，p.217-219.

13)「大学教授に望む」『図書館雑誌』Vol.52, no.5, 1958 年，p.145.

14)「大学図書館の姿」『図書館雑誌』Vol.52, no.5, 1958, p.147.

15) 土井重義前掲 2) 論文 p.9.

16)『私立大学図書館協会会報』No.9, 1954 年

17)『図書館学会年報』Vol.4, no.3, 1957 年

18)『早稲田大学図書館紀要』第 1 号（1959 年），第 2 号（1960 年）

19)「大学図書館の管理組織」『図書館学会年報』Vol.4, no.3, 1957 年 p.94.

20) 同上論文 p.104.

21)『早稲田大学図書館紀要』第 1 号 1959 年

22) 同上論文 p.118.

23) 同上論文 p.118.

24) 高橋正明「綜合大学図書館における管理組織と職階制（上）」『早稲田大学図書館紀要』第 1 号 p.85.

25) 前掲 1) 高橋正明「大学図書館の管理組織」p.110.

26)『私立大学図書館協会会報』No.21, 1958 年

27)『図書館界』Vol.13, no.3, 1961 年，p.74-80.

12 戦後における大学図書館研究史 (2)

『図書館界』Vol.14, No.3（1962.8）

2. *司書職に関する研究

　ここで司書職問題関係の論説に移ろう。管理論的研究のうち、もっとも多く書かれているのが、大学図書館司書職に関する問題である。それは小倉氏がすでに指摘した通り、職員制度の改善ということが、大学図書館界の「戦後おける最大の運動方向であった」[1]からであろう。1953年10月号の図書館雑誌は村上清造[2]、大塚芳忠[3]、山口隆二[4]、小野則秋[5]の各氏の論文を集めている。同誌1月号で、村上清造氏は「これだけの論議でも図書館雑誌に集中された事は、今まで、一度もなかったことである」[6]と書いているが、いずれも司書職の問題を中心に論じている。

　この年は小倉氏のいう職員制度改善運動の第3の段階に当る時期である。この年6月東京で開催された全国図書館会大学図書館部会には、国立、私立側から、いずれも大学図書館司書資格の法制化の問題が提案され、その実現のため、部会に「大学図書館職員制度改善促進実行委員会」が設立された。上記の各論文はいずれもこのような情勢の中で書かれたものである。

　村上氏は戦前からの大学図書館における職制の変遷、および図書館運動の概観の後、新制大学図書館の在り方にふれ、それが近代図書館としての機能を発揮するために必要な司書職の法制化の必要をとく。

　大塚氏は大学図書館員に要求される資質から、「大学図書館員は全くの事務職でもなければ全くの教職でもない。謂わば新教育制度のもたらした全くの新しい職能である」[7]と述べ、同様に、司書職法制化の必要を論じている。

　山口氏は国立大学図書館改善要項を貫く中央図書館制の問題と、

司書職の問題をとりあげている。そして専門職としての地位の明確化の必要性をとくと共に、改善要項に述べられている、大学図書館所属の教授・助教授・講師・助手の制度の実現を強調する。

小野氏は大学図書館員に関する法規の不備、とくに館長兼任制が大学図書館の主体制を危うくしている点を強調している。

司書職問題の研究に対するこのような昂揚は、単なる待遇改善の要求から発したものではなくて、「専門職としての実質」[8]の追求から、おのずからにして生まれでた正当な要求であった。そしてこの「専門職としての実質」は、単なる資料整理能力の上に求められたのではなく、戦後の新しい特質として、図書館奉仕とくに参考奉仕能力の上に求められたのである。このような立場から、簾治良左衛門氏は、アメリカの大学図書館員の高い資質・待遇が、参考業務を通して獲得されたことをその「専任司書の必要性について——大学図書館の参考業務——」[9]の中で述べている。

ところで当時、司書職の法制化をどのような方法で考えていたのであろうか。大塚氏は1953年6月の図書館大会決議として、「その資格を確立するためには、学校教育法第58条の『大学には学長・教授・助教授・助手および事務職員を置かなければならぬ』とあるが、その条文中助手の次に司書及び司書補を加うべきである。そこでどの改正方を文部当局に要請すべきである」[10]と述べている。そしてこの見解は、同じく図書館雑誌47巻8号（1953年）に掲載された「大学図書館職員制度改善促進実行委員会」の記録の中にも、はっきりと打ち出されている。同委員会第1回の協議内容として、「運動対象としては、学校教育法、国立大学設置法、職階制などあるが、国立大学設置法は学校教育法が改正されれば当然改正されるから、学校教育法の改正に集中する」[11]と、運動の基本方針が示されている。

この運動方針の正しさ、また実行委員の努力にもかかわらず、法律改正は結局実現しなかったし、今日もなお実現しないままである。

しかし 1956 年「司書職はそれ独自の初任級基準表を持つことになり、1957 年の給与法の改正により、図書館職員は一般事務職とは別わくにあつかわれることになった。こうして、国立大学図書館職員の身分は法的にはなんら根拠づけを与えられないままであったが、給与法上のとりあつかいは特殊資格職員として、だんだんとその基盤を固めつつあるかのように見えた。この場合図書館職員というのは、図書業務に従事している者で、図書館法にいう司書および司書補の資格を有する者、またはこれと同等以上の者と図書館長が認めた者である。私の「大学図書館における司書職の問題」[12]は、図書館長が認定する場合の基準についての私見を述べたものである。

ところが 1958 年、人事院から文部省あての通知により、司書は特殊資格職員であることが認められなくなり、したがって、これまで選考採用によって、図書館法上の有資格者であれば、各館独自で採用できたのに、それが許されなくなった。しかし司書に対する国家試験は実施されていない。それで文部省としては、人事院の認める試験を行って、急場をしのぐよりほかはなくなった。かくして生まれたのが「国立大学図書館専門職員採用試験要項」である。私の「国立大学図書館専門職員採用試験について」[13]は、この試験が実施されるに至るまでの経過と、この試験のあり方について、私見をのべたものである。

このように国立大学図書館職員に対する位置づけは、戦後 2 転 3 転し、今からふりかえってみると、まさに激動の歴史である。今後さらにこの動きはどのような歴史を綴っていくであろうか。大学図書館職員をあるべき姿に定位づけるためには、ただ外にむかって運動するだけでなく、あるべき姿について、こんご一層の研究が続けられなければならない。

注
1）小倉親雄「戦後図書館界の歩み－国立大学図書館－」『図書館界』

Vol.11, No.2 1959 年 p.87

2）村上清造「大学図書館運動を推進させるもの」

3）大塚芳忠「大学図書館員の資格と待遇についての放言」

4）山口隆二「国立大学図書館の若干の問題について」

5）小野則秋「大学図書館の主体性」

6）村上清造「再び，大学図書館運動推進のために——大学図書館の地位
　　と大学図書館員の職務」p.17.

7）大塚芳忠　前掲論文 p.19.

8）小倉親雄　前掲論文 p.86.

9）『図書館雑誌』Vol.48, no.2, 1954 年

10）大塚芳忠　前掲論文 p.18.

11）『図書館雑誌』Vol.47, no.8, p.29.

12）『図書館雑誌』Vol.52, no.2, 1958 年

13）『図書館雑誌』Vol.54, no.4, 1960 年

3. 兼任館長問題に関する研究

　館長について、国立学校設置法第 9 条の 3 に、「館長はその大学
の教授である者をもって充てる。但し必要がある場合は、館長また
は分館長は事務職員をもって充てることができる」とある。ここか
ら必然的に大学図書館長の教授兼任制が生れてくるが、「この条項
は、大学図書館の職責を軽視するものと言わざるを得ない」と、大
佐氏はその「大学図書館論」[1]の中で書いている。そして 1870 年か
ら 1880 年の間に、ドイツでいかにして兼任館長制が専門の図書館
人による専任館長制に移行したかを論じる。

　ついで小野則秋氏は、「大学図書館の主体性」の中で、「大学図書
館の主体性確立の基礎ともなるべき図書館長」[2]が、教授であらね
ばならぬという点の矛盾を指摘している。そして私立大学図書館協
会が 1952 年度の全国総会で大学図書館長専任制の確立を議決し、
全私大総長・学長に対して意見書を送ったこと、「大学図書館基準」
が館長の専任制をとりあげていること、また「国立大学図書館改善
要項」もこれを改善理想としていることをあげ、「結論はすでに明

かである」[3]と論じている。

　それではこのように結論のすでに明かな問題であるにもかかわらず、それが実現できないのはなぜだろうか。氏はその原因を、教授兼任制を原則とする今日の国立学校設置法自体の不備のほかに、「日本のあらゆる大学当事者の大学図書館の機能と使命とに対する正しい理解と認識の欠除、教授達の独善的な巾のせまい研究室万能主義とセクショナリズム、それらの人々の封建的慣習性等に起因する」[4]とみている。

　上野先氏も、「大学図書館の二つの問題」[5]として、附属図書館の附属の意味と、館長兼任制の問題をとりあげ、今日の館長兼任制の根拠は「少くとも図書館長とあるからには、教授級のものでなくてはならぬという面子論と、教授ともあれば学生の一般教養についても当然深い所有者であるに違いないだろうという常識論に因由するだろう」[6]と推察している。そして図書館側は教授たる館長に学内における発言力と政治的手腕を専ら求めたが、これはひいては図書館員側におけるこのような力を卑小なものにしてしまったと指摘している。しかし「もはや教授兼任館長を以てしては到底処理し切れない時代が来ている」[7]と、専任館長制を主張している。

　それでは、この問題を館長自身はどう見ているであろうか。これには松村誠一、藤田豊、富永牧太の各氏の論説がある。

　松村氏は「国立大学図書館の当面する問題」[8]の一つとして、館長専任の問題をとりあげ、兼任館長制にともなう頻々たる館長の交替と、それにともなういろいろの欠陥は、館長任期を長くすれば除去できる。また研究と教授の場である大学に、文献の面から寄与する大学図書館の館長は、自ら研究と教授とに従事している教授の兼任がいいと、教授兼任制の利点をといている。

　藤田氏は、私大図書館の場合にも、専任館長制の必要は認めるが、現状では、理事会に対し強く働きうる「政治性、活動性の有無の方が現在では重要視されるべきだと思う」[9]と、現状論から教授兼任制を肯定している。

これに対して、富永牧太氏はその「兼任図書館長の功罪」[10]の中で、兼任館長制の問題を全面的にとりあげている。まず兼任館長制の功の第1を、図書館の重要性と地位とが、兼任図書館長によってたもたれてきたということ」。第2に「館長の個性的乃至専門的意向のもとに、特別な文庫、また、特殊部門の図書がよく集っていることがある」こと。第3に「革新の機会をおおくもっている」ということを挙げている。しかしこの第2・第3の点は必ずしも兼任館長のもとでなければ不可能というものではない。

　つぎに兼任制館長の欠点として、第1に、図書館に対して無知新参の館長の出現の可能性が大いにあること。第2に輪番制の素人館長では、館員の指導ができず、図書館運営の責任が十分とれない。そうなると一切が惰性のなかに低迷していく。第3に教授兼任制のもとでは、図書館員は絶対に館長になれない。第4に教授兼任制は、教授としての職務か、図書館かのどちらかに、かならずなにがしかの打撃を与える結果になる。そして富永氏は以上のうち第3の欠点を、兼任制の欠点の最たるものとしているが、このように功罪をならべてみると、小野氏のいう通り、「結論はすでに明らか」であると言えよう。兼任館長制の唯一のとるべき点は、館長が教授であることによって保たれる図書館の重要性と地位ということ、上野氏の言葉をかりれば、教授館長の「顔」と「発言力」[11]という、非近代的なものしかすぎないであろう。

注
1）大佐三四五『図書館界』Vol.4, no.3, 1952 年 p.75-77.
2）小野則秋『図書館雑誌』Vol.47, no.10, 1953 年 p.22.
3）小野同上3）論文 p.23.
4）小野同上3）論文 p.23.
5）上野先『図書館雑誌』Vol.49, no.7, 1955 年 p.217-219.
6）上野先同上
7）上野先同上

8）松村誠一「国立大学図書館の当面する問題——その素描——」『図書館雑誌』Vol.49, no.6, 1955 年 p.181-183.
9）藤田豊「私大図書館の問題とは？」『図書館雑誌』Vol.49, no.6, 1955 年 p.13.
10）『図書館雑誌』Vol.52, no.5, 1958 年
11）上野先前掲論文.

Ⅳ. 図書選択に関する研究

　大学図書館がその本来の目的を遂行するには、当然蔵書の整備が要求されてくる。そして大学図書館の蔵書構成をほかの図書館と比較するとき、もっとも目につく特殊性は洋書の占める割合が非常に大きいということである。

　服部金太郎氏は、「大学図書館における整理作業ツールについての一考察」[1]の中で、1957 年版「日本の図書館」の中から、国立大学図書館全体の「年間洋書の受入」の数字を示し、和洋の比が、和書 53％、洋書 47％ になっていることを指摘している。しかも洋書の場合は、和書のようにレディーメイドの印刷カードを使うという余地はないことから、大学図書館では必然的に、整理作業の重点は洋書に置かれ、しかもオリジナル・ワークに頼らざるをえない。その場合洋書の整理作業を行う上に必要な作業用ツールの備付は、整理作業の能率に非常に関係してくる。服部氏のこの論文は、このような観点から、作業用ツールの備付状況を、国立大学図書館について調査したものである。

　服部氏の調査法は、チェック・リストとして、Akers の Simple library cataloging の付録にある小図書館向整理作業用ツール 34 点と、司書講習のシラバスの「洋書目録法」の要綱の中にあげられている作業用ツール 31 点と、第 3 に Akers のあげている第 1 のツールの中から、ルール・ブックだけを 5 点とり出したものの 3 種類を用意した。そしてこのリストと、60 校の国立大学より提出された「学術図書総合目録（欧文図書館学編）」の予備版とを照合すること

によって、作業用ツール備付の現状を把握しようとしたものである。

その調査の結果によると、たとえば60校のうち1/3は、エーカスのリストにあがっているものを1点も所蔵していない。また第2のリストのうち欧文の16点だけについて調べてみても、27校が全く所蔵していない。さらに第3のリストによっても、11校が1点も所蔵していないという驚くべき事実が報告されている。

服部氏のこの一文は、洋書整理作業用ツールにのみ限定しての調査であったが、大学図書館における収書の現状の一端を赤裸々に示すものではあるまいか。このような大学図書館における収書のゆがみは、丸山氏の指摘するように「多くの大学では、教官研究費はあたかも私的権利の如く配分され、図書は図書館の蔵書方針とも無関係に集書される」[2]という事情にもよるであろうが、図書館員自体の側にも責任があろう。

つぎに大学図書館の蔵書の特殊性としては、学術雑誌の比率の高いことがあげられるであろう。そこから学術雑誌の収集に関する問題が起ってくる。牧山弘氏の「大学図書館における学術雑誌の収集に関する諸問題」[3]は、工業化学関係の購入雑誌について、アンケートを求めて調査したものである。

それによると、工化関係では、図書費が人件費をのぞく全予算の大体20%をしめるが、その図書費の中で、外国雑誌購入費の占める比率は、旧帝大系が平均32%であるのに比擬して、地方の大学の方が、はるかに大きな比率を示し、中には100%という大学すらある。

つぎに購入校の数の多い順に、外国雑誌に購入順位を与え、それらの外国雑誌中の論文が、日本の工業化学専門の学会誌「工業化学雑誌」の報文に、どのくらい引用されているかにより、利用頻度順位を与えてみると、購入順位と利用頻度順位とは大体相関関係に立つ。これは当り前といえばあたり前のことであるが、5校以上の大学で購入されている雑誌と、工化誌に引用されている頻度との関

係、さらに年代別の引用頻度数を示した外国雑誌のリストは、将来、各大学で学科、講座増設により新しく雑誌を購入する場合、このデータは購入雑誌選択の一つの指標になると考えられる」[4]と、牧山氏は結んでいるが、このリストはまた、関係図書館で自館蔵書のチェック・リストとして役立つであろう。

　この調査は、ほんの一分野の、しかも外国雑誌にのみ限られたものであるが、各分野でこのような調査が行われれば、図書選択という、きめ手のない図書館業務の一分野も、しっかりした基盤に立ちうることになろう。

　外国雑誌の収集にあたり、とくに協力的に収集活動を続けているのは、医学図書館協議会であろう。同一地区内における無駄な重複購入の排除、重複雑誌の相互交換、被災大学・新設大学への重複資料の分譲等、大学医学図書館間の共同集書の実情については、中山勇之助氏の簡潔な報告[5]がある。

注
1）服部金太郎『図書館学会年報』Vol.4, no.3, 1957 年 p.117-127.
2）丸山悦三郎「大学の封建制と大学図書館」『図書館雑誌』Vol.49, no.7, 1955 年 p.3.
3）牧山弘『図書館学会年報』Vol.5, no.2, 1958 年 p.85-93.
4）牧山同上論文 p.92.
5）中山勇之助「大学医学図書館間における共同集書相互利用等の問題」『図書館雑誌』Vol.54, no.6, 1960 年 p.186-187.

V. 図書館奉仕に関する研究

1. 参考奉仕に関する研究

　大学図書館がかつての資料保存的性格を脱し、大学の教育、研究目的に直結した奉仕活動の強化へと移行しなければならないことは、大学図書館の存在理由からして当然のことであった。そして種々の図書館奉仕活動のうち、戦後もっとも脚光を浴びてとりあげられたのが、参考奉仕と開架式閲覧方式であった。

日本図書館学の奔流：岩猿敏生著作集

　1953 年河野徳吉氏は、慶応大学図書館における参考事務の実践の上に立って、参考図書の種類・選択・目録等の問題について述べている[1]。

　ついで 1954 年簾氏は、「難解な多数の図書を自由に処理出来る優秀な参考司書を配置し、専らこの業務の積極的な展開をはかることは大学図書館として当然過ぎる程当然のことである」[2]という立場から、Wyer や Rothstein により、アメリカにおける参考業務の発展を概観したのち参考司書の専任の必要、しかもその身分を教職員級に改善することの必要を説いている。

　同年村上清造氏は、富山薬専から富山大学にわたる 30 年の図書館経験から、文献探索法の系統化と、それについての学生に対する指導経験を発表している[3]。

　こうして大学図書館における参考奉仕活動に対する研究もそろそろ緒につきはじめたが、現場における実情はどうであったか。1957 年北島武彦氏は大学図書館におけるレファレンス・サービスの実態調査を行った[4]。調査は大学図書館総数 462 館から約 3 分の 1 に当る 160 館を抽出し、調査票によって行われた。

　調査票は 131 館から回収されたが、そのうち十分にレファレンス・サービスを行なっていると答えたのは 16 館にすぎず、大部分は不十分を訴え、31 館は全然行っていない。しかもサービスを行っている 100 館のうち、そのための専任職員を持っているのは 21 館であり、そのうち 14 館は専任職員 1 名である。したがって、係として独立した組織を持つものが 6 館にすぎないのも当然である。しかしこれも「大学図書館はただもう図書を整理して、なんとか書庫に放りこむだけで精一杯である」[5]という、人員不足に悩む大学図書館の現状のしわよせの一つのあらわれにほかならないであろう。

　こうした現状の中にあっても、私大図書館は国立に一歩先んじ、1955 年私大図書館協会の中の一分科会として、「閲覧参考に関する分科会」を発足せしめ[6]、参考事務に関する研究が開始された。私

196

立大学図書館協会会報 No.23（1958年）には、閲覧参考分科会のメンバーによる「大学図書館レファレンスの実際」に関するパネル・ディスカッションの記録が掲載されているが、参考資料として、レファレンス・サービス記録表まで提出されており、若干の大学では、このサービスがすでにはっきり組織として行われていることを示している。同会報 No.25（1959年）に高宮秀夫氏が、参考質問処理の類型を、早稲田大学図書館読書相談室での実例をあげて書いている。

　参考事務に関するこのような研究の進展にもかかわらず、一方にはこのようなサービスをもって理想論であるし、日本の大学図書館の現状では実施は困難であるとする否定論、またはこの業務の限界論も主張された[7]。否定論は論外としても、限界論はこの業務にともなってくる現実的な問題である。井出氏はレファレンス・サービスの限界論に関する種々の説を紹介したあと、それを整理して、（1）レファレンス活動の範囲と程度に関すること、（2）レファレンス業務の内容に関すること、（3）レファレンス質問の限界（禁止事項などを含む）に関することに大別しているが[8]、わたしにはあまり明瞭でない。

　同じく高宮秀夫氏も、レファレンス・サービスに対する種々の意見の対立は、レファレンス・サービスの本質的な機能に対する根本的な把握が不足しているからであるとし、レファレンス機能の本質を追求していく。そしてレファレンス・サービスとは「利用者の持つ特定の問題と、図書館資料との『情報的仲介活動』であるということができる。そしてこの情報的仲介は人間記録への組織的な接近法である『書誌』を使うことによって行われるのである」[9]と書いている。しかしレファレンスの限界論は、情報的仲介活動を行うさいに起ってくる問題であるが、この論文では、レファレンス機能の本質の追求のみで終っている。

　これに対し、深井人詩氏は早大図書館の参考業務の実態について述べ、「RW の係員が、その資料を使って研究調査に助力するのは、

結局、研究調査の能率を上げるためなのだから、消極的な姿勢では十分に目的を達することができない」[10]と書いている。ここには、レファレンス・サービスに対する消極的な姿勢から生れる種々の限界論をつき破ろうとする態度が、現場の実践から生れてきつつあることに、注目すべきであろう。

　参考室の問題については、平山和一氏の「大学図書館における参考室の問題」[11]がある。平山氏は参考室の問題を建築上の見地から論じているが、参考室の色彩計画、音響計画、採光その他備品の問題についても、図書館の他の部屋のそれらと異る参考室独自の問題が、どこにあるかが明瞭でない。

　参考事務の問題は、戦後アメリカからの影響と、また一方大学図書館側におけるその機能の自覚からして、いろいろの機会に論じられることの多い問題であるが、まだまだ現場における実践の不十分な今日、すぐれた研究成果の発表は今後にまたなければならないであろう。

注
1）河野徳吉「綜合大学に於けるレファレンス・サーヴィスについて」『私立大学図書館協会会報』No.81, 1953 年
2）簾治良左衛門「専任司書の必要性について──大学図書館の参考業務──」『図書館雑誌』Vol.48, no.2, 1954 年 p.10.
3）村上清造「大学図書館における参考業務と学生指導──富山薬専から富山大学薬学部への網験を通じて──」『図書館雑誌』Vol.48, no.2, 1954 年 p.135-138.
4）北島武彦「大学図書館のレファレンス・サービス──実態調査報告──」『図書館学会年報』Vol.5, no.2, 1958 年 p.94-110.
5）岩猿敏生「国立大学の図書行政の現状と問題点」『図書館雑誌』Vol.52, no.5, 1958 年 p.137.
6）『私立大学図書館協会会報』No.15, 1956 年 p.38.
7）「昭和 32 年度秋季関西部会議事録」『私立大学図書館協会会報』No.20, 1957 年 p.35.

8）井出翁「大学図書館のレファレンス機能について」『私立大学図書館協会会報』No.27, 1959 年

9）高宮秀夫「大学図書館におけるレファレンス機能の本質に関する一省察」『早稲田大学図書館紀要』No.1, 1959 年 p.125.

10）深井人詩「レファレンス・ワーク――当面の問題――」『早稲田大学図書館紀要』No.1, 1959 年 p.135.

11）平山知一『図書館雑誌』Vol.55, no.4, 1961 年 p.108-111.

2. 閲覧奉仕に関する研究

開覧奉仕で戦後とくに問題になったのは、開架式閲覧方式と指定書制度である。従来の保存中心の運営方針から大きく脱皮しようとするとき、開架式閲覧方式が当然問題になってこなければならない。しかし 1954 年に書かれた石田正義氏の「大学図書館における閲覧方策」[1)]では、「全館をあげて閲覧中心主義としたい」と強調しながら、開架方式に関しては、僅かに「閲覧室の一隅にレファレンスブック又は大学にて常に用いられている教材」を半開架に出すことを述べているにすぎない。

開架式の持つ効果は、斎藤正路氏が関西大学の実例から「開架サーヴィス開始前年の 30 年度は 37,015 人であったものが、開始年度の 31 年度には 79,901 人と一度に 42,886 人も増加」[2)]したと利用者の急増を報告している一例からも、推察されるであろう。開架式の持つ利用上の効果については疑問はないが、開架図書の種類、紛失の問題、複本の問題、開架と目録の問題など、具体的にはいろいろの問題があり、解決をせまられているが、論文として書かれたものは、ほとんどない。

このことは指定書制度についても同様である。図書館と大学における教育を直結させるものとして、図書館員側のこの制度に対する期待は大きいが、青野伊予児氏が「レファレンスや自由書架式が図書館それ自身の方法であるのとは違って、指定書制度は、教授の方法そのものである」[3)]と指摘したように、この制度は教官側の全面

199

的な協力なしにはやれない。また青野氏は「大学の性格や教授方法の相異ということもあって、日本では指定書制度が育ちにくいところが多分にある」[4]とも書いているが、指定書制度の根底をなす、図書館と教室との連繋についての興味ある実例が、日本大学三島図書館の三浦吉春氏によって報告されている[5]。

それによれば、教官から月別講義計画案が、図書館に連絡されたり、また図書館側では、講義に関係する所蔵図書の一覧表を作成したり、また「レポートを課した際には、その課題についての資料のリストを作成、請求番号を附して掲示することにしている[6]」。その他学生との連絡をいろいろな方法を通じて緊密にするなど、見事な実例が報告されている。これは指定書制度を一歩超えた、図書館と教室との結びつきである。しかし日大三島の場合にしても、果たしてこれが全学的な教育の方法として組織されているかどうか。いずれにしても、日本の大学図書館の場合、教室との結びつきは、教育の方法と結びついて組織化されることが肝要である。

注

1）石田正義『私立大学図書館協会会報』No 9, 1954 年

2）斎藤正路「関西大学図書館開架閲覧室と集書」『図書館雑誌』Vol.53, no 7, 1959 年 p.223.

3）青野伊予児「国際キリスト教大学図書館にみる指定書制度」『図書館雑誌』Vol.53, no.7, 1959 年 p.224.

4）同上論文 p.225.

5）三浦吉春「日本大学三島図書館の教育参加」『図書館雑誌』Vol.52, no.9, 1958 年 p.296-297.

6）同上論文 p.296.

VI. 図書館建築に関する研究

戦後大学図書館もいくつか建てられてきたが、国立よりも私立大学の方に、新しいアイデアを盛ったすぐれた図書館建築が多いようである。図書館雑誌にはいくつかの新築大学図書館が紹介されてき

たが、そのほとんどは私立大学である。大学図書館の建築問題全般に関しては、裏田武夫氏の一文がある[1]。その中で裏田氏は、いくつかの提案をしているが、それは第1に、今までの大学図書館建築に関する成果をまとめること。第2に、図書館員とくに管理的な地位にある者は、もっと建築の知識をもつべきであること。第3に、プランニングの段階で、基礎的なデータを図書館側としては十分ととのえなければならないこと。第4に、大学の研究・教授・学習の現状や傾向や変化について十分な知識を持つこと。第5に共有図書館の実現をはかることである。

　しかし、裏田氏のこの貴重な提案も、現実にはなお十分に生かし切れないでいるようである。高橋たね氏も、日本の大学でよい図書館が建たないのは、「建築家は図書館の機能を理解しないで建てているのだし、大学側も建築家に何を要求してよいかわからない」[2]からだと指摘している。奥村藤嗣氏も、明大図書館を建てた経験から、「最近相次いで建築される図書館を見ても、設計者と図書館側との協同研究がまだ不十分だとおもわれる」[3]と書いている。協同研究の不十分な原因としては、裏田氏の指摘するように、図書館側の建築に関する知識の不十分さということがあるだろう。さらに奥村氏は「日本における大学図書館の機能が激しい過渡期にあって、基準となるべき具体的なデータが殆んど出ていないこと」[4]を指摘している。

　このような基礎的データの不備が、お茶の水女子大学図書館の竹内和子氏をして、事務室の狭さを歎かせることになったのかも知れない。「私たちは図をみた時から『せまい』と云いましたが、本部の人たちは『幾分せまいかも知れないが、文句をいうのは図書館側のわがままである』と思ったようです。しかし今日となっては、彼らもみとめないわけにはいきません」[5]と、竹内氏は書いている。図書館側の主張がたんなる「文句」として受けとられたのは、動かすことのできないほどの基礎的なデータが不足していたからではあるまいか。

日本図書館学の奔流：岩猿敏生著作集

　また2階建半地下室付きの慶大日吉図書館で、手洗所が地下室に
しかない[6]というのも、図書館側の建築に対する関心のうすさから
ではあるまいか。

　しかしまた立教大学のように、図書館側と建築家とが、30回近
くも会合をもち、設計者の建築上のアイデアと、図書館側の使用上
の希望を十分に結合させた例も報告されている[7]。

　図書館建築は図書館をいかに運営するかというライブラリ・ポリ
シーの具体化にほかならない。したがって慶応日吉図書館や、国学
院大学図書館のように、ポリシーが途中で変更したりすれば、せっ
かくの新築図書館も最初から利用上で種々の問題にぶつかってしま
う。慶応では「初の計画では書庫を別棟とし、閲覧室は開架式とす
る予定であったが、諸般の事情より、書庫は地下室とし、閲覧はと
りあえず出納式にすることに変更した」[8]し、国学院でも「新図書
館は、最初出納式閲覧をもとに設計されたので、開架するには部屋
の配置に種々問題があるが、図書館としては直接管理を任されたこ
れらの部屋を、開架方式で計画した目的に従って有効に使用する以
外に方法はなかった」[9]。これに対して、国際キリスト教大学では、
十分に事前のプランニングが行われ[10]、立教でも期間を長くかけて
十分研究し、構想をねったことが成功の原因とされている[11]。

　以上大学図書館に関する戦後における研究史を追ったが、全くふ
れえなかった項目もある。しかし今回あらためて、大学図書館につ
いて書かれた多くの文章を読みかえして痛感したことは、他の人の
文章をふまえて発言している人が、意外に少ないということであ
る。大げさにいえば、各人各様に、いわば勝手に発言している感じ
である。われわれは、とくに文献の取り扱いについては専門家であ
るはずである。その図書館人の発言が、意外に文献的調査の上に立
っていないような感じである。この拙文の一つの意図も、今後大学
図書館のいろんな問題について発言しようとする場合、一応ふりか
えってみるに値いするとおもわれるいくつかの論文をあげてみて、
今後の参考の資の一つともしたいというところにあった。しかしそ

202

れにしては、あまりに乱雑なものに終わってしまい、十分はじめの
意図を実現しえなかったのを嘆ずるのみである。

注

1）裏田武夫「大学図書館の建築」『図書雑誌』Vol.52, no.5, 1958 年 p.140
　　-141.

2）高橋たね「国際基督教大学図書館」『図書雑誌』Vol.55, no.7, 1961 年
　　p.208.

3）奥村藤嗣「明治大学図書館」『図書雑誌』Vol.54, no.9, 1960 年 p.369.

4）同上論文

5）竹内和子「お茶の水女子大学図書館」『図書雑誌』Vol.54, no.5, 1960
　　年 p.146.

6）「慶応義熟藤山記念目吉図書館」『図書雑誌』Vol.53, no.7, 1959 年 p.232.

7）武藤重勝「立教大学図書館」『図書雑誌』Vol.55, no.6, 1961 年 p.188-
　　189.

8）前掲 6）の論文

9）佐野大和「国学院大学図書館」『図書雑誌』Vol.55, no.4, 1961 年 p.122.

10）高橋たね　前掲 2）論文

11）武藤重勝　前掲 7）論文 p.188.

編者注

　＊前稿「戦後における大学図書館研究史（1）」につづく項番が用いられ
　　ている。

13 戦前のわが国における
大学図書館研究

『大学図書館研究』No.54（1998.12）

抄録：戦前のわが国の大学図書館研究は一般的に不振であった。本論ではその理由を、館種別意識の未成熟と、とくに旧制高校、高専図書館に関する法規の不備に見る。そこから起ってくる諸問題のうち、当時の論文でとくに論じられた図書館関係法規及び司書職制の制定と養成制度の確立要求、さらに公開の問題を中心に、戦前の大学図書館員の問題意識を探ろうとするものである。

キーワード：大学図書館全国組織、大学図書館司書職制度、大学図書館公開

1. 戦前における大学図書館研究の不振

1907年（明40）に創刊された日本図書館協会（JLA）の戦前の『図書館雑誌』を見て気付くことは、敗戦までの40年近い期間に、大学図書館関係の論説がきわめて少ないということである。しかも、散見するいくつかの文章は、いずれも大学図書館の問題を正面から論じたものではない。それに対して1927年（昭2）に大阪でスタートした青年図書館員連盟の機関誌である『図書館研究』*は、当時の旧制高校、高等専門学校を含む学校図書館に関する論説をかなり多く掲載し、1937年の同誌10巻2号には、小野則秋の「大学図書館論」が発表されている。これは、大学図書館を正面から論じた論文としては、戦前におけるほとんど唯一のものと言っていい。

小野論文よりも前に大学図書館について述べているものに、田中敬の『図書館教育』（1918年）[1]の中の一章「大学と図書館」がある。この文章は、小野論文のように、わが国の大学図書館の現状を踏まえて、あるべき大学図書館について論じたものではない。主と

してアメリカの大学図書館活動をモデル的に紹介したものである
が、開架式や指定図書制度の紹介だけでなく、大学図書館の集中制
と分散制や大学図書館のあり方、さらには国民文化向上のための一
般公開や相互協力の問題に至るまで、戦後のわが国の大学図書館界
で重要な問題として論じられたテーマが、ほとんどすべてとりあげ
られている。

それは、大学図書館の基本的な問題は戦前、戦後を通じて、問題
処理の技術面は大きく変るにしても、問題そのものは余り違わない
ということを意味している。本稿は、戦前における大学図書館研究
の一般的不振にもかかわらず、先輩たちがわれわれにも共通するい
くつかの問題にどのように取り組んだかを、当時書かれた論文の中
に見ていこうとするものである。

2. 館種別意識の未成熟

戦前における大学図書館研究の不振の原因としてまず考えられる
のは、帝国大学や一部の私立大のように、前世紀〔19世紀〕末に
創設されたものもあるが、多くの旧制高校や高等専門学校はほとん
ど20世紀に入ってからの創立であり、その図書館も大学図書館と
してまだ未発達な状態であったこととともに、大学図書館を他の館
種と区別する館種別意識が、十分確立していなかったことにあると
思われる。

戦前における館種別意識の進展を、代表的な著作の中で見てみよ
う。図書館関係のわが国最初の著作である西村竹間『図書館管理
法』では、"図書館ニ参考図書館普通図書館等種種ノ性質アリ"[2]
と、図書館に種別ありとするものの、それ以上には立ち入っていな
い。

1912年の文部省編『図書館管理法』になると"第一 図書館ノ種
類"の章を立てて、"図書館ハ其性質ニヨリ之ヲ区別スル時ハ参考
図書館普通図書館ノ二種アリ"[3]と、西村をそのままひきついでい
るが、"又図書館ノ維持法ニヨリ之ヲ区別スル時ハ官立図書館アリ

公立図書館アリ又私立図書館アリ…"[4]と分けて、それぞれについてやや立ち入った記述をしている。

そのうち参考図書館については、"主ニ高尚ノ図書ヲ蒐集シテ学術技芸ノ研究ニ資スル者ニシテ即高等図書館ト称スベク…"[5]と述べている。この普通図書館、高等図書館という呼称は竹林熊彦によれば、早くも 1884（明 17）年の文部省事務規程に現れ、高等図書館は大学、専門学校等と共に専門学務局が、普通図書館は小・中学校、幼稚園等と共に普通学務局が掌握することになっていた[6]。

1915 年に日本図書館協会（JLA）が刊行した『図書館小識』[7]では、第二章が"図書館の種類"で、ここでは一般公衆の閲覧に供するかどうかで、公開図書館と非公開図書館に分けられるが、諸学校の図書館は後者に入れられている。また、程度によって区別すると、児童図書館、広義普通図書館、参考図書館に大別される。参考図書館はさらに、普通と特殊と高等に区分され、普通は府立図書館や旧制高校の図書館、特殊には各種専門学校の図書館、高等は大学図書館、国立図書館をこれに含めている。維持の方法上からは官立、公立、私立に区別して、図書館の種類に関する記述としては、従来よりも一段と詳細になっている。

ここでは館種別の区分に利用者という観点が一部現われているが、今日のような奉仕対象別による大学、学校、公共、専門図書館というような明確な館種別意識はまだ見られない。

今日のような館種別意識が JLA の組織の上にはっきり現われるのは 1931（昭 6）年である。同年の総会で JLA は始めて公共図書館員部会、学校図書館員部会、特殊図書館員部会、その他の会員による部会の 4 部会を設ける部会規程（昭和 6 年）を決定した[8]。JLA の結成（1892 年）からおよそ 40 年後のことである。しかし、今日のような館種別意識がこの時いらい成熟したのではない。館種別意識の成熟がまずあって、それが協会の組織に反映されたのであるが、この成熟は高等教育機関所属の図書館員の間でまず進んだと見ることができる。それは、他の館種の不振の中にあって、公共図

書館と大学図書館だけがようやく体をなしつつあったからである。

3. 大学・高専図書館間の全国組織の成立

　JLA 以外の全国組織として、帝国大学附属図書館協議会と全国専門高等学校図書館協議会（1928 年から全国高等諸学校図書館協議会）が発足したのは、ともに 1924（大 13）年のことであった。これに続いて、今日の日本医学図書館協会につながる官立医科大学附属図書館協議会が 1927 年、さらに 1930 年には、今日の私立大学図書館協会につながる東京私立大学図書館協会が結成された。

　その経緯について竹林熊彦は、JLA は公共図書館中心であったため、どうしても高専・大学の図書館とは関心を同じくしない。そこで、関心を同じくする帝大図書館以下の協議会ができた。帝大図書館の協議会ができた当時、JLA から "反対や嫌味が出た"[9] と述べている。鈴木賢祐も全国高等諸学校図書館協議会の "創立ノ当時、図書館協会側幹部ノ間ニハ相当強硬ナ反対論ガアッタラシイ"[10] と伝えている。

　このように、1920 年代に高等教育機関所属の図書館間で、全国的な組織があいついで結成されたことは、それなりに館種別意識の高まりを示すものと言えよう。しかしながら、館種別組織の結成が館種ごとの図書館活動の活性化にすぐには結びつかなかった。

　それは、このような館を単位として結成される組織体の場合、組織体の正式の会合に参加するのは、館の代表である館長またはそれに当る者ということになる。帝大図書館を始め高専図書館に至るまで、館長またはそれに当る者はすべて教授の兼任である。そのため、同一館種の全国組織が結成されて会合が持たれても、参加者の図書館に対する問題意識が稀薄であれば、問題意識の豊かな図書館員が館長を通じて会合に議題を提出しても、突き込んだ議論を期待するのは無理であった。

　たとえば、富山薬専の図書館員であった村上清造は全国高等諸学校図書館協議会について、"…同会ノ決議ハ決シテ悉ク立派ナモノ

デハナイノデアル。同会ノ出席者ガ遊ビ半分ノ素人課長ガ大半ヲ占メテキル事ニ依ッテモ凡ソ想像ガツクノデアル。"[11]さらにまた彼は、"懇親会ト招待会ト見学トデ大半ノ時間ヲ消費シテキル如ク見受ケラレル"[12]と、この協議会の実情を厳しく批判している。

このような問題点はあったにせよ、同種図書館の組織化はその館種に特有の問題を明確化する。戦前の高等教育機関所属の図書館に関する諸問題で、雑誌論文としてもっとも活発に論じられたのは、帝国大学令や大学令に基づく大学所属の図書館ではなく、法規的に図書館の存在すら認められていなかった旧制高校や高等専門学校の図書館の問題であった。

帝大図書館の場合は司書官、司書の制度があり、諸問題について内部で解決しうる専門的な知識、能力を持ちえたが、高等諸学校の場合、専門的な資格を持つ司書が配置されていなかったので、そのような能力すら余り期待しえなかった。

高等諸学校図書館の直面する諸問題について、全国的に訴え続けた村上清造や和歌山高商の鈴木賢祐のような図書館員は、所属する協議会が諸問題の解決に余り頼りにならないのであれば、論文の形で広く館界に訴えるほかはない。戦前の高等教育機関所属の図書館に関する諸問題が論文として書かれたのは、そのほとんどは村上や鈴木のような高専図書館の図書館員たちによってであったし、また高専図書館の問題が中心であった。しかも、それらの論文の多くは『図書館研究』に発表された。以下同誌掲載論文を中心にして、重要問題としてとり上げられたものを見ていきたい。

4. 旧制高校、高専図書館の問題

『図書館研究』でもっとも厳しく論じられた問題は、村上が「専門学校図書課ハ如何ニ改革セラルベキカ」で指摘したように、"…現在専門学校ニ於テハ官制上図書館ガナイノデアルカラ図書館員ト称スル事ガ出来ナイ…"[13]という点である。これは旧制高校においても同様であった。

13 戦前のわが国における大学図書館研究

　帝国大学で官制上附属図書館に館長が置かれたのは 1897（明 30）
年である。この年東京、京都の両帝大附属図書館に館長が置かれ、
"教授助教授ヨリ文部大臣之ヲ補ス"と定められた。館長以外の司
書職が司書官及び司書として帝大附属図書館に置かれるようになる
のは、1908（明 41）年からである。その後附属図書館は帝国大学
以外の東京、広島の文理科大、東京、神戸の商大、新潟、岡山等の
官立医科大にも置かれて司書も配置されるが、帝国大学以外の官立
大学には司書官は置かれなかった。

　1938 年の村上清造「法規上ヨリ見タル学校図書館」によれば、
当時司書官は東大のみ 2 人、他は 1 人、大阪はまだ図書館の規模が
小さかった故か、司書官は置かれていなかった。司書は東京 15 人、
京都 10 人、東北 5 人、九州 5 人、北海道 3 人、大阪 4 人で、官立
大学では官立医大各 1 人、工大 2 人、文理大 3 人、東商大 2 人、神
商大 3 人となっている[14]。このように、帝大や官立大では数は少な
いものの、司書官、司書の職位が確立していたのである。

　これに対して、高等学校及び高等専門学校においては、その設置
法令である高等学校令（大正 7 年勅令）にも専門学校令（明治 36
年勅令）にも、図書館の設置に関してはなんら規定されていなかっ
た。図書館が正式に置かれていないから、官制上司書が置かれるこ
ともありえないことになる。ただ教育上必要な設備の一つとして、
高等学校規程及び専門学校規程では図書室が挙げられているよう
に、高校、専門学校には実際上は図書館または図書室があった。し
かし、それは法令上の根拠を持つ図書館ではなかった。この図書室
業務を担当したのは、庶務、会計、教務、学生課等とならんで置か
れた図書課であった。図書課といっても司書の職位があるわけでは
ないから、書記、雇員の中から適宜図書課に配置されるだけであ
り、また図書課から他課への配置換えも容易に行われることにな
る。

　伊木武雄も図書課があると言っても、校務処理の都合上のことで
あって、"…校務の都合によっては何時でも各部課の廃合を行ひ又

209

職員の所属を変へることも出来るであろうし、従来の例を見るも図書課から他課へ、他課から図書課へ転勤したりすることは珍しいことではなかった。"[15]と述べている。

図書課の実情がそのようなものであったことから、村上清造のつぎのような痛切な声が挙げられることにもなる。"公共図書館デハ年経費五百円乃至六百円ノモノモ図書館ト称シテ職員ハ司書ト称スルコトガ出来、書記ト明カナ区別ガサレテ居ルノデアリマス。然ルニ年経費少クトモ7～8千円ヲ有シ且ツ設備モ相当勝レテキル学校図書課ガ図書館ト称スル事ガ出来ズ、文部省ノ図書館講習所卒業生ヲ採用致シマシテモ司書トシテ待遇スル事ガ出来ナイノデアリマス。"[16]

村上は同様な趣旨を前年（1935年）の「全国高等諸学校図書館協議会ニ寄ス」と題する一文の中でも訴えている。彼は言う。"私等ガ高等諸学校ニ図書館員ノ職制ヲハッキリト定メタイト主張スルノハ単ニパンノ問題バカリデハアリマセン。…委員ヲ任命シ、学校図書館員ニ必要ナル資格条件ノ調査研究ト、官制々定ノ基礎條項ノ研究ヲ開始セラレルト共ニ官制々定ノ大々的運動ヲ起サレン事ヲ切望シテヤミマセン。"[17]

彼は『図書館雑誌』にも「高等諸学校図書館官制の必要」[18]と題する一文を寄せ、官制上の司書官、司書が配置されるようにするため、関係法規の改正により図書課が図書館に改められることの必要性を力説している。同様な訴えは村上だけでなく、高橋勝次郎「図書課ヲ図書館ト改称スベシ」[19]にも見られるように、高校、専門学校図書館関係者には切実な問題であったのである。

全国高等諸学校図書館協議会でも、"…第1回大会以来コノ官職制ガ問題トナリ爾来ホボ毎回平均1件位ノ割ニ関係議題ガ提出サレテ居ル。文部省ヘノ建議モ何回カ試ミラレタ筈デハアル"と、協議会においても問題解決のための努力は続けられたが[20]、戦前ついになんの成果も見られなかった。

5. 図書館員養成機関設置の要望

戦前の高等教育機関所属の図書館では帝大、官立大に一握りの司書官、司書がいるだけであったが、その任用資格は、公立図書館の館長及び司書の任用資格と同様に、高等文官や判任文官になる資格を有する者や、"教育又ハ図書ニ関スル公務ニ従事シタル者"に大きく開かれていた。かつて田中敬はこの任用資格について、"「教育又ハ」の語がある為に、教員若しくは教育事務に経験のある者ならば、図書館員として素人であっても差支えないといふことになるので、動もすると、図書館が一種の養老院のやうになることがある。"[21]と批判した。このように、公立図書館でも大学図書館でも、司書〔監〕や司書になる資格が役人や教員に大きく開かれていたのは、司書職独自の養成システムが確立していなかったからである。

戦前におけるわが国唯一の図書館員養成機関は、1921(大10)年に文部省が設置した図書館員教習所である〔のち、図書館講習所〕。開設の年、中学校、女学校卒業者で図書館の現職にある者のうち、地方長官の推薦により30名を入所させた。しかし、この養成機関は正式の法令に基づいて開設されたものではなく、今日で言う各種学校に類するものでしかなかった。したがって、高校、専門学校に官制に基づく司書の配置を要求する運動は、同時に正式の図書館員養成機関設置の要求に結びつくのである。養成機関が無ければ、司書職が設置されても、役人や教員のような素人によって占められることになりかねないし、それでは折角の司書職の設置もほとんど無意味になってしまうからである。

青年図書館員連盟は高校、専門学校から中、小学校に至るまで、各種の学校教育の上で図書館の果たす重要な役割を考える時、図書館の設置及び司書の配置を法令で正式に規定する必要性を強調して、「学校図書館改革意見書」[22]を1937年11月文部大臣宛提出している。この改革意見書の中で、図書館員養成のため"独立セル図書館専門学校ノ設置、或ハ大学、高学校等ニ図書館学専攻ノ一科ヲ附

設シ以テ正規ノ図書館員養成ヲ計ル…"23) ことの必要性を強調している。この意見書の提出によって改善が進むことは無かったが、当時の関係者たちの問題意識を明確に私どもに伝えてくれる。

『図書館研究』には、図書館や司書が官制上認められていた帝大や官立大以外の、高等諸学校図書館に関する法令の不備と、そのことに由来する諸問題の解決を計る論考が散見するが、『図書館雑誌』には前掲の村上清造「高等諸学校図書館官制の必要」と、これよりさらに前に鈴木賢祐の「我が国図書館の浄化」が見られる程度である24)。この論文は第3回全国高等諸学校図書館協議会（1926年開催）に、鈴木の所属する和歌山高商から、図書館員養成のため3年制の専門学校レベルの図書館学校の設置を柱とした職員養成に関する議題を提出したところ、多数決で一蹴されたことに対して、本格的な司書養成制度の確立に、高等諸学校図書館の当事者がいかに理解を欠いているかを痛烈に批判したものである。

図書館員養成制度の確立は、戦後の図書館法公布によって始めて法令上の基盤をえたが、養成された司書を受け入れる受皿としての司書職制度は、大学図書館界において未だに確立していない。

6. 大学、高専図書館の公開問題

大学図書館公開に関する戦前のわが国における考え方の時代的変遷については、その概略について以前述べたことがあるが25)、戦前この問題は『図書館研究』誌において、いくつかの論文でとり挙げられている。

大学図書館を含む学校図書館は明治中期いらい、わが国では学校関係者以外には非公開とされてきた。昭和期に入っても、竹林熊彦は "…学校図書館トハ原則トシテ非公開ニシテ制限的ナル参考図書館ヲ意味ス"26) と、原則論を述べている。しかし彼は "…イカニ非公開ヲ原則トスルトハ言へ、全ク市民ト隔離スルコトハ地方文化ノ中心ヲ以テ任ズベキ学校トシテハ如何アルベキヤ"27) という観点から、一定の条件下で公開すべきだと主張している。

戦前のわが国の高等教育においては初等、中等教育行政が市町村と府県に委ねられたのに対して、高等教育はつねに国の教育行政の直接の管轄下におかれてきた。このことが高等教育機関と地域社会とを縁遠いものにしてきた。とくにこの傾向は帝国大学令や大学令によって、国家目的に即応することを求められた帝大やその他の大学に著しい。その点では、設置に当り地域の事情が考慮された高専の場合、竹林の言うような"地域文化ノ中心"として、その図書館が地域に公開されることもあった。

その好例を富山薬専に見ることができよう。間宮不二雄の 1936 年の文章によれば、富山市立図書館の目録室には、富山薬専図書館が"御来館歓迎"の案内を出して、薬学関係や化学、各国特許発明等の事項に関する図書を調査しようとする人に、特別閲覧室を設けて待っているという掲示がしてあったという[28]。同校図書館の学外公開はすでに 1931 年いらい実施されていたのである[29]。

文部省もまた公共図書館の不備を、地域の高専図書館の公開によって側面から援助させることをねらって、たとえば 1926 年 11 月の第 3 回全国高等諸学校図書館協議会に「学校ノ図書館ヲ社会教育ニ利用スルノ可否並ニ若シ可ナリトスレバ其方法如何」という諮問を出している。

その説明として、"…社会民衆ニ学校図書館ヲ公開スルコトガヨイトノ見地カラ学校側ノ意見ヲ求メルノダ…"[30] と述べている。

この諮問では公共図書館との協力という形で高専図書館の学外公開が意図されている。諮問に対する協議会側の答申として、"…本会ハ各学校ガ其ノ図書館ヲ或ル制限ノ下ニ公開シ以テ社会教育ニ資スルノ適当ナルヲ信ズ"と公開に賛意を表しているが、公開のためには設備や書籍費、人件費の増額が必要であることを指摘している[31]。

この書籍費増額理由の中で、間宮不二雄をして"…或ワ文部当局モ聊カビックリシタノデワアルマイカ"と首をかしげさせたのは、"…或ル程度マデ通俗的又ハ公衆ノ趣味ニ適スル書籍購入等"とい

213

うことを、協議会側が挙げていたことである。高専図書館が公共図書館と協力して社会教育に資しようとするとき、高専図書館が"通俗的又ハ公衆ノ趣味ニ適スル書籍"を購入し、自ら公共図書館化することによって、高専図書館も社会教育に資しようとする考え方に間宮は驚かされたのである。彼によれば、高専図書館の公開が意味を持ちうるのは、富山薬専が実施したように、その豊富な薬学関係資料を地域に提供することで地域の公共図書館の弱点を補い、地域に貢献することである。協議会の答申は高専図書館の地域公開の意味を見失っていたことに、間宮はあきれ返ったのである。

すでに他で一部書いたことであるが[32]、1941年JLAの五十周年記念に際し、当時大政翼賛会文化部長であった岸田國士が、日本の戦時体制強化の一環として、学校図書館の一般公開を要請した。これに対して、同年の『図書館研究』14号に永藤新吉と村上清造が公開問題について論じている。永藤は学校図書館は"一般ニハ公開シナイノガ普通デアル"として、"私ハ第一ニ、学校図書館ハ学校ノ為ノ図書館デアルカラ、先ヅ学校ノ一部トシテノ任務ヲ尽スベキデアルト思フ。次ニ余力アレバ慎重ナル態度ヲ以テコノ問題ニ望ムベキデ…"[33]と、余力あればというきわめて制限的な公開論に終始している。

これに対して、村上は永藤の"…余力ガアレバ慎重ナ態度デ臨ムベキダトカ、ノンキナ事ヲ言ッテ居ラレル問題デハナイ。"そして"吾人ノ経験ニヨレバ、公開ハ学生生徒ニ好刺戟ニコソナレ弊害ヲ認メナカッタ。又一般公開カ制限公開カノ論議ハ机上論デアル。一般公開スルモ制限公開スルモ実際ニ於テハ何等変リハナイ。此点私ノ経験カラ云ヘバ論議ノ必要ハナク…"と、自館での経験に基づいて説得力のある公開論を主張している[34]。大学図書館公開論は戦前すでに村上によって、明確な解答が出されていたわけである。

村上も大学図書館がただ公開すればいいというだけではなく、"…公開ヲ一層有効ナラシメルニハ、…学校図書館ニ関スル法規ヲ制定シ、有能ナル司書ヲ配スル事ガ必要デアル"[35]ことを力説して

いる。彼は他の人のように公開のための諸条件、たとえば職員増とか予算増とかいったことを前提条件として、それらの条件が満たされなければ公開は困難と考えるのではなく、"現在ノ侭デモ公開シ得ル"[36]といえることである。この主張は限られた人員と予算の下でも、すでに地域へ公開してきた彼の実践の裏づけに基づいている。しかし、ただ公開すればいいというのではなく、村上は公開が地域の人にとって役立つものになるには、専門職によるサービスが伴うことを前提としなければならないことを強調している。

わが国では貴量な図書館資源としては資料のみに眼を奪われがちで、資料と並んで重要な図書館員のサービスが見落されがちである。村上が図書館資源としての図書館員の重要性を指摘しているのはさすがである。彼の公開論の持つ説得力は、"百言一行ニ如カズ"と、間宮不二雄に感銘を与えたそのすぐれた実践に基づくものであった。

7. 学校図書館と大学図書館

戦前は JLA の部会の一つとして 1931 年に学校図書館員部会が組織されたが、まだ小・中学校の学校図書館と高専・大学図書館の区別はあまり意識されなかった。したがって、戦前の大学図書館に関する議論を知ろうとするとき、学校図書館をテーマとして掲げている論文に注意する必要がある。戦後は 1953 年に学校図書館法が公布され、学校図書館とは小・中・高等学校の図書館であることが明確に定義され、大学図書館とははっきり区別されるようになった。

戦前に学校図書館と大学図書館を明確に区別したのが小野則秋であつた。1937 年の「大学図書館論」[37]で、小野は両者を区別し、大学図書館の意義を始めて正面から論じたのである。

小野は大学教育の本質が他の学校教育と異な点を、大学令第 1 条の "大学は…学術の理論及び応用を教授し併せて学の蘊奥を攻究する" という点に求める。これに対して小・中学校令や専門学校令では学術の攻究ということは出てこない。このような法令的根拠か

ら、彼は大学を教育機関であるとともに"学術研究ノ機関"[38]と定義する。この点から彼は、大学図書館もおのずから他の学校図書館と区別されるべきことを明確にする。

さらに彼は、大学における教育はどこまでも学生の自発的な自学に基づくべきもので、それは当然図書館を中心とする教育でなければならない。講義本位の教室での受動的な教育にとどまるものであってはらない。また大学のいまひとつの使命である学術研究においても、図書館は必須のものであるから、大学における研究と教育において、図書館はまさに"大学の心臓"であることを強調する。小野の大学図書館論は今日から見るとき、なんら新味はないが、他の学校図書館とは異なる館種としての独自性を明確にしようとした点を評価すべきであろう。

JLA の部会として、学校図書館部会とは別に大学図書館部会が設けられるのは、ようやく戦後の 1950 年のことである。1920 年代以降大学図書館関係の各種の全国組織が結成されてきたように、館種としての意識が高まってきたにもかかわらず、JLA の館種別部会としては、学校図書館部会のままであったのは、戦前における小・中学校図書館の極度の不振のためでもあった。そのため、学校図書館部会といっても、小・中学校図書館の参加はほとんどなく、実質的には大学図書館部会にすぎなかった。

本格的な司書養成制度を持たなかった戦前期では、帝大を始めいくつかの官立大に司書の職位があったが、多くは部外者によって占められたこともあって、直面する諸問題の解決は、全国的な組織での協議に委ねられ、個人による独自の論文としてまとめられることは少なかった。ただ、全国的な協議会の活動に満足できず、かつ法規的に不備な高専図書館に所属する一部の図書館員たちによって、問題解決のためのアピールとして、いくつかの文章が書かれたにすぎない。協議会は栄えても個人的な論説が育たなかったのは、一部の人を除いて、まだ大学図書館員全体のプロ意識が未成熟であったことによるものと言わなければならない。

戦前期の大学図書館に関する論説としてここで紹介してきた諸先輩は、すべてすでに鬼籍に入られた。これら諸先輩に直接面識を持つ者も、今では私以外には少なくなったことと思う。彼らの論説の論点を紹介し、その風韻をしのぶものである。

注・引用文献

1）田中敬『図書館教育』1918 復刻版日本図書館協会 1978.

2）西村竹間『図書館管理法』1892 復刻版日本図書館協会 1978, p.1.

3）文部省編『図書館管理法』1900 復刻版日本図書館協会 1978, p.1.

4）注3）p.2.

5）注3）p.1.

6）竹林熊彦「明治時代ニ於ケル図書館法規（上）」『図書館研究』10 巻 1号 1937, p.64-65.

17）日本図書館協会『図書館小識』1915 復刻版日本図書館協会 1978, p.10-14.

8）『図書館雑誌』25 巻 3 号 1931, p.84.

9）『図書館雑誌』28 巻 7 号 1934, p.207.

10）鈴木賢祐「全国高等諸学校図書館協議会第 12 回大会三題噺」『図書館研究』9 巻 1 号 1936, p.94.

11）村上清造「永藤氏ノ「高等諸学校図書館ニ於ケル問題」ニ答エテ」『図書館研究』14 巻 2 号 1941, p.198.

12）村上清造「全国高等諸学校図書館協議会ニ寄ス」『図書館研究』9 巻 1号 1935, p.91.

13）村上清造「専門学校図書課ハ如何ニ改革セラルベキカ」『図書館研究』10 巻 3 号 1937, p.308.

14）村上清造「法規上ヨリ見タル学校図書館」『図書館研究』11 巻 2 号 1938, p.158.

15）伊木武雄「妄語三題」『図書館雑誌』21 巻 4 号 1927, p.143.

16）村上清造「全国高等諸学校図書館協議会御出席ノ各位ニ捧グ」『図書館研究』10 巻 1 号 1937, p.120.

17）注12）p.90.

18）村上清造「高等諸学校図書館官制の必要」『図書館雑誌』29 巻 1 号 1935, p.28-29.

19) 高橋勝次郎「図書課ヲ図書館ト改称スベシ」『図書館研究』9 巻 1 号 1936, p.137-139.

20) 注 10) p.98.

21) 田中敬「図書館員の資格に就て」『図書館雑誌』73 号 1925, p.10.

22) 青年図書館員連盟「学校図書館改革意見書」『図書館研究』11 巻 1 号 1938, p.1-6.

23) 注 22) p.5.

24) 鈴木賢祐「我が国図書館の浄化」『図書館雑誌』21 巻 1 号 1927, p.31-36.

25) 岩猿敏生等『大学図書館の管理と運営』日本図書館協会 1992, p.33-38.

26) 竹林熊彦「学校図書館ニ関スル若干ノ考察」『図書館研究』1 巻 1 号 1928, p.82.

27) 注 26) p.82-83.

28) 間宮不二雄「百言一行ニ如カズ——学校図書館ト公共図書館ノ連携——」『図書館研究』9 巻 1 号 1936, p.103.

29) 村上清造「専門学校図書館ノ素人療法」『図書館研究』6 巻 1 号 1933, p.134.

30) 注 28) p.101.

31) 注 28) p.101.

32) 注 25) p.35-36.

33) 永藤新吉「学校図書館公開ノ問題」『図書館研究』14 巻 3 号 1941, p.425-426.

34) 村上清造「学校蔵書ノ公開」「図書餌研究』11 巻 4 号 1941, p.510.

35) 注 34) p.510.

36) 注 34) p.510.

37) 小野則秋の "大学図書館論" については、拙著「日本図書館学史上における小野図書館学の意義について」(『同志社大学図書館学年報』20 号別冊 1994) の中でやや詳細に論究した。とくに p.12-16.

38) 小野則秋「大学図書館論」『図書館研究』10 巻 2 号 1937, p.161.

編者注

＊青年図書館員聯盟編『図書館研究』、正式には『圕研究』（本稿内すべて同じ）。

14 戦後のわが国における
学術情報流通体制の問題

『芸亭』No.12（1972.8）

1. はじめに

　大学図書館、専門図書館のように、研究図書館としての機能を果す図書館にとっては、学術情報流通体制の問題はきわめて重要な問題である。今日のような「情報爆発」といわれる時代にあっては、どのような大規模な研究図書館であっても、あらゆる学術情報をすべて収集することは、到底望みえないことである。したがって、研究図書館は、相互のネットワークによって、協力しあい、さらに、顕著な発展を示しつつあるコンピュータや、各種の通信手段を利用することによって、情報の蓄積、検索および伝達のための体制を組み上げなければならない。

　情報機関の一種である図書館にとって、このような体制を作る必要性は、早くから痛感されていた。たとえば、日本図書館協会は昭和三十年三月に、早くも、全国の図書館をひとつのシステムに結びつけるナショナル・プランの委員会を発足させている。しかし、残念ながら、この委員会は結局何も生み出さなかった。それは、もともとこの委員会が発足したのは、図書館法改正運動の一環として、現行法を改正して公共図書館の発展をはかろうとするならば、ナショナル・プランをまず確立し、その展望の上に立って、法改正を進めていくべきであるという考え方からであった[1]。この考え方じたいは正しかったが、法改正運動の行きづまりとともに、ナショナル・プランも立消えとなってしまったのは、なんと言っても残念である。

219

昭和三十年代の前半、とくに公共図書館界を沸かせたナショナル・プランの問題が立消えになったあと、日本の図書館界では、図書館界のネットワークの問題は、館種別および主題分野別の図書館間で論議され、また、一部実施されているにすぎず、ナショナル・プラン構想は、館界から全く影をひそめてしまった。この問題に対する館界の熱意のなさは、たとえば、科学技術情報に限られているとは言え、わが国の学術情報流通体制に対して、はじめて包括的な提案を行なった、いわゆる NIST 構想に対する無関心さにも見られると思う。日本図書館協会の機関誌である「図書館雑誌」は、NIST について一言の紹介すらしていない。日本図書館協会の中心をなす公共図書館が、図書館の先進国におけるように、学術・研究図書館として十分に発達していない今の日本では、学術情報流通体制の問題に対して、日本図書館協会がきわめて無関心であるのも、止むをえないかも知れない。

　学術情報流通の問題に対して、図書館界が無関心であったばかりではない。この問題に対して図書館がいかに貢献しうるかということに関して、学協会の側の認識不足もあった。たとえば、今述べた科学技術会議の NIST の専門分科会に、専門図書館関係者は若干参加しているが、大学・公共図書館関係者は一人も参加していない。しかし、これは日本だけのことではなかった。一九六七年に、科学情報の世界システムの実現性を調査する合同委員会をユネスコと ICSU（International Council of Scientific Unions）が設置したさい、ここでも当初においては科学情報に重点がおかれたため、図書館へほとんど関心が向けられなかった。しかも、このような図書館無視のパターンは、これまでにたびたびくり返されてきたと、モアハート氏も批難している[2]。

2. 学術情報流通の問題

　学術研究にとって、学術情報が必要欠くべからざるものであることは、言うまでもない。また、学術情報は全世界の研究者の努力に

よって生産されるものであるから、これらの情報は一部の人たちによって独占されることなく、必要とする人が自由に入手しうるようになっていなければならない。しかし、現実にはいろいろの制約があって、必要とする情報を自由に入手することが困難になってきている。ここに、学術情報の流通が、解決を要する緊要な問題になってくるのである。

今日、学術情報の流通、すなわち、必要な学術情報の入手を困難にしつつある原因として、いくつかを挙げることができるであろう。まず第1は、たれでも指摘する通り、情報爆発と言われるほどの、情報生産量のぼう大さである。

第2は、学際的（interdisciplinary）な研究の発展である。従来の化学・物理学・生理学というような、各学問体系別の専門領域だけに関する学術情報であれば、専門領域の代表的な一次情報誌及び二次情報誌にたえず注意しておけば、かなりの情報をカバーすることができるであろう。しかし、学際的な研究を試みるばあい、自分の専門領域以外の情報の調査が必要になってくる。このような、学問体系を別にする領域の学術情報の調査は、適当な二次情報誌およびレビュー誌がなければ、研究者は必要な情報をうるのに、大きな困難を感ずるであろう。

第3に「目的を持った科学」（mission oriented science）[3]の発展がある。たとえば、宇宙探険という目的のためには、化学者・物理学者・天文学者・地質学者、さらには、生理学者・心理学者等が動員されなければならない。そして、各研究者が開発した情報は、お互いの研究に大きな影響を与えあうのであるが、そのためには、各領域の研究者が生産した情報は、「目的をもった情報システム」[4]に収集、管理されなければならない。しかしながら、従来の伝統的な情報組織、たとえば、図書館や二次情報誌等は、「目的を持った科学」からの新しい情報要求に対して、敏速に対応しえなかった。ここに情報流通の新しい問題が起ってくる。

第4は、情報の地域的偏在の問題である。詳しい統計的調査を行

221

なうまでもなく、国際的に図書・雑誌の情報生産量、したがってまた、情報蓄積量の非常に大きい地域（たとえばヨーロッパ・北アメリカ等）と、少ない地域（たとえばアフリカ・東南アジア等）があることは明らかである。国内的にも、情報の地域的偏在が見られる。たとえば、有力な図書館が数多く集っている東京地区と京阪神地区に、情報の蓄積が集中している。国内におけるこのような情報の地域的偏在を示す一例として、次のような調査がある。American Economic Association から出ている *Index of Economic Journal,* 19, p.64-65 に索引されている雑誌 123 種のうち、108 種がわが国に所蔵されているが、各地域ごとの所蔵率をみると、北海道 38％、東北 45％、関東 53％、東京 83％、北信 30％、東海 43％、近畿 78％、中国 50％、九州 43％ となっている[5]。東京地区と近畿地区の所蔵率がきわだって高率になっている。このような情報の地域的偏在があると、情報蓄積率の低い地域に住む研究者は不利になる。住む地域によって、情報へのアクセスが制限されないようにするためには、情報の流通体制が必要になってくる。

　第 5 は、国際的な情報流通にとって、大きな障害となっている言語の問題がある。いかに情報蓄積量の大きい国から、それの小さい国への情報流通体制ができたとしても、たとえば、ロシア語で記録された情報は、日本においては、ロシア語の理解できる人たちの間にしか流通しない。これを日本でたれでも利用のできる情報にするためには、翻訳が必要になってくる。その意味で、翻訳とは原情報を異国語によって新たに記録し直すことである。このように、異国語間における情報の流通は、翻訳によらねばならないが、翻訳には大きな努力と、なによりも時間が必要であり、解決すべき問題点が多い。

　このように、情報の自由な流通を困難にしているいくつかの要因が考えられるが、これらの要因は、情報じたいのあり方及び情報の求められ方とかかわってくる。したがって、情報流通の問題は、つねにこの 2 つの点をふまえて、アプローチされねばならない。以下

本論では、情報のうち、とくにその流通体制問題の解決が国際的に
も急がれている学術情報に限って論じていきたい。

　ところで、学術情報については、「学術に関連する人・機関・文
献・資材に属する諸般の情報をいう」と、科学技術行政協議会が昭
和27年6月11日に「学術情報所設置について」[6]で定義したよう
に、きわめて広く解釈することができるが、ここでは、簡単に、学
術的に価値のある情報という意味で、この言葉を使っていく。

3. 戦後のわが国における学術情報流通体制問題の発展

　戦後の日本において、学術情報流通体制の問題にもっとも早くか
ら関心を寄せ、政府に対して多くの答申、勧告を行なってきたの
は、当然のことながら、日本学術会議であった。それについで、科
学技術会議がある。その他、文部省や通商産業省も行政機関の立場
から、この問題について検討を行ない、いくつかの報告を公表して
いる。これらの資料の多くは、幸いなことに細谷新治氏によって、
「わが国における学術情報政策に関する資料集」[7]にまとめられてい
るので、われわれは労せずして、この問題に関係のある諸資料の多
くを通覧することができる。したがって、以下細谷氏の資料集を中
心として、戦後のわが国における学術情報流通体制問題の発展を概
観しておきたい。

　昭和23年7月の「日本学術会議法」により発足した日本学術会
議は、同法第五条の「科学の振興及び技術の発達に関する方策」お
よび「科学に関する研究成果の活用に関する方策」について、政府
に勧告できるようになっている。そのため、同会議は発足いらい、
学術情報政策に関して、数多くの勧告、要望等を政府に対して行な
ってきているが、その多くは、各種の資料センター、研究センター
の設置に関するもので、システムとしての全国的な情報流通体制の
構想を欠いている。

　学術情報の流通体制に関する学術会議の唯一の構想ともいうべき
ものは、昭和40年12月に政府あて勧告された「科学研究計画第一

次五ヵ年計画について」であろう。この中で、科学研究の基盤のひとつとして、大学図書館の近代化と情報組織の確立の重要性について述べている。そして、これらの点が改善されないならば、1970年代において、わが国の学術研究は「致命的なハンディキャップをもつに至るであろうし、特にわが国の科学研究推進のためにふさわしい学術情報連絡を欠くため、著しく効率を下げるという恐れが生ずる」[8]と指摘している。

　学術会議は学術情報組織に関する具体的な計画として、「全国協力の体制のもとに学術情報組織の確立をはかるべきである。このため次の措置をとる事」として、(1) 地区別学術情報センターの設置、(2) 専門分野学術情報センターの設置、(3) 全国学術情報センター連合の3つをあげている[9]。いまこの構想を、同会議の長期計画調査委員会の「将来計画に関する中間報告（Ⅲ）」（昭和40年4月）によって、さらに具体的にみてみると、地区別学術情報センターとは、(a) 学術情報連絡センターの役を果すこと、(b) 諸種の学術文献センターをもつこと、(c) 他の学術情報センターとの間、また地区内図書館との間に、情報流通、相互利用のための通信連絡組織をつくることになっている。このような地区別学術情報センターはほぼ同一水準の質及び量のものを全国10地区に設置する[10]。

　専門別学術情報センターは、約20ほどのそれぞれの専門分野ごとに、全国のどこかに一ヵ所だけ、したがって、全国に約20ヵ所おく。これは、地区別学術情報連絡センターには原則として併置せず、当該専門の全国的な共同利用研究所または適当な大学に附置する。センターの運営には、全国的に当該専門分野から選出された委員によって構成される運営委員会があたる。要員は、地区別学術情報センターが専門司書16人、複写要員8人を含む30人を越える規模のものであるのに対して、専門別学術情報センターは専門のドキュメンタリストを含んで10人と、3分の一以下の規模のものと考えられている。

　これらのセンターは、こんご情報処理業務がコンピュータによっ

て行なわれるようになるので、全国的なコンピュータ網との関連において、設置場所が考えられている。地区別学術情報センターは、地区計算センターのある大学におくのが望ましいし、専門別学術情報センターも、計算機網に連結されるようにしなければならないし、さらにつぎに述べる中央学術情報センターも、全国計算中央センターのある大学か、あるいは、これと緊密な連絡のつく場所に配置するとなっている[11]。

以上の、地区別学術情報センターと専門別学術情報センターに大学図書館を加え、この三者で全国学術情報センター連合が構成される。運営は、この連合の構成機関の各々からの代表者と、学術会議より推薦された学識経験者によって作られる運営委員会によって行なわれる。この連合の機能としては、(1) 全国的な集書計画の総合調整、(2) 目録作成業務（全国へ配布）、(3) 全国的な保存計画及び実施、(4) 司書及びドキュメンタリストの養成計画の樹立、(5) 学術情報の国際連絡と国際協力があげられており、この連合の中央機構として、100名の要員からなる中央学術情報センターが考えられている[12]。

以上が、「科学研究計画第一次五ヵ年計画について」として勧告されたものの基礎となった中間報告のうち、学術情報組織に関する部分を紹介したものであるが、学術情報政策に深いかかわりを持つ学術会議にしては、この「五ヵ年計画」以外に、情報流通の問題を正面から取扱った勧告も要望もないのは、いささか意外である。あるいは、この問題は他の研究体制の問題と深い関連があるので、それらと切離しては論議できないとする考え方もありうるであろう。しかし、いずれにせよ、次に述べる科学技術会議の学術情報流通体制に関する答申ほどには、システムとして練りあげられたものとなっていない。

科学技術会議は昭和34年2月、科学技術に関して、関係行政機関の施策の総合調整を行なう必要があると認められるとき、総理大臣の諮問に応ずる機関として、総理府に設置された（科学技術会議

設置法第二条）。

　同会議はスタートした翌年の 35 年 10 月には、早くも諮問第一号「十年後を目標とする科学技術振興の総合的基本的方策について」に対する答申[13] を出している。この答申の最後の項目は「八　情報流通・国際交流および普及に関する活動の促進と強化に関する方策」であって、ここで、個々の情報機関の整備強化の方策とともに、総合センター、専門センター、データ・センターによる情報体系を構想している。しかし、まだこれら情報センター間のシステムの構想は展開されていない。

　諮問第一号答申の 6 年後、科学技術会議は、「科学技術の急速な進展と経済および社会の高度な発展にかんがみ」、さきの答申を「新たな観点から総合的検討」を行なって、昭和 41 年 8 月に「科学技術振興の総合的基本方策に関する意見」[14] をまとめた。この意見書の第三章は、「科学技術情報活動の強化に関する方策」について述べている。ここでは、前の答申における総合センター、専門センター、データ・センターの機能について、いっそう詳細な分析を示すと共に、新たにクリアリング機構の塾備充実が強調されているが、まだ情報流通の総合的な体制について、具体的な構想を打出すまでに至っていない。

　科学技術会議は昭和 44 年 3 月、諮問第四号「科学技術情報の流通に関する基本的方策について」に対する答申[15] を行なった。この答申においてはじめて科学技術会議の「科学技術情報の全国的流通システム」いわゆる NIST（National Information System and Technology）構想が明らかにされたのである。

　NIST の構想は、その第二部の一で述べているように、「科学技術情報の流通に関与する特定の機関や組織のあり方を示したものではなく、将来、産・官・学の緊密な連携のもとに構成すべき全国的な流通システムの基本的パターンを明らかにしたもの」[16] である。NIST はシステム全体の装備・運営のための中央調整機能と各種のセンターから構成される。いま、それらの機能と性格を、先に紹介

した昭和40年4月の学術会議の中間報告の構想と比較して表にまとめてみると次のようになる。

学術会議「中間報告」（昭和40年3月）	地区別学術情報センター⇒諸種の学術文献センターを持ち、情報提供サービス、目録作成をセンター行う。10地区別に設置。	専門別学術情報センター⇒専門分野ごとに1つ、全国に約20か所設置。共同利用研究所または大学に附置。	全国学術情報センター連合⇒地区別及び専門別学術情報センターと大学図書館で構成され、中央機関として、中央学術情報センターを持つ。
科学技術会議諮問第四号答申（昭和44年3月）	ターミナル⇒利用者とNISTの接点 地域サービス・センター⇒利用者の要求を、ターミナルを通して受け入れ、それじたいの所有する情報ファイル及びその他から、利用者の必要とする情報を検索し提供する。全国に約10か所以内設置。	オペレーティング・センター⇒全学問分野を数分野に分け、それぞれの学問分野ごとにおく。対象分野の一次情報を網羅的に集め、二次情報を作成し、利用者に提供。 専門センター、データ・センター⇒特定の研究開発目的、またはプロジェクトに関連する限定された情報あるいは数量データの収集及び選択的情報提供。したがって、研究機関に設置。	中央調整機能⇒システムの整備、運営及び各種センター間の調整、クリアリング・サービス、情報の中央デポジトリ。情報業務職員に対する研修機能と研究開発機能。

　このように比較してみると、NIST構想は、学術会議の構想に比較してみると、システムとしていっそう精緻になっているが、その基本的な構成要素においては、大差はないということができる。ということは、情報の全国的流通システムの構成要素としては、だいたいこれくらいしか考えられないということであろう。したがって、この問題に対する意見の相違は、この基本的構成要素を、現実の組織、機関における情報サービス活動として実現していくための具体策及び構成要素のシステム化について起りうる。

　ところで、具体案の策定ということになると、まず情報流通体制の現状がどうなっているかを明確につかみ、現実の各種の情報機関が、さきの基本的パターンで明らかにされた諸機能をどのように分担しうるか。現実の情報機関で分担しえない機能のためにはどのような機関を設置すればいいか。そして、それら各種の機関でどのようにシステムを構成すればいいかが検討されなければならない。

　なお、科学技術会議は、諮問第四号答申の翌年46年の4月に、

諮問第一号に対する答申から 10 年経過したことから、諮問第五号「一九七〇年代における総合的科学技術政策の基本について」に対する答申[17]を出した。この答申の第三節は、「科学技術情報の流通の円滑化」であるが、NIST 構想に簡単にふれる程度で終っていて、なんら新しい構想の展開を示していない。

4. わが国における学術情報流通体制の現状

今日のわが国における学術情報の発生源としては、昭和 45 年 5 月 1 日現在で、大学 382、短大 479[18]、同じく研究機関総数としては、44 年度総理府統計局調査で 966 となっている[19]。また、日本学術会議の調査によればその「全国学協会総覧」[20]には、921 の学協会があげられている。

これらの情報発生源の多くは、逐次刊行物の形で、発生した情報を記録して流通をはかっている。その総点数がどのくらいあるかは、正確にはつかみ難い。「出版年鑑 72」には、1971 年度に刊行された一般雑誌 2,509 点、学術雑誌 2,848 点、官公庁雑誌 390 点、合計 5,747 点をあげている。また、出版ニュース社の「日本雑誌総覧 1972」では、合計 12,969 点がリストされている。これには、PR 雑誌から社内報雑誌まで含めているが、学術情報に対する一次情報誌としての役割を果しうる逐次刊行物の年間刊行点数は、大ざっぱにみて、4 千点から 5 千点くらいであろう。これに重刊をのぞいた新刊図書約 2 万点[21]があるが、学術情報に限って考えるばあいは、新刊図書の点数はもっと低くみることができるであろう。さらに毎年大量の外国雑誌、図書が輸入されるがその総点数はつかみがたい。

以上は、学術情報のパッケージである雑誌、図書の発生量を考えたのであるが、これらの中に含まれる情報を処理、蓄積し、流通をはかる機関としては、1971 年 3 月 31 日現在で、大学図書館 705 館、短大図書館 361 館[22]、公共図書館 885 館[23]がある。これらの図書館の情報蓄積量をみると、大学図書館 5,734 万冊、短大図書館 387 万冊、公共図書館 3,136 万冊で、合計 9,257 万冊に達する。こ

のほかに、国立国会図書館の 260 万冊がある。

　このように、図書館は情報の蓄積においてきわめてすぐれた位置を占めているが、蓄積情報の所在識別の基本的なツールである総合目録の発達が、日本においてはまだ不十分である。学術雑誌については、全国総合目録として、文部省編の学術雑誌総合目録があるが、そのもっとも新しいものでさえ、昭和 41 年発行の自然科学欧文篇で、その調査時期は、昭和 38 年 9 月 1 日現在という古いものである。洋書の単行本については、全国の主要大学図書館、公共図書館等で受入れられたものが、毎年度ごとに国会図書館に報告され、国会図書館では、そのうち過去 3 年以内に刊行されたものについて、「新収洋書総合目録」を毎年刊行している。また、幕末期までの国書については、全国総合目録として、岩波書店から「国書総目録」全 8 巻が刊行されている。そのほか、医学関係等の一部の分野で、所蔵する逐次刊行物、図書について、全国的な総合目録が作られることがあるが、一度作られても、その改訂が容易でない。また図書館間の相互協力の基礎となるべき地域ごとの総合目録の編成は、日本ではほとんどみられない。

　さらに、従来の図書館における資料整理は、多くは文献単位ごとの処理に止まり、情報単位ごとの処理まで行なわれることはきわめて少ない。したがって、今日のように情報要求が多様化してくると、従来の図書館におけるような資料整理法では、その要求に対応していくことが困難になってくる。しかも、情報単位ごとの処理が要求されてくると、図書館学の知識のほかに、主題に対する知識が必要になってくる。このように、たんに情報を蓄積するだけでなく、蓄積された情報になんらかの加工を施した、いわゆる二次情報の提供を求められてくると、従来の図書館的な処理では間に合わなくなってくる。ここから図書館とは別に学術情報の流通体制の上で、専門センター、データ・センター、及びクリアリング機構が要求されてくるのである。

　ところで、今日の日本ではこのような情報処理機関の発達が立遅

れている。科学技術関係には、日本科学技術情報センター（JICST）が、日本科学技術情報センター法によって昭和32年に設置され、「わが国における科学技術情報に関する中枢的機関として」（同法第一条）活動を続けている。

しかし、人文、社会科学関係では、まだJICSTのような包括的な情報センターは存在しないが、いくつかの国立大学に専門別の文献センターが附設されている。昭和38年度に東大法学部に外国法文献センターと、一橋大の経済研究所に日本経済統計文献センターが設置された。39年度には、神戸大・経済経営研究所に経営分析文献センター、40年度には、京大・人文科学研究所に東洋学文献センター、さらに41年度には、東大・東洋文化研究所にも東洋学文献センターがおかれたが、その後の増設はない。

人文、社会科学関係の文献センターは、昭和37年4月日本学術会議が「人文、社会科学総合研究機関の設置について」勧告したことに端を発している。勧告の第一段階として取りあげられている「人文、社会科学研究体制の整備、充実」の一部として、文献資料の共同利用による効率化をはかるため、「とりあえずモデル・ケースとして」[24]、上記の文献センターが設置されたのである。学術会議としては、文献センターの全体的構想としては、既設のものも含め、24のプロジェクトを考えているが[25]、今後の早急な実現が期待される。

そのほか、全国的な役割を果すものとして、国文学研究資料館が、「国立大学の共同利用の施設として、国文学に関する文献その他の資料の調査・研究・収集・整理及び保存を行ない」（国立学校設置法第九条の二）、国文学研究者に利用させる機関として発足した。また、国立公文書館が「国の行政に関する公文書その他の記録を保存し閲覧に供する」（総理府設置法第十一条）ことを主なる目的として設置された。こうして、人文、社会科学の分野においても、情報の収集、蓄積と共に、二次情報化もようやく進められつつあり、国内の情報流通体制も徐々にではあるが、整備が進みつつあ

るといえるであろう。

5. わが国における学術情報流通体制はいかにあるべきか

前章でみたようにわが国における学術情報の蓄積量はかなりの程度に達しているが、蓄積された情報を流通させる体制はきわめて貧弱な現状である。いくつかの中央的な情報機関が整備されようとしているが、システムとしての全国的なネットワークの構想を欠いたままであるため、いかにも思いつきによる設置のようにみえる。

ところで、わが国では、全国的な情報流通体制に対する公的な構想として、もっとも代表的なものは、前述の科学技術会議のNIST構想である。しかし、NISTは、前にも述べた通り、「全国的な流通システムの基本的パターン」を示しただけのものにすぎないので、具体的に学術情報の流通体制を考えるばあいは、現実の諸条件を十分に勘案しなければならない。

慶応義塾大学の沢本孝久教授は、日本の学術情報流通体制に関する問題について、きわめて具体的な提案を行なっている。沢本教授はその論文「全国的科学技術情報ネットワークの進展をめざして」（原文は英文）[26]の中で、国立国会図書館、日本科学技術情報センターにおけるサービスの限界を論じ、ついで、農林省農林水産技術会議事務局から発表された農学総合図書館構想を紹介し、最後に日本において情報活動の全国的なネットワークがもっとも進んでいる医学情報の分野にふれ、この分野での本質的な欠陥は、アメリカの国立医学図書館に比しうるような中央図書館がないことだと指摘する。そして、1968年に発表された科学技術庁振興局の「科学技術情報の流通──その意義と促進策」と、1969年に答申されたNISTを批判的に紹介して、沢本教授の考える全国的な科学技術情報システムすなわちJASTIS（Japan Science and Technology Information System）について、具体的な提案を行うのである。

NISTでは「政府として責任体制を明確にし、一元的に科学技術情報流通の促進を担当する行政機関を整備する」（第三部一の一）

と述べながらも、その具体策は示さない。JASTIS では、このような行政機関として、総理府科学技術庁の中に、少なくとも局レベルの、たとえば科学技術情報局（Science and Technology Information Bureau）すなわち STIB を新設し、これが全国的な科学技術のネットワークと、そのサブシステムに関する政策の作成に対して責任を負う。この STIB の管轄下に JASTIS の本部がおかれるが、沢本教授の構想では、この本部は政府機関の 1 単位ではなく、日本科学技術情報センターや日本学術振興機構会のような特殊法人の公団として設置される。この本部は、企画・人事・財政等をあつかう管理本部の機能と、コンピュータ処理・印刷・情報の配布などを行う運営本部の機能とに分かれる。さらに、この運営本部の下に、情報処理のサブシステムとして、現在の JICST とだいたい同じ活動をする物理・工学情報センター、医学情報センター、農林水産研究情報センター、特許情報センター等がさし当り考えられる。将来は、社会科学系の情報センターの発展が考えられなければならないだろう。さらに、自然科学系文献の中央的な保存図書館として、国立科学図書館が考えられるが、これも、現在の国立国会図書館の分館としてよりも、STIB の管轄下に新しく作る方が問題が少ないだろうと、沢本教授は述べている[27]。

　沢本教授の JASTIS 構想は現にある、また、構想されているいろいろの情報機関、情報システムを考慮しながら右［上述］に大略を紹介したように、きわめて具体的に考えていく。このような具体的な構想であることが、NIST とのまず第 1 の大きな違いである。第 2 に JASTIS では、中央調整機能を果すべき機関が、直接指揮監督しうるのは、地域サービス・センターのみで、オペレーティング・センターや専門センター、データ・センターには、調整機能を持つにすぎない（NIST の参考資料「参考図」参照）。沢本教授は NIST の構想の欠点の一つをここに見る[28]。したがって、JASTIS では、NIST のサブジェクトに当たる多くの情報センター類を、運営本部のコントロールの下におく[29]。このように、JASTIS ではきわめて

中央統制的組織になっているが、JASTIS 本部が政府機関の一単位ではなく、特殊法人であることによって[30]、懸念されるような、情報流通に対する政府の直接介入、または官僚統制のおそれがさけられるであろう。JASTIS 本部を特殊法人としたことによるこのようなメリットについて、沢本教授はなにも述べていないが、全国的な情報流通体制を考えるとき必ずつき当る情報の中央統制にからむ困難な問題に対して、すなわち情報流通の効率化のためには強力な中央統制が望ましいが、それにともなう官僚統制の危険性をさけるためにはできるだけ、各種情報センターの分散・調整が望ましいという、あい矛盾する問題に対して、特殊法人による公団方式は、ひとつの賢明な解決策といえよう。

　第3に、NIST では、地域サービス・センターは「NIST における情報の提供サービス機能として最も重要な役割を果すもの」（第二部三の二）とされているが、JASTIS では、このような地域サービス・センターはまったく省かれてしまい、利用者は JASTIS 本部及び各種の情報センターから直接にサービスの提供を受けるのである[31]。その理由として、地理的に考えたばあい、日本はカリフォルニア州よりも小さい。「このような小さくて同質的な国で、なぜそのような地域センターが必要であろうか」[32]と問うている。

　ところで、この JASTIS 構想の実現のためには、解決を要する問題がいくつかあることを、沢本教授は指摘している。まず第1は、人の問題である。多くの情報要求を処理していくだけの人の量をいかにしてうるかということと、その養成に必要な大学の問題である。第2は、政府機関の情報問題に対する態度の問題である。とくに政府機関の縄張り根性を克服していくためには、強力な中央統制機関が必要になってくる。第3は、科学者じたいに情報処理の問題を教える教育方法及びカリキュラムの問題である。第4は、研究者が日常使う個々の図書館の発展の問題である。これらの図書館は、全国的な情報流通体制の構成要素になるものであり、全国的な体制が整備されれば個々の図書館の充実は不要と考える者もいるかも知

233

れないが、全国的な体制の強化はその構成要素が強いことと関連しており、また、研究者の日常的な要求は手近かの情報機関によってまずサービスされなければならない。さらに沢本教授は、その他の重要な問題として、コンピュータの発展の問題及びそれらを含んだ情報科学、情報テクノロジーの発達のための研究機関の設立の必要性を指摘している。

　以上のように、沢本教授の JASTIS 構想は、きわめて具体的であり、それを実現する上での解決を要する問題点まで指摘しているが、JASTIS も NIST と同じく科学技術情報に限られている。したがって、人文、社会科学関係の情報の流通体制の問題はとりあげられていない。人文、社会科学分野の情報の流通にも、もし、自然科学分野のそれと同じ基本的なパターンがあてはまるものであれば、とくに人文、社会余の問題を切離して考察する必要はないが、その点どうであろうか。この点については、今後調査、研究の必要があるが、人文、社会系と自然科学系の研究者との間には、情報に対するアプローチにかなりの差異があるように思われる。

　文部省情報図書館課は 46 年 3 月、国立大学の人文、社会科学分野の教授・助教授・専任講師および助手 7,837 人を対象として、学術情報の流通、利用の実態調査を行ない、その結果が 47 年 3 月に発表された[33]。同じような調査が 47 年 3 月、自然科学系研究者 28,874 人に対しても行なわれたが、その調査結果もいずれ正式に発表されるであろう。筆者は幸いその中間的なまとめを見ることができたので、これらの調査にもとづいて人文、社会系と自然系研究者の学術情報の流通、利用について、若干の異なる点についてふれておきたい。

　まず、必要な情報を効果的に選び出すことの困難性については、非常に困難とするものは、人文 33％、社会 39％、自然 36％ で、大きな相違はみられない。一次資料の利用については、和文の学術図書を常に利用するのは、人文 69％、社会 84％、自然 58％。外国語の学術雑誌を常に利用するのは、人文 44％、社会 60％、自然 67％

と、大きな相違を示している。

　二次資料の利用について索引誌を常に利用するのは、人文 21%、社会 32%、自然 20% であるが、抄録誌では、常に利用するのは、人文 7%、社会 6%、自然 36% と大きな相違を示している。目録類を常に利用するのは、人文 36%、社会 35%、自然 14% である。

　以上だけのデータから結論的なことを言うのは危険であるが、自然科学の分野では、外国の最新の研究成果に大きな関心があり、二次資料でも、目録のような遡及的なものより、抄録のようなカレントな情報を提供するものに自然系研究者の関心がより高いと言えるであろう。

　このような調査例からも、人文、社会科学系の研究者の学術情報の流通、利用のパターンは、自然系とは同一視できないこと、したがって、その情報流通体制についても、やや違った配慮を必要とする。科学技術のそれについては、前述のようにいくつかの構想があるが、人文、社会系については、まだなんの構想の発表もない。この分野の情報の流通、利用の実態を十分に調査した上で、全国的な流通体制が構想されなければならない。（1973 年 2 月 25 日）

注

1）有山崧「いそがばまわれ」『図書館雑誌』54 巻 2 号　昭和 35 年 2 月　61 頁

2）Mohrhardt, Foster E., "Librarianship——An International Profession," *Library and Information Science.* No.9, 1971, p.50.

3）『科学と政府と情報－米国政府に対するワインバーグ報告 1』日本ドクメンテーション協会（NIPDOK シリーズ一）昭和 41 年 10 月　9 頁

4）同上書　9 頁

5）国立大学図書館協議会『第十九回総会資料』の「相互協力による総合的収集計画」の項　謄写版　昭和 47 年 6 月　39-40 頁

6）細谷新治編『わが国における学術情報政策に関する資料集』一橋大学日本経済統計文献センター　昭和 46 年 3 月

7）同上書

8）同上書　59 頁

9）同上書　60 頁

10）同上書　70 頁

11）同上書　73 頁

12）同上書　71-72 頁

13）同上書　169-185 頁

14）同上書　186-200 頁

15）この答申の全文は細谷新治編前掲書　201-235 頁。また、日本ドキュメンテーション協会『NIST とその周辺──科学技術会議の答申を中心として──』（NIPDOK シリーズ 12）昭和 45 年 3 月，1-28 頁に収録されている。

16）細谷新治編　前掲書　212 頁

17）日本科学者会議編『科学技術政策基本資料集──60 年代から 70 年代へ──』（1971 年 6 月）に全文収められている。

18）文部省大臣官房統計課『文部統計要覧』（昭和 46 年版）昭和 46 年 5 月　46 頁

19）同上書　97 頁

20）日本学術会議編『全国学協会総覧』（昭和 45 年版）昭和 45 年 2 月

21）出版ニュース社編『出版年鑑 72』によれば、71 年度の新刊点数は 20,158 点である。同書 60 頁

22）日本図書館協会編『日本の図書館』（1971）1972 年　88 頁

23）同上書　8 頁

24）国立大学文献センター編『文献センターの利用案内』昭和 45 年 2 月　31 頁

25）同上書　33 頁

26）Sawamoto, Takahisa, "Toward a National Science Information Network in Japan," *Library and Information Science*. No.4, p.149-173, 1966.

27）同上書　168 頁

28）同上書　162 頁

29）同上書　169 頁　JASTIS の組織図参照

30）同上書　168 頁

31）同上書　167 頁　JASTIS の管理及びその機能構造図参照

32）同上書　169 頁

33）文部省大学学術局情報図書館課『人文社会科学関係学術情報の流通、利用の実態調査結果報告書』昭和 47 年 3 月 110 頁

15 アメリカの大学図書館における academic status の問題

『大学図書館研究』No.1（1972）

1. はじめに

アメリカの大学図書館員のうち、プロフェッショナルな職員は大学によっては faculty status または academic status を与えられているが、大学図書館員の faculty status とか academic status と言われるものはどのようなものであろうか。またこのようなステータスをアメリカの大学図書館員は、どのようにしてかちえてきたのであろうか。アメリカにおけるこの問題の現状と過去の歴史をふりかえってみることによりわれわれの理解を深めるとともに日本における大学図書館の職員問題を考えるばあいの検討の資料にしたいと思う。

2. 大学図書館員の faculty status と academic status

はじめに、アメリカの大学図書館における職員の faculty status または academic status とは何かについて、明らかにしておこう。まず、大学図書館員の faculty status について、たとえば Madan らは、次のように定義している。

"faculty status とは、地位と肩書、昇進基準、身分保障（tenure）、サバティカルの休暇、俸給表、祝日と休暇、教官会議への参加と代表、および特別給与（fringe benefit）に関して、教官と全く同等であること。"

そして Madan らは、これらの条件のすべてにおいて、教官と同等になったとき、図書館員は"完全な faculty status"を持つとみなされるべきだと考えた[1]。

つぎに、academic status について、Association of College and Research Libraries, University Libraries Section の Committee on Academic Status の報告は、以下のような定義を与えている。

"プロフェッショナルな図書館員に対する academic status とは、図書館員は教育・研究職のメンバーであることを、大学当局が書面で公式に認めることと定義されよう。この承認は、大学の慣習によって、教官の地位と肩書、あるいは、それに相当する地位と肩書を与えるという形をとろう。"[2]

いま、この2つの定義を比べてみただけでは、図書館員の faculty status と academic status との区別がどこにあるかは、必ずしも明らかではないが、Madan らの言う図書館員の full faculty status とは、要するに、教官とすべての面において、待遇上全く同一であるということである。academic status について、Downs は "多くの大学において、academic status と faculty rank とは、同じものとは考えられていない。図書館長は、自分や職員が、教官会議や academic procession に加わるというような、ある種の faculty の特権を与えられたならば、academic status を得たと感ずるであろう。この解釈によれば、academic status とは、完全な faculty の身分以下のものであることは明らかである"[3] と述べている。

もちろん、以上のような定義および区別は、語義的にきちんと定まっているわけではない。Madan らの full faculty status の定義にしても、図書館員のステータスの問題について、アンケート調査を行なうための作業上の仮説であった。また、Downs も、上に述べたような、academic status と faculty rank の区別については、異論もありうることを認めている[4]。このような、具体的な問題から起ってきた用語というものは、定義が先にあって使用されるのではなく、その内包は、問題の内容の変遷とともに、歴史的に変化していくものである。したがつて、時代により、また、論者により、その定義は相違しうるものである。

図書館員の faculty status と academic status とは、結局は、同じ

内包を持つものであり、両者を区別するのは、ただ程度の差——す
なわち、どこまで完全な faculty status を持つかという——にすぎ
ないとみることができるであろう。ここでは、Downs の先ほどの
区別にしたがって、完全な faculty status を獲得している度合の低
いばあいを、academic status と呼ぶことにし、さらに、両者を包括
して呼ぶばあいも、academic status を用いることにする。アメリカ
における一般的な用例も、だいたいそのようである。

3. アメリカの大学図書館員における academic status の現状

Schiller は、1966 年から 67 年にわたる年度における、アメリカ
の大学図書館で働く 2,459 人の専任の専門職の図書館員について、
そのステータスに関するアンケート調査を行ない、93% の回答を
得た。その調査結果によると、なんらかの faculty rank をはっきり
持つと答えた者は、51.2% に達している。その内容について、
Schiller の作成した表は次の通りである[5]。

この表では、なんらかの faculty status は持っているが、はっき
りした faculty rank を持たない者は、"rank なし"の中に含まれて
いるのであるから、faculty status を持つ者全体の数字ということに
なれば、51.2% をかなり越えることになるであろう。アメリカの大
学図書館員の過半数は、すでに、はっきりした faculty rank を持つ
とはいうものの、準教授および教授のランクを持つ者ということに

表1 図書館員の faculty rank

faculty rank	男子	女子	計
rank なし	45.20%	51.00%	48.80%
講師	16.5	23.4	20.9
助教授	18.6	15.2	16.5
準教授	8.6	6	7
教授	9.3	2	4.6
その他のランク	1.8	2.4	2.2

なると、全体の1割すこしにしかすぎない。

これを図書館員の職位別にみると次のようになっている[6]。

表2　faculty rank と職位との関係

職位	faculty ran をもつ	faculty rank をもたない
図書館長	64.20%	35.80%
副館長	58.1	41.9
その他の役職	51.7	48.3
一般の専門職	43.7	56.3
計	51.2	48.8

　館長、副館長のように上位の職位にある者が faculty rank をえているパーセントが高い。また1単位以上のコースを教えている図書館員は、回答者2,234人中324人（14.5%）にしかすぎないが、この324人中、実に78.4%の図書館員が faculty rank をえている。またコースを教えていない図書館員のうち faculty rank を持つ者は46.5%である。さらに回答者のうち81人が図書館学その他の分野の博士号を持つが、その75%が faculty rank を持ち、同じく81人のうち40%のものが教授のランクである[7]。しかし表1でみたように図書館員で教授のランクを持つ者は全回答者の5%に満たない。

　Schiller の調査は、academic status ではなく、はっきり faculty rank をもつ者の調査であったが、前にも述べた通り、faculty rank は与えられていても、教官の特権をすべて与えられていないばあい、また、faculty rank は与えられていないが、教官とほとんど同一の待遇にあるばあい、あるいは、教官の特権の一部のみを認められているばあいというように、academic status までを含めて広く考えると、いろいろのあり方が考えられる。それで、Madan らのように、図書館員の full faculty status を、教官と全く同一の待遇であると厳格に考えると、アンケート調査に回答をよせた全米の183大学のうち、僅かに26大学（14.2%）しか、full faculty status を与え

ていないことになるのである[8]。しかし、それぞれの大学ごとに、full faculty status を与えられていると思うかという問に対しては、63.4％ の大学図書館が、イエスと答えている[9]。この問題に対する解釈の幅が、いがに広いかを知りうるであろう。

つぎに、faculty status の内容をなすと考えられるものの主なものについて、アメリカの大学図書館員が、一般的にどのような状態にあるかを調べてみよう。このような問題について全米的な総合的な調査があるかどうかは知らないが、いろんな面についていくつかの調査結果が報告されているので、それらを少しまとめてみよう。

3.1 教官の地位と肩書（title）

図書館員が教官の地位とタイトルを持つか、持たないか、さらに、教官のタイトルは持たないが、教官と同じ待遇をえているかどうかによって、Hintz は 3 つのランクを区別する。第 1 は faculty rank で、教官の地位と肩書をもつ。第 2 は equivalent rank で、教官の肩書はもたないが、図書館員だけの、たとえば、1 級から 5 級までというようなランクがあって、Librarian V は準教授に相当するというようなパターンである。第 3 は assimilated rank で、図書館員としてのタイトルと教官のランクを併用するもので、たとえば、"講師のランクを持つ目録係図書館員" というような任用のパターンをとる。

以上のほか、その他としてまとめられるものは、3 つのパターンの混合型——たとえば、講義を持つ者には faculty rank を与え、その他の図書館員は assimilated rank であるというような——や、faculty rank はもたないが、教官の特権の一部を持つばあいなど、多様なパターンがある[10]。

Hintz は Association of Research Libraries のメンバー館 71 大学と、州立大学を主とする 29 大学、計 100 大学についてアンケート調査しその結果を 1968 年に発表している。それによれば、回答をえた87 大学のうち、図書館員に academic status を与えていない、また

は検討中であるという 17 大学を除いた残り 70 大学を図書館員のランク別に調べると図書館員に faculty rank とタイトルを与えている大学が 26 大学、equivalent rank を与えているのが 13 大学、assimilated rank を与えているのが 7 大学、その他が 24 大学であった[11]。

3.2　昇進基準

大学図書館員の昇進基準については、Madan らが、1967 年 10 月に、全米の 321 の大学について、アンケート調査（回収率 57％）したものが発表されている（表 3)[12]。

表 3　図書館員の昇進基準

昇進基準	Yes		No		回答なし	
	館数	％	館数	％	館数	％
業務上の成果	137	74.9	14	7.6	32	17.5
高い学位	116	63.4	29	15.8	38	20.8
年功序列	79	43.2	64	35	40	21.8
研究・調査	65	35.5	83	45.4	35	19.1

この表から、図書館員の昇進基準としては、4 分の 3 の図書館が、研究・調査よりも業務上の成果に、重要性をおいていることが明らかである。また、Madan らは、ほんの 10 年前までは、昇進基準としてトップにおかれた年功序列（seniority）が、3 位に落ちていることを注目している[13]。

さらに、Madan らは、同じ調査で、図書館員と教官の待遇上の相違について、つぎのような表をまとめている[14]。

この表で見ると、図書館員の昇進方針は、ほとんど半数が、教官のそれと同一であるとされているが、俸給については、教官と同一のレートであるのは 3 割未満である。したがって、faculty status の獲得といっても、その実質においては教官とかなりの相違があるとみなければならない。

表4　図書館員と教官との待遇上の異同

待遇事項	図書館員と教官が同じ	図書館員と教官が異なる	回答なし
肩書	65.00％	29.50％	5.50％
昇進方針	49.7	27.9	22.4
身分保障	77.6	15.8	6.6
サバティカル・リブ	74.3	20.2	5.5
俸給	29	62.8	8.2
休暇	33.9	62.3	3.8
教官会議	71	17.5	11.5
特別給与	89.6	4.9	5.5

3.3　身分保障（tenure）

tenure について、1946 年に ALA はつぎのように定義している。

"tenure とは、見習い期間を満足に終えたあと、臨時的雇用でない図書館員が、図書館およびその管理体の目的と目標に応じて、十分に責務を果すかぎり、継続的にして恒久的な tenure を保障されるべきだということである。図書館員は、いかなる職位にも既得権をもつことはできないが、年令による退職、大学の財政的な行詰り、あるいは、その他適当な原因によるばあいを除いて、その勤務を打切られることはない"[15]。

専門職の図書館員に、このような tenure が必要な理由として、図書館員の専門的な業務には、出版物の選択とか、問題の多い資料の利用を制限するかどうかという決定とか、資料排架のさい、何に重点をおくかの決定の自由とかさらには、何を読むべきかについて、学生にアドバイスするさいの自由というような、知的自由と関係する業務が含まれていることを、Branscomb はあげている[16]。

もともと、教授または準教授の地位を持つ教官にのみ、恒久的な無期限の tenure は与えられていた[17]。しかし、図書館員が faculty status を獲得してくるにつれて、faculty status の内容の一つとして、

日本図書館学の奔流：岩猿敏生著作集

また、その業務が知的自由を必要とする点から、一定の試用期間をへた後——だいたい1年から3年——専門職の図書館員に tenure が与えられる。無期限の tenure を与えられたからといつても、無能とか、道徳的な卑劣さとか、大学の利益にひどく反するような重大な違法行為があれば、それらの理由のため解雇されることもあるのは当然である[18]。

3.4 図書館員の研究・調査活動とそのための休暇

図書館員が faculty status を与えられ、教官としての特権と同時に責務も課されることになるばあい、問題になるのは、図書館員の研究・調査活動である。教官のばあい、教育とともに研究・調査活動が重視され、その成果の発表が要請される。しかし勤務形態の異なる図書館員に同じ程度の研究・調査活動と成果の発表を期待することは無理である。先にあげた表3「図書館員の昇進基準」によっても、研究・調査が昇進基準として考えられるのは35.5%であるのに対して、昇進基準として考えない大学は45.4%に達している。

しかし、図書館員に研究・調査活動が不必要だということではない。急速に変化しつつある社会に対応していくため、図書館もまた急激な変化をとげていかねばならない。そのため、図書館員にとって、継続的な研究・調査活動が大切である。

Jesse と Mitchell は、アメリカの大学図書館における専門職の図書館員の研究・調査活動について、1966年アンケート方式で全米的な調査を行なった。その調査の中で、館員の研究・調査を(1)強力に勧める、(2)奨励する、(3)積極的に奨励しないが歓迎する、(4)許可する、(5)思いとどまらせるかについて、図書館長に質問した結果、回答者の半分が(2)にチェックした。それについで回答が多かったが(3)で、(5)にチェックしたのは、僅かに1人であった[19]。アメリカの大学図書館が、この問題について、きわめて前向きの姿勢を持っていることが解るであろう。

しかし、このような姿勢を具体化していくばあいの問題は、図書

館員の日常業務の時間の中から、研究・調査のための時間を生み出すことの困難さであつた。そのため、図書館員にとって、研究・調査のための休暇、とくに Sabbatical leave が問題になってくる。

アメリカの大学図書館に一般的にみられる研修は、まず大学のコースに出席すること、および、修士または博士の学位をうるための勉強である。さらに、一般の教官と全く同様な研究・調査に従事することである。大学のコースに出席しうる時間数は、1週3時間というのが、Jesse らの調査では一番多かった[20]。しかし、上位の学位をうるためや、高度の学術的な研究・調査のための十分な時間を図書館員に提供することは、アメリカの大学図書館にとっても、かなり困難である。とくに、Sabbatical leave が図書館員に与えられることは比較的稀だと、回答館 115 大学中僅かに 22 館というアンケート調査から、1957 年に Downs は書いたが[21]、Jesse らの 1966 年の調査では、回答館 52 大学中、sabbatical leave を認めているのは、27 大学に達している。調査方法の相違等から、この 2 つの調査結果を直線的に結びつけて解釈することは問題であろうが、図書館員にこのような休暇を認める大学が増えつつあることは推察されよう、もちろん、専門職の図書館員がすべてこの休暇を認められるというわけではない。研究・調査ということになると、それをなし得る能力が前提になるから、館長だけ、または faculty rank を持つ図書館員だけに限られている大学もある。また、一定の休暇の規定があるのではなく、図書館員のこの種の休暇は、ケース・バイ・ケースで考慮される大学もあって[22]、実情は区々である。

4. アメリカの大学図書館員における academic status の歴史

大学はその発展とともに一般に faculty member の範囲を次第に拡大していくものである。中世の大学は、教育組織そのものであったから、クラスで教えない者は、faculty member ではなかった。その後、大学の発展、拡大とともに、学部長とか、学長というような管理者が必要になってくる。かれらがまず、クラスで教えない faculty member であった。さらにその後、大学の機能として、教育と共に研究が重視されてくるとともに、教えない research faculty が現れてくる。今日のアメリカの大学では、さらに、カウンセラーや図書館員が、faculty member に入ってくるのである[23]。

このように、faculty member の範囲は、決して固定的ではなく、次第に拡大してきたのであるが、アメリカにおいて、大学図書館員がいつ頃から faculty member として考えられるようになったかについて、歴史的にすこしふりかえってみたい。

Downs によれば、書物や読書について、学生の相談に応じたり、指導したりすることは大学図書館員にとってきわめて重要なことであり、このような大学図書館員の業務というものは、それじたい、教授としての業務であるという考え方は、すでに早く 1878 年に表明されている。1891 年には、図書館員の職務は教授の職務と並ぶべきものだと、はっきり言い切る学長もあらわれてきた。こうして、今世紀の始めになると、図書館長に、正式の教官のタイトルを与えるところまでには至らなかったが、faculty member とみなす傾向がはっきりと出てきた[24]。

図書館長の academic status がまず一般的に確立されたのであるが、1910 年代では、まだそれ以下の図書館員にはなかなか及ばなかった。たとえば、1911 年イリノイ大学では、上位の図書館員を除いて、一般の図書館員は州の一般職公務員ということになり、1944 年に専門職の図書館員が、academic status を獲得するまで、この状態が続くのである[25]。多くの大学では、図書館員の業務は、たんなる事務的業務とみなされていたからであった。したがつて、図書館員が academic status を獲得していくためには、かれらの業務が、たんに事務的、技術的なものでも、管理的なものでもなく、教育的なものであることを十分に認知せしめるとともに、図書館員の養成や研究が、教官に匹敵しうるものになることが肝要であった。

1939 年、大学図書館員の身分について、アンケート調査が行なわれた。この調査は、アメリカの大学図書館員のステータスの問題

についての全国的な調査としては、もっとも初期のものであるが、いま、それを表にまとめてみると、次のようになる[26]。

表5　図書館員の職位とステータス

	faculty status	管理職	左の2つの いずれでもない
館長	73％	14％	13％
副館長	43	36	21
課長	54	20	14*
役職以外の専門職員	40	22	38

＊原表のまま、注26）参照

　すでに30年代の後半になると、図書館長は7割以上、一般の役職以外の専門職員でも、4割が faculty status を与えられているのである。もちろん、それらの faculty status は、まだ教官の特権をすべて保証するものではなかった。

　1910年代までは、一般の図書館員に academic status を与えることは、きわめてまれであったのに、1930年代には、この調査が示すように、かなりの職員にまで及んでいった。この原因としては、20年代から30年代にかけて、アメリカの大学および大学図書館の経た大きな変化を考えなければならないが、ここでは、職員の academic status の発展にとって、とくに重要な意味を持つものとして、図書館員の養成の進歩と、アメリカの大学における教育方法の改革に注目したい。

　アメリカにおける図書館員教育の歴史において1923年に発表されたいわゆる Williamson 報告の重要さについては、すでに小倉親雄氏の詳細な研究があるので[27]、ここで詳しくふれる必要はない。この報告書はまず図書館業務を専門的と書記的業務の2つに分けて、図書館学校における教育は、専ら専門的業務の方だけに限定すべきであるとして、これまでのアメリカの図書館員教育のカリキュラムが、職業教育に終始したことをきびしく批判したのであった。

247

Williamson 報告の結果、カーネギ財団は、図書館発達の基礎とな
る図書館員教育に多くの寄金を出し、1928 年には、博士課程を持
つアメリカ最初の図書館学校が、シカゴ大学に設置されたのであ
る。カーネギ財団は 100 万ドルの資金を提供して、この図書館学校
が "この国第一級のものであるハーバード大学の法律学部、ジョン
ス・ホプキンス大学の医学部と同じように、図書館専門職員に対
し、高い地位を約束するものであることが期待されて"[28]いた。こ
のような、博士課程の図書館学校の設立が、図書館員の業務を専門
職として確立していく上で、大きな支えとなったことは言うまでも
ない。しかし、まだ当時の状況では、シカゴに続く図書館学校がな
く、イリノイ、ミシガン両大学の、博士課程のコースが設けられる
のは、シカゴに遅れること 20 年後の 1948 年のことであった。

　ライルは、1920 年代を、アメリカの大学図書館の歴史における
ひとつの転回点とみている。学生数、教官数の増大と、蔵書数の急
激な膨張は、"図書館利用における革命"をもたらし、学者である
素人館長から、新しいタイプである専門職の bookman の館長があ
らわれるようになったのが 20 年代であると考えている[29]。いまこ
れを、蔵書数の伸びについてみると、たとえば、Danton はつぎの
ような表を発表している[30]。

表6　アメリカの大学図書館における年間増加冊数

年代	平均値	中間値
1850–1875	1,168	823
1875–1900	4,720	2,800
1900–1920	5,707	2,300
1920–1940	33,450	22,500
1940–1960	55,572	43,675

　第 6 表から、1920 年代以降における年間増加冊数の急激な成長
ぶりを知ることができるであろう。これは、学術研究の一般的な発

展と、それにともなう大学の発展を示すものであり、このことじたい、大学図書館に大きな変革をせまるものであるが、とくにわれわれの興味をひくのは、多くの大学図書館で、30 年代から、学生の図書利用が急増していることである。たとえば、H. Branscomb は、Antioch College の 1927 年－1938 年の学生の図書利用状況を表にしているが、そのうち、学生数と学生 1 人当り平均利用冊数をみると表 7 の通りである[31]。

表 7　Antioch College における学生の図書利用冊数

	学生数	学生 1 人当たり平均利用冊数
1927−1928	706	22.78
1928−1929	664	23.13
1929−1930	680	27.49
1930−1931	640	37.32
1931−1932	601	45.65
1932−1933	568	57.45
1933−1934	561	66.14
1934−1935	624	62.79
1935−1936	668	58.04
1936−1937	701	53.37
1937−1938	680	61.66

　この表から、学生数の増加がないにもかかわらず、30 年代に入ってから、この大学では学生の図書利用が急増していることを知ることができる。これは 1 例にしかすぎないが、そのほか、Branscomb は、多くの大学で、教育方法の改革により、すなわち、従来の lecture and textbook method にかわって、いわゆる teaching with books の方法をとることによって、学生の図書利用が飛躍的に増加していることを示している。図書を中心とするこの新しい教育方法としては、いろいろな方法があるが、"図書が教育計画遂行上の主要な道具となるときにのみ、図書館利用は激増するであろ

う"[32]と Branscomb は書いている。

　このような、教育方法の変革は、たんに図書館利用の増大をもたらすだけではない。図書館が教室と同じく重要な教育の場となり、大学の教育計画に結びついていくことによって、図書館員の業務も、学生教育の重要な部分をしめるものになってくる。図書館員はいい意味で間接的に教育に参加するのではなく、teaching with books の方式では、教官と並んで、直接的に学生教育に参加するものになってくる。このことが、図書館員じしんの意識を変革させていくとともに、図書館員の業務に対する学内一般の認識を変革させていくことになるのである。ここから、当然のことながら、図書館員の academic status の問題が前面に出てくる。Branscomb も、"なんらかの教育的責任が図書館員に期待されるのであれば、かれが教官の一員であるべきだということは、明らかなことと思われる"[33]と述べている。

　こうして図書館員の業務が教育的なものであることが認められてくるとともに、図書館員の間に academic status に対する要求が高まり、この問題に関する多くの研究・調査が、先述の調査以後、あいついで発表されてくるのである[34]。1940 年代以降、図書館員のステータスは堅実に高まっていく。しかし、それは、各種の大学図書館に一様に波及していくのではなく、とくに州立大学において伸びていく。Downs は、私立大学はこの問題に関しては、はるかに保守的であったと語っている[35]。1968 年に発表された先述の Schiller の調査によると、大学の設置者別による図書館員の faculty rank のパーセントは表 8 の通りである[36]。

表 8

faculty rank	公立大	私立大	計
あり	56.50%	44%	51.20%
なし	43.50%	56%	48.8%

州立や市立のような公立大学が図書館員のステータスの問題で私立大より進歩的であった理由として、公立大においては教室で教えもしなければ、教えることに大した関心も持たない、調査その他の活動に従事する多くの教官の身分をもつ者がいることを Downs はひとつの理由にあげている[37]。また、図書館員のステータスの向上は、当然のことながら、給料の上昇に結びつく。このことは、公立大よりも私立大において、ことに財政上影響が大きいことも、この問題に対する私学の保守性の理由として考えられるであろう。

5. 図書館員の academic status をめぐるいくつかの問題

アメリカの大学図書館における図書館員の academic status の問題をきわめて粗雑ではあったが、歴史的にたどってみた。このように歴史をふりかえってみるとき、すべての専門職の図書館員が faculty rank を獲得するのは、いずれ時間の問題であるかのような、楽観的な見方もできるようである。しかし、問題は必ずしもそのように簡単ではない。大学内には、なお根強い反対論が、依然として存在しているし、また、図書館員じたいの間にも、どのような academic status がもっとも望ましいかについて、必ずしも意見の一致があるとも思われない。さらにまた、管理的な能率を図書館に要求するような、大学外の力も作用してくる。このような図書館員の academic status をめぐるいくつかの問題について、ごく大ざっぱにふれてみよう。

Muller は図書館員の academic status に反対する議論を 5 つに分けて列挙している。第 1 は、学内のエリート群としての教官の地位、肩書が、教官以外のグループで用いられることに対する、教官群の心理的な抵抗である。第 2 に、大学管理者にとっては、図書館員に academic status を認めるとき、同じような要求をしている図書館員以外のグループをどう処置すべきかの問題がある。これらを全部教官として認めてしまうと、教授という肩書も、実質的にその意味が変ってしまうし、また、意味合いもうすれてしまうであろ

う。第3は財政上の問題である。図書館員に教官の肩書と地位を認めることは、人件費の増加につながる。図書館員を教官にすることが、経費の増大に見合うだけの利益を大学にもたらすであろうか。第4は、第1と近い意見であるが、クラスで教えもしなければ、研究・調査もしない図書館員に、教官の肩書は与えられないという純粋主義者の議論である。第5に、教官は自治組織を持っているが、階層的な図書館の職員には、このような自治機能は認められない。もしこのような自治機能を図書館員に認めるとすれば、それは、図書館管理者から、その行政的権限を奪うことになってしまう[38]。

このような根強い反対意見にもかかわらず、大学の教育研究計画にとって図書館が重要な役割を果すとき、図書館員と教官との integration が必要欠くべからざるものになってくる。そしてこの integration の実現のためには、図書館員に academic status を与えることが、図書館員にとってだけではなく、大学じたいにとってももっとも効果的であることを確信して、アメリカの大学図書館員はその academic status をさらに発展させるべく努力しているのである。

ところで、前に見たように、図書館員の academic status のあり方として、(1) 完全に教官の身分とタイトルを与えるばあい (faculty rank and title)、(2) 教官のタイトルは与えないが、教官に準じた待遇をするばあい (equivalent rank)、(3) 教官の身分と図書館員の肩書を併用するばあい (assimilated rank) に大別される。

第3の assimilated rank は、第1と第2の中間的な、折衷的なあり方であるが、その代表的な例をイリノイ大学に見ることができる。ここでは、1944年に図書館員に academic status を与えたが、図書館員で実際に教室で教えている者は講師、助教授、準教授等のタイトルが与えられる。その他の academic status を与えられた図書館員はその職位を示すタイトルを持ち、4つのグループに分けられる。グループ I は library assistants with the rank of assistant で、受入、目録、運用等の assistant がこれに属する。グールプ II は librarians with the rank of instructor で、中規模の課の課長補佐、目録

係員や主題分野の専門家等を含む。グループⅢは librarians with the rank of assistant professor で、課長や大規模な課の補佐、目録、レファレンス等の上級専門職員等を含む。グループⅣは librarians with the rank and title of associate professor で収書、目録、運用、人事担当の副館長を含む。この4つのグループのそれぞれに、その責務や必要な経験および要求される学歴や人柄が詳しく定められている[39]。

　このパターンをとるものは、イリノイのほか、たとえば Louisiana State University もあるが、ここで問題になるのは、Lundy も指摘しているように、"階層的な図書館組織の管理的責務と、academic rank を厳密に対応させている"[40]点である。教育・研究部門では、たとえば、教授になるためには、ある部門の長というような管理的な責務を持つことが条件になるようなことはない。実際上、大多数の教授は、委員会に参加するぐらいで、それ以上に管理的責務を負うことはない。純粋に管理的な業務からの同じような自由さが、専門職の図書館員には、教官と全く同じ理由から、きわめて望ましい。図書館の教育的機能を高いレベルで遂行していくことに、図書館員のエネルギーを集中させていくためには、管理的な業務から自由であることが望ましい。そうでなければ、図書館員が専門職として、大学の教育計画にどんなにすぐれた貢献をしても、管理的な地位につかなければ、より高い俸給も、また、助教授、準教授としての特権もうることができない。それは結局、図書館を教育機関としてよりも、むしろ管理組織とみなすことになってしまうと、Lundy はきびしく批判している。

　第3の assimilated rank のパターンが Lundy の批判するような問題を含むとすれば、第1と第2はどうであろうか。第2の equivalent rank のパターンをとるのは、たとえば、カルフォルニア大学やミシガン大学である。カルフォルニ7大学は、他の大学よりずっと遅れて、1962年にやっと図書館員に academic status を与えた。図書館員は5つのランクに分れる。Librarian Ⅰ は、最初の専門職のレ

253

ベルであって、上級者の指示にしたがって、いろんな専門的な図書
館業務を行なう。Librarian IIは、完全な専門職レベルで、かなりの
独立性をもって、困難な図書館業務を行なう。他の非専門職または
専門職の職員を指導・監督することもある。しかし、監督的業務が
多くの時間を占めることはない。Librarian IIIは、複雑な専門的業務
を行なうとともに、また、係、分館等の管理責任を負うこともあ
る。Librarian IVは、完全な独立性をもって業務上の責任を負うポジ
ションである。また、大きな分館や、部・課の管理をすることもあ
る。Librarian Vは、非常に高い程度の独立性をもって、業務上の
責任を負うポジションで、また、非常に大きな部・課・分館等の管
理をすることもある。この上にさらに、管理的職位として、assis-
tant university librarian と associate university librarian がある[41]。

　ミシガン大学のばあいもだいたい似たようなパターンであるが、
ここで注意しなければならないことは上位のランクへの昇進が、管
理業務の階層性と必ずしも一致しないことである。たとえば小さな
分館の管理責任者であれば librarian IIであるが、大分館の管理責任
者になれば librarian IVに昇進する。しかしこのような管理責任の階
層的上昇だけが、昇進の条件ではない。資料の選択を含む収集業務
は librarian IIIであるが、一般的な調査・研究を支えうるだけのある
主題分野の資料収集の発展の責任を負いうる者も、librarian IVに昇
進しうる。すなわちこのパターンでは、さきの assimilated rank の
ばあいと違って、単に管理的責務の高まりだけでなく、業務の専門
性の高まりにも応じて図書館員のランクがきめられるのである。第
1 の faculty rank and title のばあいもこの点では同一である。

　では、第1のパターンをとるか、第2のパターンをとるかの考え
方は、どこで分れてくるのであろうか。両者とも、図書館員の業務
を教育的な業務とみなす点においては同じである。図書館員の業務
も教育的であるかぎり、教官と同一の待遇であるべきは当然である
が、図書館員のばあいは、教官のように、教育・研究が主ではな
い。図書館員は図書館員としての独自の活動分野を持つべきで、そ

の点から言えば、何も教官と同一のタイトルを持つ必要はない。このように、図書館の活動の独自性を主張する方が、かえって、司書職の専門職性を高めることになるであろうという意見が、第2のパターンを支持する。

　しかし、これに対しては、強い反対論があるが、それは理論的な反対というより、むしろ、戦術的な反対という感じが強い。図書館員の academic status は、多くの大学で達成されつつあるが、俸給その他教官としての特権において教育研究に従事する教官より、一般に劣っている。これは結局、教官と全く同一のランクとタイトルを与えられていないところから起ってくるのではないか。この実際上の待遇を向上させるために、full faculty status が強く要求されてくるのである。"図書館員に academic status を与えるか full faculty status を与えるかは、各大学が決定すべき問題である"[42]と、Association of College and Research Libraries, University Libraries Section の Committee on Academic Status は述べている。この委員会が、full faculty status を与えるかどうかは各大学の決定するところであるとする、このような考え方が、full faculty status を獲得してゆく基礎を打ちくだいたと、Josey は非難している。そして彼は、大学図書館員が避けなければならない危険のまさにひとつが、図書館員は教室で教えていないから、faculty member でなくてもいいという考え方だと指摘している[43]。

　Josey もそのメンバーの1人である、ACRL の新しい Committee on Academic Status は、大学図書館員の academic status について、教官と全く同一の待遇を要求する新しい基準[44]を定め、この基準の採用を要請し、この基準を侵すような大学に対しては、図書館員が就職を拒否するように呼びかけている。

　アメリカの大学図書館界の、図書館員の academic status に対するこのような強い要請にもかかわらず、万事が順調に進んでいるとも思われない。たとえば、New Jersey の State College の図書館員は、アメリカではもっとも古くから、faculty status を与えられてい

た大学であったが、州政府が、図書館員の faculty status を奪って、再び一般行政職に戻そうとしていることが、1970 年 12 月の Library Journal に報ぜられている[45]。これは、私の目にふれた 1 例にしかすぎないが、ACRL の新しい faculty status の委員会が、かなり戦闘的に、その基準を打ち出しているところからみても、この問題の前途が決して平坦なものでないことを推察しうるであろう。そのような困難にもかかわらず、アメリカにおけるわれわれの仲間は、力強く前進しているのである。(May 5, 1972)

注

1) Madan, Raj, Hetler, Eliese, and Strong, Marilyn H., "The status of librarians in four year state colleges and universities", *The Case for Faculty Status for Academic Librarians,* ed. by L. C. Branscomb. ALA, 1970, p.97.

2) The Committee on Academic Status of ACRL's University Libraries Section. "Status of college and university librattans," *The Case for Faculty Status for Academic Librarians,* ALA, 1970, p.109.

3) Downs, Robert B., "The current status of university library staffs," *The Status of American College University Librarians,* ALA, 1958, p.14.

4) Downs, R. B., ibid.

5) Schiller, Anita, R., "Academic rank and status", *The Case for Faculty Status for Academic Librarians,* ALA, 1970, p.78.

6) Schiller, A. R., op. cit., p.80.

7) Schiller, A. R., op. cit., p.81.

8) Madan, R., Hetler, E. and Strong, M. H., op. cit., p.98.

9) Madan, R., Hetler, E. and Strong, M. H., op. cit., p.99.

10) Hintz, Carl W., "Criteria for appointment to and promotion in academic rank," *The Case for Faculty Status for Academic Librarians,* ALA, 1970, p.23-24.

11) Hintz, Carl W., op. cit., p.26.

12) Madan, R., Hetler, E. and Strong, M. H., op. cit., p.102.

13) Madan, R., Hetler, E. and Strong, M. H., ibid.

14) Madan, R., Hetler, E. and Strong, M. H., op. cit., p.101.

15) Lyle, Guy R., *The Administration of the College Library.* 1949, p.292-293.

16) Branscomb, Lewis C., "The Tenure for professional librarian on appointment at colleges and universities," *The Case for Faculty Status for Academic Librarians,* ALA, 1970, p.65.

17) Downs, Robert B., "The current status of university library staffs," *The Status of American College University Librarians,* ALA, 1958, p.18.

18) Branscomb, Lewis C., op. cit., p.67.

19) Jesse, Williams H. and Mitchell, Ann E., "Professional staff opportunities for study and research," *The Case for Faculty Status for Academic Librarians,* ed. by L. C. Branscomb. ALA, 1970, p.50-51.

20) Jesse, Williams H. and Mitchell, Ann E., op. cit., p.44.

21) Downs, Robert B., "The current status of university library staffs," *The Status of American College University Librarians,* ALA, 1958, p.17.

22) Jesse, Williams H. and Mitchell, Ann E., op. cit., p.47.

23) McAnally, Arthur M., "The dynamics of securing academic status," *College and Research Libraries.* Vol.18, 1957, p.387-388.

24) Downs, Robert B., "The Status of academic librarians in retrospect", *The Case for Faculty Status for Academic Librarians,* ALA, 1970, p.113.

25) Downs, Robert B., "Academic status for university librarians—A new approach", *The Status of American College University Librarians,* ALA, 1958, p.162.

26) Lyle, Guy R., *The Administration of the College Library.* 1949, p.277-278. なお、＊印の部分はトータルが 100％ にならない。

27) 小倉親雄 "「ウィリアムソン報告」と図書館学教育――1920 年代を中心とするその転換――", 京都大学アメリカ研究所『アメリカ教育思想の研究』所収 1966. p.199-217.

28) 小倉親雄, op. cit., p.212.

29) Lyle, Guy R., *The Librarian Speaking : Interviews with University Librarians.* University of Georgia Press, 1970. p.vii.

30) Danton, Periam J., *Book Selection and Collections : A Comparison of German and American University Libraries.* 1963, p.104.

31) Branscomb, H., *Teaching with Books : A Study of College Libraries.* Association of American Colleges & American Library Association, 1940, p.68.

32) Branscomb, H., op. cit., p.80.

33) Branscomb, H., op. cit., p.96-97.

34) 代表的な調査研究としては、Downs, Robert B., "The Status of academic librarians in retrospect", *The Case for Faculty Status for Academic Librarians,* ed. by L. C. Branscomb. ALA, 1970, p.117-118.

35) Lyle, Guy R. *The Librarian Speaking : Interviews with University Librarians.* p.35.

36) Schiller, Anita R., "Academic rank and status", *The Case for Faculty Status for Academic Librarians,* ed. by L. C. Branscomb. ALA, 1970, p.80.

37) Lyle, Guy R. *The Librarian Speaking : Interviews with University Librarians.* p.35-36.

38) Muller, Robert H., "Institutional dynamics of faculty status for librarians," *The Case for Faculty Status for Academic Librarians,* ALA, 1970, p.38-39.

39) Downs, Robert B., "Academic status for university librarians—A new approach", *The Status of American College University Librarians,* ALA, 1958, p.165-167.

40) Lundy, Frank A. "Faculty rank for professional librarians", *The Status of American College University Librarians,* ALA, 1958, p.123.

41) Downs, Robert B. and Detzell, Robert F., "Professional duties in university libraries," *The Case for Faculty Status for Academic Librarians,* ALA, 1970, p.11-13.

42) The Committee on Academic Status of ACRL's University Libraries Section. "Status of college and university librarians," *The Case for Faculty Status for Academic Librarians,* ALA, 1970, p.107.

43) Josey. J., "Faculty status for librarians," *Library Journal.* April 15, 1971, p.1336.

44) 基準については、*Library Journal.* April 15, 1971, p.1336.

45) *Library Journal.* December 1, 1970, p.4088.

16 大学図書館の職員制度

『図書館学会年報』Vol.17, No.2（1972.2）

1. はじめに

　戦後における大学図書館の職員制度確立のための運動は、運動の中心となった団体によって大きく2つの時期に分けることができる。1つは、戦後間もなく活動を開始した日本図書館協会を中心とする時期で、1948年から全国国立大学図書館長会議がスタートする1954年までである。1954年以降は、運動のにない手はこの図書館長会議に移る。それは、職員制度の問題の解決を司書職制度の確立に求めたが、その法制化の突破口として「国立学校設置法」及び施行規則の改正に焦点がしぼられることになると、国立大学図書館を中心にする方が、運動を進めやすいと考えられたからである。

　このように、法令の改正に焦点を合わせることによって目標は明確になったのであるが、法改正といっても、どれだけの内容を盛込もうとするのか。また、法改正は、運動の終局目標か、あるいは、司書職を専門職として確立するための手がかりにすぎないのか。具体的な問題になると、館界の意見がなかなか一致しないのである。それは、司書職というものが、その社会的・文化的役割において、発展しつつある職種であるため、従来の通念またはなんらかの枠で律しきれないことによるものと思う。

　戦後の司書職制度に関する運動の概略についてはすでに川崎操氏の年誌[1]があり、またそれぞれの運動の評価については、酒井忠志氏の論文[2]があるので、詳細はそれらにゆずりここではとくに、国立大学における任用制度の変遷を概観しておきたい。この変遷の中に司書職に対する館界外の見方をうかがうことができるからである。

2. 国立大学図書館における任用制度の変遷

2.1 選考任用時代（1950 年～1958 年）

1950 年 4 月に、わが国始めての図書館法が施行され図書館の専門的職員として、司書・司書補がおかれることになったが、それ以来、大学図書館にも図書館法上の有資格者がそのまま認められた。すなわち図書館法上の有資格者をもってあてる官職は、特殊な資格を必要とする職員ということで、公務員試験対象外の官職とされたのである。それで司書・司書補の資格さえもっておれば、自由に各大学で選考して任用することができた。しかし、公務員試験の合格者をもってあてる他の官職よりも、その初任級は一般に低かった。

1956 年 3 月 31 日の人事院通牒で各種の特殊資格職員の初任級の基準が示されたが、その中にはじめて司書・司書補という職種が明示され、その初任級も、従来に比べると 4 号も高くなった。司書・司書補ということで、公的に初任級基準が示されたという点で、この通牒は国立大学図書館関係者の注目をひいたのであるが、初任級としては、従来よりひきあげられたとはいうものの、なお栄養士、看護婦に及ばないものであった。また、任用の際の初任級基準においてのみ、特殊資格職員として取扱われるが、そのあとは一般事務職員の中に組みこまれるという点で中途半端なものであった。

翌 57 年 4 月 1 日に給与法が改正されるが、この改正はきわめて重大な意味を持つものである。まず今まで級別定数上、図書館職員は別わくではなく一般職員の中に含まれていたが、はじめて別わくとなったこと。これで、中途半端な前年の人事院通牒が克服されたのである。第 2 は、図書館職員の等級区分が、行政職俸給表（1）の 8 等級から 4 等級までとされたこと。一般職では係長でも 5 等級までしかあがれないのに、図書館職員は役職なしで 4 等級まであがれる可能性が開かれたのである。第 3 は、級別定数上の図書館職員になりうる者は、司書・司書補の資格を有し図書館業務に従事している者、またはこれと同等以上の職務に従事していると図書館長が

認めた者ということで、ここに館長認定の問題が起ってくる[3]。

2.2 公務員採用試験時代（1958 年以降）

大学図書館における司書職の法制化という問題には、なんらの進展もみられなかったにもかかわらず、実際上の取扱いの上ではやっと軌道に乗りはじめた。ところが、翌 58 年 5 月 8 日付の人事院任用局長名による文部省人事担当部課長宛通知により、司書職は特殊資格職員として、これまで公務員試験の対象外官職とされていたのが、認められなくなってしまったのである。それで、従来のように司書・司書補の有資格者を各図書館で自由に選考任用するという方式は、認められなくなった。それにもかかわらず、司書のための公務員試験は実施されるに至っていない。どういう試験を行なうかも定まらない前に、試験対象外官職から除かれてしまったのである。

それで、翌 59 年 3 月 31 日には特殊資格職員の初任級基準表から司書・司書補の名称が落される。しかし司書職のための新しい公務員試験が実施されるまでは、現状のままということになったが、新しい試験制度の案が示されたのは 59 年 10 月の国立大学図書館長会議においてであった。そして、実際に「国立大学図書館専門職員採用試験」として実施されたのは、やっと 60 年 1 月からであった。

この採用試験は、公務員試験といっても、実施は図書館職員を任用しようとする各大学ごとに試験委員会を設けて実施するという、きわめて変則的なものであった。各大学ごとに実施するから、必然的に大学間に試験の難易の差が生じがちである。また、合格者の採用は、受験した大学にのみ限られ、他の大学には通用しない。さらに、少数の採用者を得るために、教養試験から図書館学の専門試験まで、それも、初級、中級、上級と分けて実施することは、実施大学にはたいへんな負担であった。このような変則的な試験制度が長つづきするはずもなく、また、司書職制度の確立という点からも、望ましいあり方ではなかった。

1962 年 10 月の国立大学図書館長会議で、採用試験のあり方につ

いて人事院から改正意見が出されたことについて、文部省より説明があった。改正点の主なものは、(1) 試験は全国一斉に同一日時に大学で実施すること。(2) 教養試験の問題は人事院から供与すること。(3) 試験委員には人事院の役人を加えることであった。このうちは (3) は、大学ごとに実施する採用試験に人事院の役人が入ることは、大学人事に対する直接的な干渉となり、好ましくないという反対意見があり、結局 (3) だけは除かれてこの年度の採用試験は実施された[4]。しかし、これはもう、人事院が直接行なう公務員試験と五十歩百歩である。しかもこの試験は、63 年 2 月 16 日の文部省より各大学あての通知により、「本年に限り」実施されるものであったから、63 年度からはなんらかの形で人事院が直接行なう試験に変わることが予想されたのである。そして、1964 年 1 月 18 日より、現行の「国立学校図書専門職員採用試験」が、人事院の直接行なう公務員試験のひとつとして実施され、今日に至っている。

3. 今日の大学図書館における職員制度

3.1 司書職の専門職性の問題

戦後の国立大学図書館における職員制度の問題を、とくにその任用形態の変遷からみるとき、大きくゆれ動いているが、全体としてみるとき、国立大学における図書館職員の処遇は、改善の方向に進んできたと言える。

しかし、大学図書館界の多年の要望である司書職制度の確立ということは、いまだに実現していない。だが、司書職制度の確立とは一体どういうことであろうか。まず考えられることは、法的な確立ということである。そして、米田貫真氏は「司書職制度の法的な確立というのは、司書の『職務』と『資格』の法的確立のことである」[5]と述べている。

だが、たとえ法的に、司書の職務と資格を確立したとしても、司書の行なうべき、あるいは、現に行なっている職務の内容が貧弱であり、また資格も低いものであるならば、そのような貧弱な内容し

か持たないものを、いかに法的に確立しても、大した意味はない。したがってまず、司書職の業務内容にはいかなる専門職性があるのかという、内容の検討が必要である。国立大学図書館長会議が編んだ「大学図書館の業務分析」は、このような観点から、司書の職務内容を分析してみたものであった。

　一般に、司書職は専門職（profession）である、または、なければならないと、図書館界では言われている。司書職は専門職として、高い内容を持つべきであるが故に、その高い内容水準を維持するために、法的に職務及び資格が確立されるべきだと考えられるのである。したがって、維持されるべき高い内容水準がなければ、法的確立は無意味である。

　それでは、司書職は専門職とよばれるにふさわしいであろうか。専門職とは何かということについては、すでに多くの人がいろいろと書いているが、とくに、司書職にはどの程度に専門職性が考えられるかについては、市川昭午氏の外部からの発言がある。市川氏は専門職と呼ばれるものが持つべき基本要件からみると、「どうもまだ平均的図書館員は専門職とはいえぬようだ。いえるなら、もともと専門職化の問題は出てこないであろう」[6]と述べている。そして、専門職としての基本要件から、司書職の現状を分析し、専門職としてはまだ不十分であることを指摘している。図書館界の人も、現状そのままですぐに立派に専門職として通用するとは思っていない。思ってはいないが故に、現状の不十分さを克服して、専門職として純化していこうと努力しているのである。室伏武氏も、司書職を「専門職化を志向」[7]しつつある職業の一つと書いている。

　それでは、司書職が志向しつつある専門職性とは何であろうか。これが明確であれば、問題はもっとすっきりするのであるが、実はこれが明確でない。日本図書館協会の「図書館員の問題調査研究委員会」では、司書職の専門性として、(1) 国民の知る権利にこたえる知的、精神的な活動。(2) 確立された学問と標準化された技術が存在し、それを習得するためには、長期の専門的教育と訓練が必

要。(3) 個人の専門的判断と責任において仕事をするという職務上の自律性。(4) 資料をよく知っていること。および資料に対する一定の価値判断能力をもつこと。(5) 固有の倫理原則をもち、奉仕の精神で行なわれ、これに対して高い社会的評価と待遇が与えられる。(6) 免許、養成などについての自主的規制能力をもち、倫理綱領を実施する総合的な自治組織としての職能団体を形成していることの6つをあげている[8]。

このうち、(2)、(3)、(5)、(6) は、一般に専門職といわれるものの特色をあげたまでで、今の司書職が志向しているものではあっても、現時点においては欠けているものである。司書職個有の専門性といいうるものは、結局、(1) および (4) だけになってしまう。もちろん、将来司書職が社会的に専門職として認められるには (2)、(3)、(5)、(6) の条件をも満足させなければならないことは言うまでもない。

医師や弁護士のような、他の専門職とちがった、司書職独自の専門分野は、(1) と (4) だとしても、今日の社会には、図書館以外にも多くの情報機関があり、情報活動がある。また、資料をよく知っているとか、資料に対する価値判断能力という点においては、司書はとうていそれぞれの専門分野の研究者にはかなわない。司書職に専門職性がありうるとすれば、司書が資料を知っているということには、学者、研究者のそれとは違った知り方がなければならない。この点について、西藤寿太郎氏は次のように書いている。「図書館職員が専門の学問・知識・技術と経験をもって守るべき分野はまず以て本の世界である。(中略) Reference Librarian に期待するのは、Walking Dictionary ではなく、いわば Walking Index であることであり、求めに応じて敏速に必要な資料の所在を明らかにすることである。さらにすぐれた図書評価能力にもとづいて、必要にして価値高いコレクションを構成して、世人の信頼に応えることである。残念ながら、世人の気づかないのは、図書館人が本のことをよく知っているのは、資料の組織化というはたらきを通して可能だと

いうことである。1冊の本の価値は著者のものである。しかし、図書群を構成し、コレクションをつくりあげるのは図書館人があらたにつけ加える文化価値である。図書館人にもとめられているもののひとつは、雑誌にたとえれば、いわば編集者的見識と才能であって、個々の論文の執筆者、学者の能力が求められているわけではない。こういう意味で、図書館人は本のことをよく知っているといいうると思う」[9]。

　西藤氏の見解は、司書の守るべき専門分野を鮮かに指摘している。一般に司書は、すぐれた文化価値を持つ図書を相手としているので、どうも分が悪い。図書館の持つ文化・情報の伝達機能というものも、その大半は図書そのものに負うのである。図書の持つ圧倒的な文化価値の前には、司書の果たす役割はまことに貧弱に見える。そこから司書が「本の番人」と見られがちなのは、まことに当然であったし、また、人類のすぐれた精神的遺産である本の番人であることに、司書は誇りを持ってもいい。

　だが、司書の誇りは、ただそれだけではない。図書館の果たす機能の大半は図書そのものの持つ文化価値に負うとは言え、西藤氏の指摘するように、「図書群を構成」することは、司書の作りだすひとつの文化価値である。しかし、「本の番人」としての役割や、「図書群の構成」者としての役割を、司書がいかに誇ろうと、利用者が最終的に恩恵を受けるのは、司書そのものからではなく、図書からである。「図書群の構成」を行ない、資料の組織化のため、分類、目録を行ない、資料へのアプローチの道を切りひらく司書の役割は、利用者に感謝はされようが、結局は資料への到達が、この場合、利用者の最終的な関心事である。

　ここで、資料をよく知っているという司書の専門分野のいまひとつの方向を考えなければならない。本の番人、図書群の構成者としての司書の役割は、結局は資料の提供者としての役割に終始する。そこで優先するのは司書のはたらきよりも、図書そのものである。司書は結局、図書の持つ文化価値に奉仕するものにすぎない。

ところが、司書の活動分野のひとつとして、19世紀後半のアメリカにおいて、新しく切り開かれたのが Reference Work である。Reference Work において司書は資料提供という図書のもつ文化・情報価値に全く従属した役割をとび越える。すなわち、司書は情報の提供者として、直接利用者にサービスしていく。これは、司書職の歴史においてまことに大きな飛躍と言わなければならない。Rothstein も、Reference Work が、その意味において、ライブラリアンシップの上に、新しい次元を開いたことを強調している[10]。

Reference Work が情報そのものを利用者に提供していくとき、ここで優先しているのは、図書よりも司書じたいのはたらきである。Reference Work も長い間、必要な情報を含む資料提供の段階に止まっていた。この段階から、情報そのものの提供へと飛躍しうるためには、サブジェクト・スペシャリストの活動があった。この詳細についてふれることはここではできないが、レファレンス・ワークを通じて、はじめて司書は本の番人、本の取扱者の段階を越えて、情報そのものを取扱う者になったのである。司書は資料を知っており、資料を利用者に提供するだけでなく資料の含む情報を知り、情報そのものの提供者として立ち現われるとき、はじめて、他の専門職の間にあって、守るべき独自の活動分野を持つと言えるであろう。

しかし、他とは異なった、守るべき専門の領域があるということだけで、司書は専門職となるのではない。専門職と専門家は異なる。たとえば大工や植木屋は、それぞれにその道の専門家である。しかし、かれらの仕事を専門職とは呼ばない。かれらを専門家たらしめているのは、かれらの標準化された技術である。このような標準化された技術の上に立つ者が専門家であり、この技術をマスターするまでには、かなりの訓練を必要とする。

専門職は、単に高い技術の上に立つものではない。従来、司書職の専門性の内容として、分類、目録などの高い技術がうたわれることが多かった[11]。そこには、標準化された高い技術があるにして

も、それが単に技術である限り、それだけでは専門職性を保障するものではない。ライルも、アメリカの大学図書館において、Librarianship はテクニックであり、司書はテクニシャンであると多くの学者にみられがちであり、そのことが、図書館と大学管理層との関係を、望ましいものにしていない理由のひとつだと書いている[12]。

専門職は標準化された技術に通ずるだけではなく、自らの仕事に潜在的に含まれている問題を、他との関わりの中に理解し、その解決に向いうる能力を必要とするような人でなければ果たせないような職種である。したがって単に技術だけでことがすむような業務ではない。おびただしい資料の洪水の中から、個性的な「資料群の構成」を行なうことも、司書の専門領域であるが、単に資料の僕となるのではなく、資料の含む情報の中から、利用者の状況を理解した上で、もっとも適切な情報を提供していくことは、資料に対する深い知識に基づいた、司書のもつ専門職性でなければならない。資料を単に一定の標準化された技術のもとで取扱うかぎり、司書は専門家ではあっても、専門職ということはできない。資料及び情報に対する専門的判断の上に立って、図書館活動を展開し、それが社会・文化の発展に貢献していくとき、司書職ははじめて専門職となりうるのである。

3.2 司書職と管理職の問題

さきに挙げたように、「図書館員の問題研究調査委員会」は、専門職の特性のひとつとして、個人の専門的判断と責任において仕事をするという、職務上の自律性をあげている。このような職務上の自律性が強いため、専門職においては、自律的な専門職固有の倫理を確立することが、とくに必要になってくる。したがって、専門職は、本来他律的な管理機構の中には、おさまりきれない側面をもつ。しかし、業務として遂行されるばあい、司書は、開業医や弁護士のような専門職とちがって、図書館という業務機構の組織体の中

で、その役割を果たしていかねばならない。そのため、管理ということを離れて存在することはできない。その点で、司書職は一般行政職と似通った面を持つわけである。

業務としてあるばあい、どのような専門職の中にも非専門職的要素が多分に混在しているが、社会的に確立している専門職では、非専門職的業務との区別がはっきりしている。司書職においても、専門的業務とそうでない業務とをはっきり区別しようとして、「大学図書館の業務分析」が発表されたが、このような区別の努力が必要なほど、司書職では、その点が明確でないともいえる。非専門的業務の要素が多いほど、その職種は専門職性において弱いし、他律的な管理が優先することになる。従来、図書館の現場における専門性の弱さが、管理の専門家でさえあれば図書館の経営管理も可能にし、また、ある程度の効果をあげることを可能にしたのである。

図書館の規模が大きくなり、管理すべき職員、資料、さらには利用者の数が大きくなってくるとともに、図書館は管理業務の専門家を必要としてくる。しかし、図書館の経営管理とは決定された図書館の基本目的を政策化し、それを具体的な活動に移すことであるから、図書館活動の本質について深い理解がなければならない。したがって、管理の専門家が導入されるばあいも、経営管理上の能率だけが追求されるのではなく、図書館の究極目的を達成するための、全体的な経営管理の一部として導入されるのでなければならない。

非専門的業務において追求されるのは、量的な能率である。しかし、専門職において追求されるのは、単なる能率ではなく業務の基本目的をいかに完全に実現しうるかという、質的な効率でなければならない。したがって、図書館活動の本質について理解の乏しい管理者であれば量的な能率は追求しえても質的な効率を追求することはできない。それは、専門職の領分に属することだからである。

3.3 図書館長の問題
以上述べたことからも明らかなように、図書館活動の最高責任者

である図書館長は、司書職が専門職であるかぎり理論的には司書を
もってあてるべきである。ところが今日、大学図書館、学校図書
館、及び多くの公共図書館では、館長は教官の兼任、または一般行
政職からの転入によって占められている。国立大学のばあい、「国
立学校設置法施行規則」第12条によって、例外なく教授兼任であ
る。

　日本の国立大学は、専任館長制でスタートするが、現行の教授兼
任制を支えるものに、大学自治の問題がある。大学の自治は、教
育・研究の自治であり、その直接のにない手は教授である。図書館
は教育・研究上の重要な機関であるから、その最高責任者は教授が
占めるべきだとする考え方である。

　この考え方は首肯しうるとしても、だからといって、教授の兼任
制でいいことにはならない。教授兼任制という現在のあり方は、教
授としても、図書館長としても、中途半端で不徹底である[13]。今後
は、教授の専任制にもっていくべきである。それも、司書の中か
ら、教授の専任館長を実現していくことが理想である。

　もともと、大学の管理機構が教授によって占められるべきだとい
う考え方じたいが、古い大学観に基づくものであろう。はじめ、中
世の大学は教育組織そのものであったから、クラスで教えない者は
faculty member ではなく、大学の管理者からは除かれた。その後だ
んだんと、学部長とか、学長とか、総長とかが必要になってくる
が、かれらがまず、教えるということを免除された faculty member
であった。さらにその後、大学の発展とともに、教えない research
faculty が加わってくる。そして、現代の大学になると、そのほか
に、図書館員、カウンセラー、その他いろんなものが、アメリカで
は大学によっては、faculty member に入ってくる。「教える」とい
うことの意味の範囲が拡大されたのである[14]。国際的にみても、欧
米の大学図書館では、日本のような教授兼任制はきわめて少ない。
ドイツのように、教授の権限の強い国においてすら、すでに1870
年代から、司書による教授専任館長制が実現している[15]。また、ア

メリカでは、館長だけでなく、大学図書館の司書の多くが、faculty status または academic status を獲得しているところが多く、そうでないところも、そのような運動が続けられていることは、よく知られていることである。

3.4 司書養成制度の問題

先にあげたように、専門職の条件のひとつとして、「確立された学問と標準化された技術が存在し、それを習得するためには、長期の専門的教育と訓練が必要」[16]である。いまの日本の司書養成制度が、この条件とほど遠いことは、あらためて述べるまでもない。

専門職としての司書の養成は、最低4年制大学の課程の中で行われるべきで、さらにその上に、マスター及びドクターのコースが開かれていくことが必要である。アメリカの大学図書館で、司書の身分を faculty status や academic status に切りかえるさいに問題になることのひとつは、司書の養成課程がマスター止りでドクターを持つ者が少ないということである[17]。

専門職の教育において注意しなければならないことは、それは単なる職業教育に終始してはならないということである。「標準化された技術」の習得といっても、その技術を単に適用するだけのことを教える教育であれば、それは専門家になるための職業教育とはなりえても専門職を育てる教育とはなりえない。専門職とは、単に技術の適用に終始するのではなく、状況に応じて、自律的な判断が可能であり、必要とあれば、標準化された技術を改変していく能力を期待されるものでなければならないからである。

4. むすび

以上、今日における大学図書館の職員制度の問題点をみてきたが、これらの問題は、結局は、司書職が専門職として確立されることによって解決されるものである。そして、専門職としての確立の要求は、「待遇改善のてっとり早い手段なのではない」[18]。ライブラ

リアンシップの追求が必然的に要求してくるものである。

　しかし、前にも述べたように、司書職は現状のままで、すぐに専門職としての確立を要求することは、館界外からの指摘をまつまでもなく、困難であろう。したがって、司書職を専門職として確立していくためには、専門職としての条件を、十分にみたしうるように努力していかなければならないが、まず第1は養成制度である。司書の養成を4年制の大学課程で、さらには大学院課程にまで引きあげていかなければならないが、その前提となるのは図書館学の発展である。図書館学の十分な開拓があってはじめて、大学院課程も可能になってくる。いつまでも外国の図書館学を技術論としてのみ移入していたのでは、わが国における図書館学の開花は、到底期待しえないであろう。

　第2は、現場における図書館業務の整理である。非専門的業務に埋没している専門的業務を明確にし、それにウェイトをおいていくことである。しかし、いろいろの悪条件が重なっていて、これはとくに困難である。しかし、困難だといって努力しなければ、いくら外的な法的確立を要求しても、大した意味はない。専門職としての確立は、法的に確立すれば、それでいいというものではなく、実質的に、専門職としての実を備えることでなければならない。その時はじめて、「国民の知る権利にこたえる知的、精神的な活動」という、司書の専門職性がはじめて実現されるのである。そのためには、くの人が指摘しているように、司書の専門職性を現実につき崩している現場の貧困さを改善することが大切であるが、それとともに、技術論への埋没から脱却すべきである。単なる技術屋は、専門職性とはあいいれないことに、十分留意すべきである。

　養成制度が高度化し、現場において専門職性が十分に実現されるように、大きな改善が図書館界においてなされたとしても、司書職が専門職として確立するためには、最終的には、図書館及び司書の果たす社会的・文化的役割に対する社会の評価が問題になってくる。市川昭午氏は、司書に課された役割というものは、仕事の結果

271

が利用者に致命的な被害を及ぼすというようなものではなく、「要するに大したことはないからなのだ」[19]と書いている。司書がいかに力んでみても、館界外の人にとって、司書の社会的・文化的役割というものが、「要するに大したことはない」ものであれば、法律に司書のことがうたわれようと、実質的に司書は専門職としては確立しえないと言わなければならない。司書の持つ社会的・文化的役割は、結局はそれぞれの国の社会的・文化的条件によって異なってくるし、その役割に対する評価も当然異なってくる。ある国で司書が専門職として確立しえても、条件の異なる他の国では到底同じような形で、専門職としては確立しないこともありうるわけである。司書の役割が、「要するに大したことはない」とみられがちな日本において、司書の専門職性を真に追求しまた実現していくことは、きわめて困難である。われわれはこれまで、図書館及び司書の社会的・文化的役割を、あまりにも安易に図書そのものの持つ社会的・文化的役割と混同し、また、それにおんぶして考えがちであった。そうではなくて、司書は、図書群の構成者、情報そのものの取扱者として、1冊1冊の図書が持つ文化的価値を越えた役割を切り開いていかなければならない。この開拓が、どのような方向に、どのような形で実現していくかについては、まだ誰もはっきりと知ってはいない。しかし、われわれは、専門職としての確立ということの意味を十分にわきまえた上で、現実にはこの理想に一歩でも近づきうるように、現実の条件の改善に努力していかねばならない。

注

1）川崎操「司書職制度ならびに待遇改善に関する日本図書館協会（主として大学図書館部会）および企国国立大学図書館長会議の運動情況年誌」全国国立大学図書館長会議編『大学図書館の業務分析』（1968年）の p.164-209 に収載

2）酒井忠志「大学図書館の専門職制」『図書館雑誌』60(8), 1966年8月 p.324-326.

3）館長認定の問題については、拙稿「大学図書館における司書職の問

題」『図書館雑誌』52(2), 1958 年 2 月 p.46-47. を参照されたい。

4）この人事院の改正意見に対する館界の見解を伝えるものとして、つぎ
のレポートがある。岩猿敏生「大学図書館改善総合委員会報告」『図
書館雑誌』57(8), 1963 年 8 月 p.388-390.

5）全国国立大学図書館長会議編『大学図書館の業務分析』1968 年 p.189.

6）市川昭午「図書館員の専門職性」『図書館雑誌』64(11), 1970 年 11 月
p.521.

7）室伏武「図書館員の専門職性とは何か」『図書館雑誌』60(1) 1966 年
1 月 p.20.

8）日本図書館協会図書館員の問題調査研究委員会「図書館員の専門性と
は何か」『図書館雑誌』64(5), 1970 年 5 月 p.213.

9）西藤寿太郎「司書館制度に関する一考察」『間宮不二雄先生喜寿記念
図書館学論文集』に収載 1968 年 p.237-38.

10）Rothstein, S., Reference service : the new dimension in librarianship. *College & Research Libraries.* 22(1). p.17.

11）板寺一太郎「司書職優遇の根拠」『図書館雑誌』58(7) 1964 年 6 月
p.325-327.

12）Lyle, Guy R., *The President, the professor, and the college library.* 1963.
p.22.

13）富永牧太「兼任図書館長の功罪」『図書館雑誌』52(5) 1958 年 5 月
p.138-139.

14）McAnally, Arthur M., "The Dynamics of Securing academiC Status," *College & Research Libraries.* Vol.18. 1957. p.387-388.

15）Danton, Periam, *Book Selection and Collection : A Comparison of German and American University Libraries.* 1963, p.36.

16）図書館員の問題調査研究委員会　前掲報告

17）Marchant, Maurice P., "Faculty-Librarian Conflict," *Library Journal.* Sept.
1, 1969, p.2887.

18）前掲 8）図書館員の問題調査研究委員会前掲報告

19）前掲 6）市川昭午論文 p.523.

[Abstract]

The status of university library staffs, with reference to its professionalization

Since 1950 when the Library Act was promulgated, the problem of status of university library staffs has been eagerly debated, but has come yet to no definite conclusion. That comes from the fact that there has been no unified opinion as to this problem even in library world.

The writer thinks whether one of occupations is recognized socially as a profession or not depends upon a cultural and social function which an occupation carries out. From a historical point of view, we can say that a librarian has filled a role as a custodian of books. Secondly, a librarian has been considered not only as a custodian of books, but also as a collector of books. By getting each book together as a collection, it can produce a new value beyond what each book has had. However, a librarian's role in these steps is only subordinate to a cultural, social value which a book or a collection of books have had. As a result, What a user of library wants to depend on is a cultural- social value of book itself rather than an activity of librarian. Here we can think the third step of librarian's role, that is reference work. Only in this step, a user can depend on a librarian's role itself rather than that of books. Only when an activity of librarian is considered as playing an important role culturally-, socially, an occupation of librarian is recognized as a profession.

From a point of view like this, the writer discusses concretely on the problems of the relation between a professional librarian and an administrator in a university library, university librarians, training for university library staffs, and offers a new point of view on these problems.

17 戦後の大学図書館における司書職制度問題に関する史的展望

『大学図書館の管理運営：第 2 回日米大学図書館会議応募論文集』
大学図書館国際連絡委員会（1972）

1. 昭和 20 年代－日本図書館協会を中心に－

　第 2 次大戦の敗戦による焼土の上に、新しい日本を造り出していくためには、創造を荷なう新しい人間を創り出すことが必要である。そのため、戦後教育改革が急速に押し進められていく。

　昭和 21 年 4 月 1 日には、いち早く「帝国大学官制」が、勅令第 205 号をもって公布された。それにともなって、これまでの各帝国大学ごとの官制が廃止され、共通の官制によることになった。この新官制が大学図書館に対して持つ意味は大きい。この官制の公布により、これまで、総長以下教授、助教授、書記官、事務官、司書官、書記、司書と分れていた職種が、文部教官、文部事務官、文部技官の 3 つに統一されてしまう。その結果、明治 41 年以来、帝国大学に官制上認められてきた図書館の専門職員としての司書官、司書の職種がなくなってしまったのである。

　また、官吏の身分も、親任官、勅任官、奏任官等の高官と、判任官の普通文官との区別を廃し、1 級官、2 級官、3 級官の名にあらためた。ここで、1 級官はこれまでの勅任官に、2 級官は奏任官、3 級官は判任官にそれぞれ当る。それで、「帝国大学官制」第 16 条には、「帝国大学ニ附属図書館ヲ置ク　図書館ニ図書舘長ヲ置キ教授若クハ助教授タル文部教官又ハ 2 級ノ文部事務官以テ之ニ充ツ」と規定されたのである。それまでは、明治 41 年の官制改正により、はじめて司書官及び司書が置かれため、図書館長は「教授助教授又

ハ司書官ヨリ文部大臣之ヲ補ス」となっていた。

　司書官、司書については、明治41年6月2日の「京都帝国大学官制」によれば、「司書官ハ専任1人奏任トス上官ノ命ヲ承ケ附属図書館ニ於ケル図書記録及閲覧ニ関ル事務ニ従事ス」とあり、司書については、「司書ハ専任5人判任トス　上官ノ命ヲ承ケ附属図書館ニ於ケル図書記録ノ整理及閲覧ニ関スル事務ニ従事ス」とある。「東京帝国大学官制」でも、また、その後創設されたその他の帝国大学官制も皆同様であるが、ただ、大学によって、司書官、司書の定数が異なった。

　司書官、司書の任用については、明治41年の「帝国大学事務官、帝国大学司書官及帝国大学司書特別任用令」によると、

　第2条帝国大学司書官ハ左ノ資格ノ一ヲ有スルモノニ限り高等試験委員ノ詮衡ヲ経テ之ヲ任用スルコトヲ得

　　1.　教育又ハ図書ニ関スル高等文官ノ職ニ在リタル者

　　2.　3年以上教育又ハ図書ニ関スル奏任官待遇ノ職ニ在リタル者

　　3.　5年以上教育又ハ図書ニ関スル判任官又ハ判任官待遇ノ職ニ在リ現ニ60円以上ノ月俸ヲ受クル者

　　4.　図書ニ関シ特別ノ学芸技術フ有スル者

　第3条　帝国大学司書ハ図書ニ関シ学術経験アル者ニ限り普通試験委員ノ詮衡ヲ経テ之ヲ任用スルコトフ得

と定められている。

　戦後における大学図書館員の問題は、したがって、昭和21年の「帝国大学官制」に胚胎する。すなわち、この官制の公布によって、これまで認められてきた帝国大学図書館における「図書記録及閲覧ニ関スル事務」を専掌する司書官、司書が姿を消してしまったことである。しかし、時代は戦後のまだ混乱の時期であった。この新官制に対する大学図書館関係者の意見を示すような記録を見出すことはできない。当時図書館は戦災を受けたものも多く、無事で残ったものの、占領軍に館舎を接収されたものもあった。やっと開館にこぎつけても、図書館財政の窮乏による活動の麻痺等、あらゆる困難

に直面していたばかりでなく、図書館員もインフンの波にもまれ、生活は困難を極めていた。したがって、図書館や図書館員の問題について、思いをめぐらす余裕すらなかったであろう。昭和23年4・5月号の「図書館雑誌」は、「戦後図書館界の動き」と題して、当時の館界の暗澹たる状態を伝えているが、このような館界の暗黒状態の原因の一つとして、「図書館員の生活困難のため、転出が多く、質的に低下したこと」[1]を挙げている。

敗戦後の図書館界は、このような状態にあったが、昭和22年3月29日には、戦後の日本における教育の基本を示す「教育基本法」及び「学校教育法」が公布された。これにともなって、これまでの「大学令」が廃止され、「学校教育法」の定めるところにより、修業年限4年を原則とする新制大学が設置されることになった。さらに、同年9月30日には、「帝国大学令」の一部が改正され、帝国大学は国立総合大学に改められた。こうして、教育界、大学は新しい再生に向って、はげしくゆれ動いていく。

図書館界においても、その再建の拠点として、日本図書館協会の再開、建直しの努力が払われ、昭和23年6月14日より開催された戦後第2回目の定期通常総会において、大学高専図書館部会が設置された。部会結成の世話人として努力した川崎操（当時一橋大図書館）は、「世話人として川崎操と地方関係から村上清造（当時富山薬専図書館）の両人が委嘱され、昭和二十三年第一回の部会旗掲げを小金井町浴恩館に米持参の上一同宿泊して開催した。しかしながら、全国から集り得た大学、高専関係者は二十六校二十八名にすぎなかった」[2]と記録している。

この大学高専図書館部会は、その目的として、「大学高専共通問題の研究（例へば待遇問題、再訓練、洋書入手問題、学内図書館行政改善等々）実施促進を図る事を先づ当面の目的とする」[3]と述べ、職員の待遇問題を重点的にとりあげている。

総会ではまた、日本図書館協会の臨時委員会として待遇改善委員会の設置が決議された。総会にひきつづいて開かれた図書館大会で

は、緊急議題として「公立図書館員の待遇改善について」が討議されている。こうして、戦後における図書館員の待遇問題は、まず日本図書館協会及びそれぞれの部会においてとりあげられたのである。

日本図書館協会総会で設置を決議された待遇改善委員会は、世話人の手で準備中であったが、昭和24年2月正式に設置、活動を開始した。委員会は「全国図書館職員の生活向上を図るため、待遇の実態調査を行う。これによって必要な対策を立て実行に移す」ことになった。委員は公共、大学高専、特殊図書館等から出て、それぞれの立場で調査を進めた。

この委員会は昭和24年5月、図書館員の実態調査を行なった。調査としては、（イ）個人の給与、生計の実態、（ロ）学歴、勤務年限別職級基準条件、（ハ）初任級基準、（ニ）職級基準がとりあげられ、調査対象は、公共図書館250館、官公私立大学図書館50館を選んで、直接回答を求めた。それに対して、公共図書館39館、大学図書館20館より回答があり、公共図書館関係分だけは「図書館雑誌」の43巻9号（昭和24年9月）に発表された。待遇改善委員会はこの調査の終了を契機として、同年7月より、協会人事管理委員会と名称を変更したので、調査結果の発表は、協会人事管理委員会の名前で行なわれている。大学図書館関係の分は、「次号に発表する予定」と予告されていたが、結局発表されないままで終った。

昭和23年秋頃から、図書館員という職種による全国的な単一組合を結成しようとする運動が、近畿図書館組合と東京地区図書館労働組合協議会が発起人となって進められてきたが、24年3月12日に東京科学博物館講堂で、全日本図書館員組合が結成された。その綱領の一つとして、図書館員の労働条件の改善、社会的地位の向上がうたわれているが、同年6月大阪において第1回の大会を開いたほかは、具体的な運動をみることもなく消滅した。

その原因について、日本図書館協会の事務局長であった有山崧は、つぎのように述べている。

「……この図書館員の全国単一組合は間もなく自然消滅の形に
なってしまった。その主な原因は、図書館員の雇用の形態が各自
治体単位であることにあった。つまり県立図書館員は県で、市立
図書館員は市で独自に任免されるので、図書館員の組合的要求は
その県や市の職員組合の中において解決されるのが当然であり、
これを全国的単一組合としての全日図に持込んでも、実質的には
何らの力にもなり得なかった。

　（中略）

この点では戦前の公共図書館職員令による職員体系の方が職種
としての統一性があった。この職員令によると当時の教員と同様
に文部省が全国の公共図書館員を任免しその代り給料を出してい
た。これ一面国家統制、中央集権の弊をもたらす危険性はあると
しても、職種としての統一性と人事交流の点で便利であった。」[4]
この組合運動よりも、大学図書館界に大きな波紋を投げかけたの
は、同じく23年頃から具体的になってきた人事院の職階制の動き
である。ここでは、図書館に関する専門職として、「司書」という
職列をおくこととし、昭和24年8月24日に「司書職列職級明細書
（最終案）」が、人事院から発表された。これによると、司書の職列
をつぎのように定義している。

「この職列は図書館の運営、管理或は図書その他の図書館資料
の収集、選択、受入、分類、日録の編成、保管、閲覧、レファレ
ンス等の専門的業務に関して識査、研究、監督又は実施すること
を職務とするすべての職務を包合する。」
なお、館長や館長補佐はこの職列に入るが、図書館庶務、会計、
人事等専門にわたらない図書館業務とする官職は、この職列から除
外され、それぞれ関係の職列に包含されることが、説明事項として
注記されている。

この職列は、1級司書から7級司書まで、その業務内容と責任の
程度に応じて分けられ、図書館も蔵書数、職員数、年間利用人員、
年間利用冊数によって、A級、B級、C級の3級に格付けされて

いた。しかし、この最終案に対しては、低く格付けされることになる新制大学の側に不満が多かった。それで、昭和25年5月に開催された全国図書館大会大学図書館部会では、司書職列と国立大学図書館の級別の問題が活発に論議され、この問題に対して具体的に大学側の対案をまとめるために、部会に各地区から選出された合計10名の委員をもって、司書職専門委員会が設置された[5]、委員会による検討の結果は、意見書の形にまとめられ、人事院に提出された。さらに、この意見書に対する人事院側の回答も付して、その経緯が委員会世話役の村上清造によって、「図書館雑誌」の45巻1号（昭和26年）に報告されている[6]。

当初26年4月から実施を予定されていた職階制に対しては、職階制そのものに対する反対ではなく、もっぱらその格付けに対する意見、不満が図書館の現場から表明された。しかし、その後各省の要求によって、国家公務員の専門職種の大幅統合が行なわれることになり、司書職もその統合されるもののひとつに入れられることになった。これに対して、大学部会司書職専門委員会は協会を通じて文部省に働きかけ、司書職を専門職種として確立するよう努力を続けた。その結果昭和27年4月には、運動の成果として、日本図書館協会は「国家公務員司書職の専門職としての確定」速報という通知を、各ブロック大学図書館および県立図書館長あてに4月4日に発送した。さらに、この件は同年5月号の「図書館雑誌」に、「事務局通信」という形で報告された[7]。

これまで示されていた人事院の司書職列案では、1級司書は本省次官、2級司書は本省局長、3級司書は本省課長、大学では事務局長同等ということになっていた。27年5月熊本県人吉市で開かれた全国図書館大会大学図書館部会では、これまでの1級司書と2級司書は、国立国会図書館を含めて考慮されたものであったが、国会図書館は国会特別職ということで、この司書職列から抜けることになった。それで、前案の3級司書（本省課長級）が1級司書になるように案の変更があったことが、司書職専門委員会から報告があっ

て、いよいよ司書職の確立の近いことを思わせたが、司書職列案は
ついに立消えになってしまった。

　人事院の司書職列案は前述のように、直接対象になるのは、国家
公務員である図書館員である。したがって私大図書館員には直接的
な関係はない。そこで私大側では、法的に司書の職種を明確化する
方向がとられてきた。昭和27年度の私大協会の総会で、司書職種
の法制化問題が論議されたのに引きつづき、28年度の全国図書館
大会大学図書館部会で「学校教育法」58条第1項に「司書」の名
称を加えて、「司書は文献を蒐集し、整理し、運用する」と改正す
る件が提案された。討議の結果、大学図書館部会に大学図書館職員
制度改善促進実行委員会を設置し「大学図書館に於ける専門職員の
資格及び地位を明確にするためのあらゆる運動を展開する」[8]こと
になった。委員は国立4名、公立2名、私立4名とし、そのほかに
各地区に13名の連絡員をおくが、その内訳は、国公立10名（全国
各地区から1名づつ）、私立5名（関東3名、関西2名）であった。

　委員会は大会後間もない6月24日に第1回の会合を持ち、「運動
の対象としては、学校教育法、国立学校設置法、職階制などある
が、国立学校設置法は学校教育法が改正されれば当然改正されるか
ら、学校教育法の改正に集中する。また、職階制はこの1、2年実
施の見透がないので、たいして問題にする必要はない」[9]というこ
とになった。そして、結論として、「学校教育法」58条に「大学に
は学長、教授、助教授、助手及び事務職員を置かなければならぬ」
とあるのを改正して、助手のつぎに司書及び司書補を加えるべきで
あるという運動目標が、明確に打出された。

　委員会はこの結論に基づき、同年7月15日早速文部省で大学課
長と面会し、「学校教育法」の改正について話し合った。この当時
はまだ大学図書館を専掌する情報図書館課は設置されておらず、大
学図書館に関する問題は、大学課で取扱われていた。大学課長は、
「学校教育法は、教育のあり方を中心に定めたものだから、その中
に職員としての司書を入れるのはおかしい。これは国立学校設置法

施行規則第9条3項に司書を入れればよい。またこれなら改正も容易であろう」という見解を示した。委員会で、この大学課長の見解について論議を重ねた結果、「学校教育法は教育の内容だけの問題を取扱うというが、図書館がその内容にタッチしているのだから、その点を指摘、説得すれば、学校教育法第58条改正という目標を変更する必要はない」[10]ことが確認されている。

つづいて8月20日には、再度大学課長と懇談したが、そこで大学課長は「学校教育法」の改正のほかにも、「国立学校設置法」第6条「国立大学に、附属図書館を置く」に続けて、「大学図書館には、学校教育法58条でゆう職員の中に司書を置かねばならぬ」とする方法、さらに、同法施行規則で職員の内訳をする方法もあると、職員制度改正に関するいくつかの方法を提示した。それとともに、司書の職務内容等について、図書館側の研究も期待された[11]。

その後委員会側との意見の交換を通じて、文部省側もいよいよ「学校教育法」の改正を決意して、原案作成にとりかかったことが報ぜられたが、これは文部省内における大学図書館行政担当の窓口が複雑なところから、委員会側に楽観的な推測が生れたことによるものであった。文部省側にも法改正問題について、好意的あるいは批判的ないろいろな意見があるので、委員会側としては、法改正の理由を明確にしておくとともに、司書の資格及び身分について意見の統一をしておく必要があった。そのために、各委員の意見を持ち寄り、委員会の案をとりまとめるとともに、委員会として組織的に活動し、文部省とも折衝をつづけるため、斎藤日大館長を29年4月の委員会で委員長に選出した。

しかし、法改正問題はなかなか進展しない。昭和30年1月の「図書館雑誌」は、実行委員会の報告をのせているが、それによると、「……原則として法改正を推進する。即ち学校教育法第58条に司書の名称を入れる。国立学校設置法施行規則に司書職員を入れ、それを教授、助教授、助手とする。大学図書館基準の中にもりこませる」の3点を確認して文部省と折衝を続けた。文部省も趣旨は十

分理解してくれているが、実現は容易でない。そこで「……まず実質を獲得するようにつとめよう。その実質の上に立てば法改正は問題でない。そのために、人事院に司書職というものを認めさせて、司書職の待遇を教官待遇と同等にさせることが必要である」[12]（傍点筆者）と、重点のおき方に変化が生じてきたことを推察させる。

さらに、30年5月の全国図書館大会における大学図書館部会報告では、現段階においては法改正は容易ではないが、委員会は今後も活動を続けていく。司書職の法制化という問題のなかには、大学図書館員の資格についての法制化も考慮に入れる。また、「法制化という問題については、国立大学に関連をもつものが多いという点から、国立大学関係者にとくに尽力を願いたい」[13]ということになったことが報告され承認されている[14]。

また、委員の任期が6月に終るので新委員は現在の委員会と新しく委嘱される大学図書館部会中央委員との協議によって決定することも承認された。この決定に従い8月に委員の改選が行なわれたが、国立大学図書館関係者を中心とすることになっていたため国立大学を主とする12館の館長と事務長によって構成された。新委員会は12月に全体会議を開き新しいスタートを切るが、すでに発足していた全国国立大学図書館長会議でも図書館員の問題が討議されていることから「その討議の成果を待ち、両者が歩調を合わせて共同戦線を張ることに意見の一致をみた」ことが報告されている。

こうして、その後も委員会側と文部省の折衝は続けられるが、「学校教育法」はもちろん、省令である「国立大学設置法施行規則」の中に司書の項を立てることに後退しても、その実現が容易でない[15]。そこから、委員会と文部省との折衝は、司書職の法制化よりも、実質的な司書の取扱いの改善に重点が移っていく。

その一つは、昭和27年に文部省に設けられた国立大学図書館改善研究委員会作成の「国立大学図書館改善要項」では、図書館に教授、助教授、講師、助手を配置することを奨めているが、これによって、図書館員のうちの若干を教育職員（助教授、講師、助手等）

にふりかえる方法である。この件は、30 年 11 月に開催された第 2
回全国国立大学図書館長会議で討議され、大学図書館における「人
的構成強化の措置」として、同会議より文部大臣あての要望書の中
に入れられている。

第 2 は、この教官職の図書館への導入の件で、文部省と折衝のさ
い、図書館の定員の一部を教官系列に切り替えることは、「定員の
関係から実現困難なのではないか。それよりもむしろ研究職とでも
いう別の職種を設けてはどうだろうか」[16]という意見が文部省側か
ら出されている。

「国立大学図書館改善要項」(昭和 28 年)につづいて、昭和 31 年
には、「私立大学図書館改善要項」が出る。国立の改善要項では、
大学図書館における司書業務は、「不断の学問的研究を必要とする
点並びに学生補導の任務を負荷されている意味においてもむしろ教
官的な要素を多分に包合して」いることを指摘している。私大の改
善要項では、専門職員としての司書および司書補の資格を詳細に規
定して、「専門職員は、その資格に於ても、その職務内容に於ても、
他の一般事務職員と全く異るから、その学内に於ける地位、資格及
び給与等の待遇は教授、助教授と同等に考慮されなければならな
い」と明確に述べている。このように、改善要項には、アメリカの
大学図書館における司書職員に与えられているアカデミック・ステ
ータスの方向が示されているにもかかわらず、前述のように、30
年の国立の館長会議で正式に要望として取りあげられただけで、大
学図書館における司書職問題の解決策として、ほとんど考慮が払わ
れなかった。

昭和 31 年 3 月 31 日付で、人事院より「初任給、昇格、昇給等の
実施細則」が出されたが、それによると、国立学校で司書、司書補
を特殊資格職員として採用しようとするばあい、その初任給がはじ
めて独自に示された。司書職としての法令上の確立が実現する前
に、実際上の取扱いが先行するのである。これ以降、国立大学にお
ける司書職問題は、法制化の問題よりも、具体的な待遇改善上の処

置に論議が集中していくのである。

　さらに、このように、具体的な処理上の問題に議論が集中していくとともに、図書館員問題は国公私を通じての問題としての共通基盤を失い、国立大学だけの問題になっていく。当初図書館員問題に対して、戦後いち早く日本図書館協会に待遇改善委員会が設定されたが、昭和25年には「図書館法」、28年には「学校図書館法」が成立し、公共図書館及び学校図書館には、それぞれ専門的職員がおかれることが法的に明確にされてくるとともに、司書職法制化問題は、大学図書館界のみの問題になってしまった。

　ところが、「学校教育法」の改正が実現困難であり、「国立学校設置法」及び同施行規則の改正に問題の重点が移ると、必然的に運動は国立大学中心にならざるをえない。国立大中心の図書館運動ということになると、昭和29年よりスタートした全国国立大学図書館長会議の方が運動しやすいことになる。国立の館長会議と、大学図書館部会の委員会が、「歩調を合わせて共同戦線を張る」といっても、主導権は国立大に移ることになり、公私を含めた大学図書館全体としての司書職問題に対する取組みは、以後次第に後退していくのである。

2. 昭和30年代──全国国立大学図書館長会議を中心に

　昭和20年代においては、図書館員問題は日本図書館協会が中心になって取り組んだが、司書職の法制化問題が大学図書館だけの問題になると、協会の大学図書館部会がとり組む。しかし、法制化問題が「国立大学設置法施行規則」の改正へと、さらに狭められていくとともに、運動の担当者は国立大学中心になっていった。そうなると、大学図書館における司書職問題は、国立大学における図書館問題の荷ない手として登場してきた全国国立大学図書館長会議が中心になっていく。とくに、昭和31年3月の人事院通達によって、司書職の法制化が実現するより前に、待遇の改善が一歩進んでくると、ますます司書職問題への取組みは、本質論を抜きにしての、具

285

体的な待遇改善問題に集中してくる。昭和31年3月に司書職の初任給基準が示されたことに力を得て、10月に開催された全国国立大学図書館長会議では、司書職問題に議題が集中する。司書の初任給は従来より引きあげられたが、そのため、現職者との間に給与上の不均衡が生ずる。また、初任給だけは特殊資格職員ということになっても、そのあとは事務職員の枠の中に入れられてしまう。こういう不合理を解決するためには、司書職制度の確立をはかるよりほかにない。それには、何をどのように改正し、また、司書職としての資格をどのように考えるべきか、抜本的に検討し直す必要があるということになり、その研究が近畿地区大学図書館協議会に委嘱された。近畿地区は、「司書職の確立について」[17]と題する調査報告を翌32年度の館長会議に報告、さらに33年度にも一部訂正を行なって報告した。

　その報告の内容は、これまですでにくりかえし議論されてきたように、「学校図書館法」、「国立学校設置法施行規則」および「大学設置基準」を改正して、司書を明示するとともに、司書の職務内容及び資格基準案までを示したもので、要するに、法令改正については従来の論議の集大成であり、それに資格基準案を詳細に示したものであった。

　昭和32年4月1日に給与法が改正されるが、この改正は国立大学の図書館職員にとっては、きわめて大きな意味を持つものである。第1に、これまで図書館職員は級別定数上は一般事務職の中に含まれていたが、はじめて別わくとなったことである。これで、初任給のときのみ、特殊資格職員であって、その後は一般事務職の中に組み込まれてしまうという不合理さが克服されたのである。

　第2は、図書館職員の等級区分が、行政職俸給表（一）の8等級から4等級までとされたことである。一般事務職では、係長にならないと原則としても5等級に昇格できないが、図書館職員では4等級まで、役職につかないでも上りうる者は、司書、司書補の資格を有し、図書館業務に従事している者、または、これと同等以上の職

務に従事していると図書館長が認めた者であること。ここに館長認定の問題が起こってくる。

　昭和 32・33 年の両年にわたって、全国国立大学図書館長会議は、前に述べた通り、「司書職の確立について」と題する調査報告を公表するなど、精力的に司書職問題に取組んだが、日本図書館協会大学図書館部会の職員制度改善促進実行委員会の活動については、「図書館雑誌」もなにも伝えてくれない。ところが、33 年 6 月東京で開催された全国図書館大会大学図書館部会には、司書職法制化問題は全く提案されないが、関連議題として「大学図書館の司書資格に必要な学科目の研究のために委員会設置の件」（村上清造提案）と、「大学図書館長の司書資格認証に対する共通基準設定調査委員会設置の件」（大佐三四五提案）が出されている。後者の議題は、前年の給与法改正の結果、級別定数上の図書館職員になりうる者として館長が認定するばあいその認定基準が大学ごとにばらばらであっては困る。したがって共通的な基準設定のため大学図書館部会に委員会を設けて、基準を定めるべきであるという提案であった。

　討議の結果前記議題をひっくるめて検討するための委員会を設置することになり、提案者 2 名と大学図書館部会委員と協議の結果、部会に「大学図書館司書職に関する調査委員会」を設置することになった。委員としては国立 4 名、公立 2 名、私立 4 名それに提案者 2 名を加えて計 12 名が選ばれた。33 年 8 月 28 日に立教大学に全委員が集まり第 1 回の委員会が開かれ筆者が委員長に選ばれた。

　委員が東京と関西を中心に選ばれているため、どうしても全委員が集まっての会合は開きにくい。それで、主として関西側委員が中心になって案を作り、それを他地区の委員に送るという形をとったが、このような形では十分な討議は困難である。しかし、34 年 6 月名古屋での全国図書館大会大学図書館部会では、委員会での検討の結果がつぎのように報告されている[18]。

　1. 大学図書館司書職員を図書館法上の有資格者と同等以上と、大学図書館長が認定する基準について

1）学歴

  a）短大卒以上であること

  b）高校卒の場合は 2 カ国語の外国語ができること

2）図書館員としての経験は分類、日録業務を中心として

  a）大学卒の場合は 2 年

  b）短大卒の場合は 4 年

  c）高校卒の場合は 6 年

以上に該当する者について認定することにしたい。

2. 大学図書館司書職の資格に必要な学科目と単位表（専門科目）

1）基礎部門 8 単位

  図書館概論 4 単位

  図書館史 4 〃

2）資料運用部門 20 単位

  書誌学 2 単位

  専門書誌 8 〃

  特殊資料 6 〃

  奉仕活動 4 〃

3）整理部門 10 単位

  図書目録法 6 単位

  図書分類法 4 〃

4）管理部門 8 単位

  図書館経営管理 4 単位

  〃　建築施設 2 〃

  〃　対外活動 2 〃

この大学図書館部会には、「大学図書館法案の調査および起草特別委員会の設置について」（大佐三四五提案）、「大学図書館の職制確立について」（安井一磨提案）及び職員の研修に関する件などが提案されたが、司書職問題のほかに大学図書館法も含めて検討するため、「大学図書館司書職に関する調査委員会」を改組、拡大して、「大学図書館に関する改善綜合委員会」を設置することになった。

ところで、33年5月8日付の人事院任用局長名による文部省人事担当部課長あての通知によると、国家公務員採用試験の対象とならない特別な知識、能力、技術または経験を必要とする官職として、医学、薬学以下全部で18の名辞がならべられているが、この中から図書館学が落されている。ということは、これまでのように、司書または司書補の資格を持つ者の中から、選考によって図書館職員を採用することができなくなったということ、もうひとつ言いかえれば、図書館職員は特殊資格職員として、人事院が認めなくなったということである。

この通知のちょうど1年前、すなわち32年5月31日付の人事院任用局長名による文部省人事参事官あての通知では、特別な知識、能力、技術または経験を必要とする官職への採用は、選考によって行なってさしつかえないとし、そのような官職の一つとして、図書館学に関する知識、能力、技術または経験を必要とする官職があげられているのである。さらにさかのぼると、たとえば、昭和30年11月10日付の人事院事務総長より文部事務次官あての通知で、図書館法第4条に定める司書または司書補をもって補充しようとする官職は、採用にあたって競争試験を行なわない官職であると認めている。だからこそ、31年の特殊資格職員初任給基準表の中にも、司書、司書補の職種がつけ加えられたのである。

32年5月の人事院任用局長名の通知では、図書館学に関する知識、能力等を必要とする官職は、選考採用でいいと認めていたが、同年8月27日付の「現に有効な採用候補者名簿の対象となっていない官職について」という人事院任用局長名の通知によると、「下記に該当する官職へは選考によって採用することができます」という官職の中からは、図書館学という名辞が省かれたのである。このことは、早速一部の大学図書館関係者の注目を引いたが、同通知の第3項に、「医学、薬学、特殊教育学等の特別な知識、能力、技術または経験を必要とする官職」は、選考により採用してもさしつかえないとあるので、図書館学はこの「特殊教育学等」の「等」の中

に合まれるものと解していた。

このような経過があって、33年5月には、はっきりと、図書館学に関する知識、能力等を必要とする官職は特殊な資格を必要とするものではなく、国家公務員採用試験の対象官職ということになってしまったのである。筆者は当時つぎのように書いたことがある。「いったいどういうわけで、これまで特殊資格職員としてはっきり認められていた司書、司書補が1年間のうちに、特殊資格職員でないことになったのか。人事院のこの認定の変更については、われわれはその結果を知らされるだけで、その理由についてはなに一つ知らされていない。思えばへんてこな話である。」[19]

その理由として、人事院任用局企画課長飯野達郎は、昭和46年に、「その経緯は、大分前のことでもあり必ずしも明確にし得ない部分もあって、推測の域を出ないが、図書館学等の講座が相当広く行なわれ、受講者もまた多くなり、その官職を試験の対象外とすべきほど特殊なものとは認めがたくなってきたためではないかと思われる。このようにして、司書、司書補を国立学校の図書専門職員として採用するには、国家公務員採用試験の合格者のうちから採用しなければならないこととなった」[20]と述べている。

これによれば、特殊資格というのは、資格の特殊性、専門性ではなくて、資格を持つ者の量の多少によることになる。当時われわれとしても、図書館職員の採用が、選考採用から試験制度に切りかわることじたいに必ずしも反対したのではなく、司書資格の特殊性ということを、専門性の観点から、人事院が無視しているのではないかと考えたのである。現に、選考採用から試験制度への変更を期待する者もあったのである。川崎操は、「国立大学図書館における司書職制の確立と待遇改善の促進方については、毎年の全国国立大学図書館長会議にとりあげられ協議と要望が続けられてきたが、一方従来司書職は国家公務員試験対象外官職として、我々の念願している期待に逆行するものであった」[21]が、その後改善されて、採用試験制度になったと述べている。こうして、司書職は試験対象外官職

ではなくなったにもかかわらず、なんの試験も行なわれなかった。
また、特殊資格職員でなくなったから、31年に認められた特殊資
格職員の初任給基準表からも、司書、司書補は削除された。このよ
うに、司書職は全く宙に浮いた形になったため、文部省は34年5
月20日付でつぎのように人事院と協議したのである。国立大学図
書館において、「図書館法」による司書、司書補の資格を有し、か
つ図書に関する専門的職業に従事する職員の占める官職は、「特殊
の知識、技術を必要とし、その職務の複雑・困難・責任の度が相当
高度のものと認められ」、また、今までの職員とのつり合いから、
従来通り選考によって採用し、その初任給もこれまでの基準表を適
用して欲しいと協議したのである。この協議は、6月13日付の人
事院よりの回答により、よろしいと認められたが、人事院は、人事
院の認める試験を行なって採用するようにして欲しい旨、同時に希
望している。

昭和34年10月一橋大学で開かれた全国国立大学図書館長会議で
は、協議題のひとつに、「司書職の確立のため国立学校設置法施行
規則の改正方要望の件について」（近畿地区提案）が出され、文部
省あて要望書が提出されている。その中で、上記のような事情にふ
れて、つぎのように述べている。

「……従来は司書職は国家公務員試験対象外官職とされていま
したが、それが認められなくなるとともに、行政職俸給表（Ⅰ）
初任給基準表より、司書・司書補が削除されるに至りました。こ
のような措置は、司書職が高度の知識と特殊の技術を要求される
職種であるということを否定するものであって、大学図書館の発
展のため、かねがね司書職制度の確立を念願しているわれわれの
期待と逆行するものであります。かかる事態に立ちいたりました
のも、結局、司書職がなんら法的な根拠を持たなかったためと考
えられます。勿論、現実には文部省関係諸官の御尽力により、司
書有資格者の採用ならびにその初任給は、従来通りの取り扱いが
みとめられていますが、いつまでもこのような状態が許さるべき

日本図書館学の奔流：岩猿敏生著作集

ではありません。

　　（後略）……」22)

　文部省としては、司書職の採用にあたっては、なんらかの形で試験制度をとらざるを得ないことになっていたので、34年10月のこの館長会議の席上で、採用試験要綱案を示して意見を徴した。こうして、翌35年1月21日付「国立大学図書専門職員採用試験要綱」が実施されることになった。それ以後、国立大学図書館で職員を採用するに当っては、個々の大学ごとに、国家公務員採用試験の上、中、初級試験に準じた試験を実施しなければならなくなった。この試験の合格者は、たとえば上級試験にパスした者は、国家公務員試験の上級合格者と同じ待遇になるので、従来の選考採用によるより、かなり有利になった。

　しかしながら、試験を実施する大学にとっては、わずか数名の採用のために、一般教養試験と図書館学の専門試験にわたって、上、中、初級の試験を実施し、しかも受験者の答案にいたるまでそっくり文部省に提出して、実施した試験が正規の公務員試験に準ずるものであると認定して貰うのであるから、たいへんな負担である。図書館学担当の教官も、また、図書館の管理職に図書館学に相当の知識を持つ者もいない大学では、図書館職員を採用したくても、実際上採用試験を実施することは困難であった。そのため、他大学に試験を委託する途もあったが、近くの大学に試験実施大学がないばあい、結局一般職の公務員試験合格者を採用することになるし、また、そのような実例もみられた。図書館職員の採用のための試験実施が、あるばあいには逆に、図書館職員を目指す者を締出すという皮肉な結果を生むことにもなったのである。このような変則的な試験制度が長つづきするはずもなく、また、司書職制度の確立という点からも、決して望ましいあり方ではなかった。

　46*年6月の全国図書館大会大学図書館部会の決議によって設置されることになった「大学図書館に関する改善綜合委員会」は、6月26日の大学図書館部会中央委員会で、国立7名、公立2名、私

292

立 6 名の計 15 名で構成された。この委員会は 3 つのテーマを追求することになっていた。第 1 は、司書職の法制上の明確化をはかるとともに、大学図書館における司書資格の検討である。第 2 は、大学図書館法案の作成。第 3 は、大学図書館問題をただ館界だけの問題にせず、学術会議の中に持ちこみ検討して貰うよう運動を進めることであった。35 年 5 月福島市で開催された全国図書館大会大学図書館部会では中間報告に終ったが 36 年 5 月の日本図書館協会総会大学図書館部会及び 10 月の全国図書館大会大学図書館部会では、司書職法制化問題では「国立学校設置法施行規則」の改正。司書資格の問題では 35 年 1 月から始まった「国立大学図書専門職員採用試験要綱」のあり方を具体的に検討して改善策を考えること。大学図書館法案については委員会案が提出され、学術会議への働きかけは会員である図書館長との懇談会を開くなどして、同会議でもとりあげて貰うよう運動がすすめられたと報告があった。

大学図書館以外の国立国会図書館、公共図書館、学校図書館は、みなそれぞれの法律を持っているが、ひとり大学図書館のみは十分な法的裏付けを持たない。そのことが大学図書館の発展を阻害しているとの考えから、職員問題を含めて、一気に法の力で、大学図書館に関する諸問題の解決をはかろうとするところから、大学図書館法案は考えられたものである。しかし、大学図書館部会では、「私大は、法で拘束されるのをきらう」[23] 傾向があるし、他の法令との関係も十分考慮する必要がある等との消極的な意見もあって、この問題は、委員会草案が「図書館雑誌」55 巻 8 号（p.252-254）に発表されたが、そのままに終ってしまった。

36 年 5 月、日本学術会議は「大学図書館の整備拡充について」を、総理大臣あて勧告した。ここでは、第 1 項蔵書、第 2 項施設設備、第 3 項職員について勧告が行なわれているが、職員については、「大学図書館の職員数を適切な水準まで増員し、かつ、大学図書館職員としての専門職の制度を確立する措置を講ずること」が勧告されている。さらに、図書館職員について「専門的に訓練された

図書館職員を、一般事務職員と区別し特殊職員（例えば教官職に準じた職種）として、待遇の向上を図るべきである」と述べている。「図書館雑誌」は、この勧告が出されたのは、協会の大学図書館部会が行なった学術会議への要望が実ったことを指摘している[24]。

全国国立大学図書館長会議も、近畿地区の提出した「司書職の確立について」の調査報告を受けて、毎年執拗なほどに、「国立学校設置法施行規則」を改正することによって、司書職制の確立をはかるよう文部省に要望し続けている。司書職制の法的確立のためには、どこをどうすればいいかは、はっきりしているが、法的確立とともに要望されている司書の待遇改善については、館長会議からも、協会の委員会からも、具体的な一致した意見は結局出されずに終っている。司書を教官職にすべきだと言うてみたり、研究職だとか技術職だとか、あるいはまた、教務職にすべきだとか、いろんな意見は出されたが、結着をみていない。また、現在大学図書館で図書業務に従事している者すべてを法令上の司書として別わくにするのか、あるいは、そのうちの何パーセントを司書にするのか、そのばあいは何を基準にするのかといったような問題は、大学図書館として長い間取組んできた問題でありながら、具体的な点になると、はっきりした案もなければ、意見の一致もないのである。館長会議の席上で、司書職問題について、文部省の担当課長との議論になると、文部省は必ずそれらの点のあいまいさを指摘しているし、館長会議側も、それらの点をあいまいにして、「早急に司書制度を確立し、待遇改善の実を挙げるよう」（昭和36年度第8次全国国立大学図書館長会議要望書）と、要望しているだけである。

昭和37年10月の第9次全国国立大学図書館長会議では、35年1月から実施されている「国立大学図書専門職員採用試験」のあり方について、人事院から改正意見が出されたことについて、文部省より説明があった。改正意見が出された理由として、飯野達郎はつぎのように述べている。

「……受験応募者が少なく、試験問題、採点の方法等もやや安

易に流れる傾向があり、国家公務員採用試験合格者と同等の資質
のある者が選別できるかどうかに疑念が生じた。たまたま当時、
国家公務員採用試験に準ずる試験全般に再検討が加えられたこと
もあってその一環として上記要綱も再検討されるにいたった。」[25]
改正点の主なものは、(1) 試験は全国いっせいに同一日時に大学
で実施すること。(2) 教養試験の問題は人事院から供与すること。
(3) 試験委員に人事院の役人を加えることであった。このうち (3)
は、全国いっせいといっても、大学ごとに実施する採用試験に人事
院の役人が入ることは、大学人事に対する直接的な介入となり、好
ましくないという意見が出された。

一方図書館協会の大学図書館部会は、学術会議への働きかけに一
応の効を奏したが、36年11月の全国図書館大会大学図書館部会
で、司書職問題と大学図書館法問題について、さらに委員会で検討
を続けるべきであるということで、「大学図書館改善総合委員会」
を設置し、筆者が委員長を委嘱された。委員を37年1月に委嘱、3
月から活動を開始し、大学図書館の経営目的達成のために、司書職
が専門職として確立されることが必要であることを明らかにするこ
とに努めた。それとともに、国立大学における現行の採用試験制度
には、問題点が多いので、これをどのように改正すべきかについて
も検討中であった。

ところが、その後人事院が現行試験制度を大幅に変更しようとし
ていることを知り、委員会としては急遽試験制度の検討に全力をあ
げ、試験制度を採用するならば、現行のような中途半端なものでな
く、国家公務員採用試験の試験区分の中に正式に図書館学を設ける
べきであるという結論に達した。

委員会としては、37年11月の全国図書館大会までに、さらに詳
細に改善すべき点を検討して、委員会案を大学図書館部会に提案し
た[26]。その後、昭和38年2月16日文部省人事課長名で各国立大学
図書館長あてに、「このたび人事院の要請もあり、問題基準および
合格基準の一部を本年度に限り下記のとおり変更して実施すること

295

になりました」と、採用試験の変更について通知があった。

この通知によれば、館長会議で意見があった人事院の職員が試験に加わるという点を除いて、人事院の改正要請の線に全面的に沿うものであった。しかし、委員会として改正を期待した点は、いずれも解決されていなかった。

全国いっせいに同一日時に、しかも教養試験は人事院が供与するものを使うということになれば、これはもう、人事院が直接行なう国家公務員採用試験と五十歩百歩である。翌年の 39 年 1 月 18 日からは、再度試験制度はあらためられて、「国立学校図書専門職員採用試験」が、人事院の直接行なう公務員試験のひとつとして実施されるようになった。大学図書館改善総合委員会が打出していた試験制度と、同一になったわけである。

3. 昭和 40 年代－司書職問題の地平の拡大－

昭和 39 年 5 月、九州大学で開催された第 11 次館長会議には、司書職制度を根本的に検討するための特別委員会の設置が、九州地区より提案され、決議された。さきには、日本学術会議による大学図書館における専門職制度の確立要求があり、また、国立大学図書館における図書館職員の採用が、39 年からは正式に人事院の行なう採用試験によることになる等、職員問題に対する外的な条件も変化しはじめてきた。そこで、館長会議としても、たんに文部省に対する要望だけに止まらず、司書職問題に対して、根本的な検討を加える必要にせまられてきたのである。

館長会議は、「司書職制度に関する特別委員会」を設置するとともに、国立大学協会及び日本学術会議に、その立場から大学図書館の問題について、適切な措置をとるように、39 年 6 月 12 日付で要望書を提出したが、その第 4 項に「司書職制度の確立について」をとりあげている。

要望書は、図書館職員の採用は人事院の行なう正式の採用試験によって行なわれるが、「採用されたのちは、現行の国立学校設置法

施行規則によって、事務職員（庶務、会計等に携わる職員）の中に
ふくまれています。専門職員としての司書職制度が確立されていな
いため、その身分は安定せず、待遇面においても、相応な処置をう
けていません。このため、大学卒の有能な人材は、図書館職員とな
ることを敬遠し、また、現職の者が大学図書館を離れていく傾向が
生じています」と指摘している。

　この要望書に応ずるかのように、日本学術会議は同年 11 月 17 日
付で、「大学における図書館の近代化について」を、総理大臣あて
に勧告する。学術会議の勧告は、大学図書館の近代化のため 5 項目
の要望をかかげているが、その第 3 要望では、「学術情報処理の学
理と技術を大学図書館運営において活用する専門職員を養成、確保
するため、情報科学の振興、専門職制の確立、専門職員の待遇改善
等、所要の措置を講ずること」を要望している。また、国立大学協
会も昭和 40 年 4 月より、館長会議の要望に応じて、第一常置委員
会で、大学図書館の問題を検討することになった。

　館長会議に設けられた「司書職制度に関する特別委員会」は、
「在来の諸研究を土台として、司書職制度を確立するために、必要
な法制上の検討をなすこと、および、大学図書館の実態に即して、
大学図書館司書職を専門職として確立するために必要な基礎的研究
をすること」[27]を目的とするものであった。そのうち、法制上の検
討としては、32 年に提出されている「司書職の確立について」の
報告書があり、どの法令をどのように改正すればいいかについて
は、すでに言いつくされている。そこで、司書職制の確立のための
基礎的研究として、大学図書館の業務分析にとり組むことになっ
た。委員会は昭和 39 年 9 月 26 日に第 1 回を開いてより、最終的に
「大学図書館の業務分析」を刊行するための原稿をとりまとめるま
でに、昭和 43 年 2 月まで 3 年半を要した。

　委員会が基礎的研究として業務分析にとり組むに至った理由につ
いて、つぎのように述べている。司書職の法制化がなお実現しない
のは、「司書職の専門性を明確にとらえる資料に乏しいこと、司書

職の職務の内容についての理解が一般に欠けていること、司書職当事者が現におかれている事情が実にさまざまであることなど、いろいろの理由があるように思われる。本委員会が、作業の主力を司書職の専門性の明確化におき、大学図書館の業務分析の成果に努力することとなったゆえんもここにある。」[28]

筆者はかつて、この特別委員会がまとめた「大学図書館の業務分析」が、わが国における図書館職員論の中で持つ意義について、「ここにはじめて、大学図書館職員を専門職（profession）としてとらえ直そうとする新しい角度が、はっきりと打出されたのである」[29]と書いたことがある。従来も、大学図書館職員は「高度の知識と特殊の技術を備えた専門の者」（昭和32年度全国国立大学図書館長会議要望書）でなければならないというように、その職務が専門的である、その意味で一般の事務的業務とは異なった特殊な専門的業務であると主張されていた。また、それだからその専門的業務にふさわしい待遇が与えられるべきだと言われていたのである。

しかし、一つの職業がプロフェッションとなりうるためには、たんにその業務が専門的であり、特殊な技術を持つというだけでは十分でない。その職業の特徴である技術を支える体系的な理論があることが、なによりも肝要である。司書職がはたしてプロフェッションと言える職種でありうるかについては、異論もあろうが図書館員の業務をたんに他の業種と異なった特殊な専門的なものというとらえ方を越えて、ひとつのプロフェッションとしてとらえようとする考え方が、昭和40年頃から図書館界に現れてきている。司書職制度に関する特別委員会のアプローチも、まさにプロフェッションとしての司書職というものに焦点を合わそうとするものであった。

しかし、プロフェッションとしての司書職の確立ということになると、たんに法令的な改正では、ことがすまなくなってくる。まず、体系的な理論を教える高度な養成機関が必要になってくる。こうして、プロフェッションとしての司書職問題が表面化してくるとともに、小手先的な、法令改正運動は影をひそめていく。特別委員

会が設置された年度以降は、館長会議にこれまで例年見られたような、司書職制度の確立に関する議題は全く提案されなくなり、それにかわって、図書館職員の待遇改善問題に関する議題が多くなる。

それには、昭和32年いらい、級別定数上図書館職員である者は、係長などの役職につかなくても、その業務の専門性に応じて、4等級（一般職の事務長クラス）まで昇格できることになり、実質的に、他の一般事務職にくらべ有利になっていたこと、さらに、昭和36年4月より、まず東大と京大の図書館に、事務部長制が導入され、部長2等級、課長3〜4等級と、図書系においても、一部ではあるが、4等級どまりのわくが打破されたことなどが影響したことも考えられる。司書職の法的確立という全く手づまりの問題に、いつまでもこだわることも、プロフェッションとしての司書職という新しい角度が打出されてくるとともに、問題として色あせてくる。そんな原則的な問題よりも、実質的な待遇改善の道を選ぼうとしたと考えられる。さらに、定員削減の波が深刻な影響を図書館に与えてくる46年度以降は、定員増問題が、待遇改善要求に加わってくるのである。

日本図書館協会における図書館員問題の取組みは、司書職の法制化において取残された形の大学図書館の司書職問題を、大学図書館部会に任せたままであった。部会に設置された大学図書館改善総合委員会は40年まで存続したが、国立大学館長会議の司書職制度に関する特別委員会の活動に吸収されていった。しかし、司書職問題をたんに法制化の問題とはみないで、プロフェッションとしての司書職という新しい角度からのアプローチが開けるとともに、問題は図書館界全般の問題に再び拡大してくる。昭和41年10月東京で開かれた全国図書館大会には、はじめて館種を越えて図書館員の問題を考える「図書館職員の問題研究」の部会が持たれ、図書館員のプロフェッション性とは何かが、はじめて公開の場で討論されていることは注目に値いする。この部会は毎年開かれるが、45年1月から、「図書館員の問題調査研究委員会」として、協会の常置委員会

として、調査研究活動を続けることになった。

これまで、司書職法制化運動の中心となって活動してきた全国国立大学図書館長会議は、より一層の日常活動を続けていく必要から、組織を変更して、国立大学図書館協議会と、43年6月7日から改称した。「大学図書館の業務分析」を43年6月に発表した司書職制度に関する特別委員会も、44年度より、協議会規約による調査研究班の一つとなり、司書職制度調査研究班と改称して、司書職制度実現のための具体的な諸方策を検討した。そして、45年6月の協議会総会に、大学図書館司書官の設置に関する構想について、中間報告を行なった。その後、この中間報告に対するアンケート調査をはじめ、広く館界の意見を徴して、46年6月の総会に、司書官設置に関する報告書を提出した。

報告書では、大学図書館専門職としての司書官制は、国立大学図書館の6等級在級3年以上の者のうちから、一定の試験の合格者をまず3級司書官とし、さらに研修と試験及び業績を考慮して、2級司書官、1級司書官に昇任する。司書官は専門的職位であるが、図書館長には1級司書官である者をもってあて、館長以外の管理的職位には、2級および3級司書官をあてるという案である[30]。

この提案に対しでは、専門職の中に階層制を持ちこむことに対する疑問、反対があり、また、試験をどのように行うか、具体的な研修をどのようにするかなど、十分煮つめられていない点もあるが、大学図書館における司書職問題に対する唯一の具体案として、今後検討に値いるものである。

国立大学協会は、図書館問題について、特別委員会を設けて検討中であったが、昭和45年6月には、「大学の、教育に対する大学図書館の在り方とその改革について」と題して、この問題について従来どのような取組みがなされたかを概観し、司書職制度の実現を阻害する問題点と、さらに制度実現のための諸方策と考慮すべき問題点を、きわめて明快に示している。この中で、制度実現を阻害している点としては、司書業務に対する一般の無理解もあるが、司書の

側にも弱点が多く、一般の支持を十分得ていないと述べている。さらに考慮すべき問題点として、司書の資格付与の方式として、国家試験制度を示唆していることも、注目すべきであろう。

4. むすび

昭和39年1月より、国立大学図書館における図書館職員の採用は人事院の行なう「国立学校図書専門職員採用試験」の合格者から選ばなければならなくなったことは前に述べたが、昭和47年からは、一般職公務員採用試験の中に組みこまれ、ただ試験区分として図書館学の試験が行なわれるようになった。それと同時に図書館学の試験には上級職甲の試験がなくなってしまった。これはまことに残念なことであったが、上級職甲の試験を実施しても合格者の採用がきわめて少ないこと、また、これと裏腹の関係にあるが、上級職甲の合格者を採用しても現場の図書館では、将来の処遇において困難があることなどが、人事院側の廃止の理由と言われている。

この試験は採用試験であって、資格試験ではない。一般職の公務員採用試験は、公務員のポジションをすべての国民に開くことをたてまえとしているのであるから、年令以外の制限はない。したがって、受験資格としては、司書資格の有無は問われない。

この試験の合格者が図書館に勤務するときは、級別定数上図書館職員のわくの中に入る。図書館職員は俸給表として独自のものを持つのではなく、一般職員と同一の行政職俸給表（Ⅰ）によるが、上位の等級に昇格するときは、一般職とは別わくになっている。したがって、やや古い資料ではあるが、「現在の大学の職員数の等級別構成から見た場合、行（一）4等級以上の職員数のそれぞれの職員総数に対する比率は、1般職員が8％、技術職員が5％であるのに対し、図書館職員は11％を占めている。4等級係長だけを比較してみても、技術職員の3％に対し、図書館職員は9％を占めている。つまり4-5等級への昇格の面からみると、一般職員および技術職員に比して、図書館職員が相対的に優遇されている」[31]ことにな

日本図書館学の奔流：岩猿敏生著作集

る。4等級、5等級までについては優遇されことになるが、それよ
り上位の等級については、どうであろうか。今日規模の大きい国立
大学図書館は事務部長制をとり、部長は2等級、課長は3〜4等級
で、部長になれば2等級までの道は開かれているが、2等級、3等
級のパーセントについてはどうであろうか。国立大学の図書館員問
題は、今日いろいろな問題がなお多く存在していることは、言うま
でもないが、待遇改善の途においては十分とは言えないまでも、改
善がはかられつつある。しかし、その改善策がまた新たな問題を生
むこともありうる。プロフェッションとしての司書職の中に、部
長、課長という官僚制階層化を持ちこむことじたい、プロフェッシ
ョンと官僚制という新しいコンフリクトを生むことになろう。

　ところで、大学図書館における司書職問題を、プロフェッション
としての司書職の確立という新しい角度からとらえ直そうとすると
き、問題は国立大学の図書館だけの問題ではなくなる。それは、日
本の図書館界全体の運動になってこなければならない。45年から
スタートした日本図書館協会の「図書館員の問題調査研究委員会」
は、図書館員の専門性の問題を中心に討議をすすめ、49年に、専
門性の問題について最終報告を行なっている。

　そして、「職種としての社会的承認をかちえることなくして、一
館種だけに専門職としての司書職が確立することは、ほとんどあり
えないだろう。したがって館種をこえた共同の取組みがまさに必要
なのであり、図書館員の社会的地位の向上も、この過程でのみ実
る」[32]と指摘している。図書館員の専門性の要件としては、1. 利用
者を知ること、2. 資料を知ること（資料の収集、読書相談、参考
業務）、3. 利用者と資料を結びつけること、をあげている。

　以上、戦後の国立大学図書館を中心に、司書職制度問題が、どの
ように展開してきたかを、事実について述べてきた。昭和20年代
当初は、全館種をあげての問題への取組みがあったが、間もなく、
大学図書館界だけの問題に矮小化され、30年代は、運動目標を国
立大学に関する法令の改正にしぼったことにより、さらに国立大学

302

中心へと狭められていった。それが、40年代に入り、プロフェッションとしての司書職の確立という新しい角度が開けてくるとともに、司書職問題は再びその地平を拡大して、館界外からも注目を集めるとともに、全館種をあげての問題へと拡がってきた。

しかし、プロフェッションとしての司書職の確立ということになれば司書職の専門性を支える体系的な理論としての図書館学の発達、それに基づく養成機関の充実と高度化さらに専門職集団としての図書館協会の強化など、解決すべき新たな問題が山積している。しかし司書職がプロフェッションであるべきであるならば問題が困難であるからと言って前進を怠ることは許されないであろう。

注

1）『図書館雑誌』42巻2号 昭23年4-5月 p.146.

2）『一橋大学付属図書館史』昭50年10月 p.57.

3）『図書館雑誌』42巻3号 昭23年6-8月 p.221.

4）有山崧「協会は何をするところか」『図書館雑誌』57巻4号 昭38年4月 p.166-7.

5）「昭和25年度日本図書館協会大学図書館部会議事録要項」『図書館雑誌』44巻11-12号 昭25年12月 p.249.

6）村上清造「大学図書館部会司書職専門委員会経過報告」『図書館雑誌』45巻1号 昭26年1月 p.12-15.

7）「事務局通信」『図書館雑誌』46巻5号 昭27年5月 p.118.

8）「第6回全国図書館大会議事録」『図書館雑誌』47巻7号 昭28年7月 p.255-6.

9）「大学図書館職員制度改善促進実行委員会」『図書館雑誌』47巻8号 昭28年8月 p.237.

10）同上

11）「大学課長と懇談会記録」『図書館雑誌』47巻9号 昭28年9月 p.277.

12）『図書館雑誌』49巻1号 昭30年1月 p.32.

13）「昭和30年度全国図書館大会全体会議」『図書館雑誌』49巻8号 昭30年8月 p.277.

14）青野伊予児「大学図書館界のこの一年」『図書館雑誌』40巻12号 昭

30 年 12 月 p.422.

15) 「昭和 31 年度全国図書館大会大学図書館部会一般報告」『図書館雑誌』
50 巻 7 号 昭 31 年 7 月 p.6-7.

16) 同上

17) 全国国立大学図書館長会議編『大学図書館の業務分析』(1968 年) の
付録に全文収載されている。

18) 大学図書館部会『図書館雑誌』53 巻 8 号 昭 34 年 8 月 p.271-2.

19) 岩猿敏生「国立大学図書館専門職員採用試験について」『図書館雑誌』
54 巻 4 号 昭 35 年 4 月 p.115.

20) 飯野達郎「国立学校図書専門職員の任用等について」『現代の図書館』
9 巻 2 号 1971 年 6 月 p.89.

21) 『一橋大学付属図書館史』昭 50 年 p.87.

22) 全国国立大学図書館長会議編『大学図書館の業務分析』日本図書館協
会 1968 年 p.195.

23) 『図書館雑誌』56 巻 2 号 昭 37 年 2 月 p.119.

24) 『図書館雑誌』55 巻 7 号 昭 36 年 7 月 p.222.

25) 前掲 20) 飯野達郎 p.90.

26) 詳細については岩猿敏生「大学図書館改善総合委員会報告」『図書館
雑誌』57 巻 8 号 昭 38 年 8 月 p.388-390.

27) 前掲 22)『大学図書館の業務分析』p.17-18.

28) 同上 p.19-20.

29) 岩猿敏生「戦後の大学図書館における職員の問題 – 司書職確立運動を
中心に – 」大学図書館国際連絡委員会『大学図書館の管理運営 – 第 2
回日米大学図書館会議応募論文集』1972 p.68.

30) 報告書の全文については、『大学図書館研究』2 号 1973 p.65-77.

31) 雨森弘行「大学図書館職員をめぐる諸問題」『現代の図書館』9 巻 2 号
1971 年 6 月 p.101.

32) 図書館員の問題調査研究委員会「図書館員の専門性とは何か (最終報
告)」『図書館雑誌』68 巻 3 号 昭 49 年 3 月 p.101.

編者注

*「46 年」は著者の誤記か。正しくは〔昭和〕36 年。

18 大学図書館長論

『図書館界』Vol.34, No.1 （1982.5）

1. 館長論の問題点

　外国からの図書館人を案内して大学図書館を訪問するとき、しばしば気恥かしい思いをすることがある。図書館長が迎えてくれるのはいいが、自己紹介として、自分は何々を専攻する研究者であるから、図書館については全くの素人であると言う。そこまではまだいい。しばしばそれに続けて、自分の研究と教育に忙しくて、図書館には余りこない。すべて館員に任せている。館長職は教授としての自分にはマイナスであるから、早く辞めたいと思っていると言う。とたんに外国からの客は不審がり、後でそっと私にたずねる。めったに図書館に来なくても、日本では館長職が勤まるのかね。そんなに辞めたいなら、なぜ早く辞めないのか。そもそも、忙しいと称する教授が、なぜ館長を兼任しなければならないのか。

　公共図書館でも、近頃は役人館長が増えたり、学校長から回ってくる人も多いようである。このような館長に会っても、私は素人だと正直に告げても、図書館にはめったに来ないとか、早く辞めたいと思っているとは、さすがに言わない。それは、大学図書館長が教授の兼任であるのに対して、公共図書館長は専任館長だからである。兼任館長と違って、専任館長は辞めれば口が干上がる。大学図書館の教授兼任館長制の功罪については、戦後大学図書館界でしばしば議論されてきた。館界で議論される限り、館長は専任で、しかも専門職であるべきだという結論になる。それは、司書職がプロフェッションのひとつである限り、その長の職が、プロフェッションとしての資格を備えない者によって占められることは、許されないからである。この論理はまことに単純・明快である。それにもかか

わらず、わが国の大学図書館では、依然として教授兼任館長制が一般的であるのはなぜであろうか。

現在、国立大学の附属図書館の設置は、言うまでもなく「国立学校設置法」第6条の"国立大学に、附属図書館を置く"によっている。これを受けて「国立学校設置法施行規則」第12条に"国立大学の附属図書館に館長を置き、その大学の教授をもって充てる。ただし必要がある場合には事務職員をもって充てることができる"とある。これに従って各国立大学ではそれぞれの学内規定として館長選考規程を定めているが、その場合ただし書きを無視して、ほとんど例外なく被選考候補者としてその大学の現に教授である者に限定している。それで、国立大学における教授兼任館長制は、この「国立学校設置法施行規則」に基づいているように誤解する者もいる。

しかし、この第12条は、べつに教授兼任館長制を原則としているわけでもない。館長は"その大学の教授をもって充てる"だけで、専任でもいいわけである。ただ一般に大学の場合、教授、助教授という教官職は、学部、研究所等に配置され、図書館に教官職のポジションは置かれていない。しかし、これも、置かれていないというだけで、置いてはいけないということではない。現に、一橋大学、神戸大学には、戦後も長い間図書館に教官職のポジションがあったことは、よく知られている。したがって、現行法のもとでも、教授専任館長制は不可能ではない。もちろん、現在までの長い慣行もあるので、大学図書館の館長問題を一気に変革することは容易ではないが、どうあるべきかについて、基本的に理解しておくことは、きわめて重要なことである。

それで、ここでは、問題を二つに分けて考えてみよう。ひとつは、大学図書館長は教授でなければいけないのか。いまひとつは、兼任館長の問題である。

2. 教授館長論

いま見てきたように、国立大学附属図書館長の選考が、各大学の

学内規程で、ほとんどが教授に絞られているのは、戦前からの慣行によるものである。戦前の帝国大学時代は、各大学ごとに官制が定められた。東京帝国大学では、明治30年6月28日付で、附属図書館に館長を置くように官制が改正され、館長は"教授助教授ヨリ文部大臣之ヲ補ス"ことになり、和田万吉助教授が初代館長に補せられた。京大でも明治32年11月6日付で、島文次郎助教授が初代館長に補せられた。このように、日本の国立大学の館長は、当初助教授をもってスタートしたが、京大では明治44年新村出教授が、教授として初めて図書館長に就任した。いらい各帝国大学もこれにならい、今日に至っている。

　このような教授館長制の慣行の基盤となっているものに、大学自治論が考えられる。大学自治は、大学における研究、教育の自由を守るための必須の条件であるが、その研究・教育の担い手は教授である。したがって、大学自治を守るための大学の管理は、直接に教授によって担当されなければならない。大学における研究・教育に重要な意義を持つ図書館の管理も、必然的に教授が担当しなければならないという考え方である。このような見解は、誰かによってはっきり表明されたことはないが、学長、学部長、学生部長をはじめ、大学のトップの管理機構がすべて教授によって占められているのも、同じ論理によるものである。もともと図書館は、大学図書館に限らず、利用者の知的自由を守り、保障しようと努力する。そのためには、図書館はアウトノミーを、換言すれば自由を持たなければならない。図書館員がたんなる事務職員ではなくて、プロフェッションでなければならないのは、このような図書館の自由を守ることと結びついている。図書館員の業務が、プロフェッションとして社会的に確立されているならば、大学図書館員もその業務を果たす上において、すなわち、大学における研究・教育の自由を守っていく上において、べつに教官職である必要はない。しかし、図書館員一般がプロフェッションとして、まだ社会的に十分に認められるに至っていない今日の状況において、大学の中で図書館員がその使命

を果していくためには、図書館員が、大学自治の直接の担い手である教官職の身分を得ていくことが早道である。アメリカの大学図書館において、図書館員がファカルティあるいはアカデミック・ステータスを獲得する努力を続けており、また、獲得しつつあることは、よく知られているところである[1]。

しかし、アメリカのように、専門職の図書館員がすべて教官のステータスを獲得していくことが困難な場合、少なくとも、まず図書館長が教官のステータスを持つ必要がある。図書館長にまず教授職の専任館長をあてる形は、東南アジア諸国のような発展途上国の大学図書館に見られる。その場合、図書館学の教授があてられることが多いが、かれらは館長であるとともに図書館学の教育も担当している。その意味では、兼任館長制の形に似ているが、日本の図書館と全く無関係な他学科教授による短期間の兼任制とは大きく異なる。東南アジア諸国のうちでも、フィリッピン大学では、1966年いらい館長だけでなく、専門職の図書館員もアカデミック・ステータスが認められ、図書館員に対する一定の俸給表が定められている[2]。

そこで、教授館長論については、つぎのように言えよう。図書館員がプロフェッションとして社会的に確立されているならば、教官職のステータスを、大学の中で得るか得ないかは必ずしも重要ではない。プロとしての図書館員は、十分に大学の自治、すなわち研究・教亨の自由を守っていく。しかし、図書館員のプロとしての確立が十分でない現状においては、大学図書館員が教官のステータスを得ていくことが必要であり、それはまた、図書館員一般がプロフェッションとして成熟していくためにも、いいことである。だとすれば、図書館員のトップである館長が、まず教授であることは望ましいことである。しかし、それは、専任の教授館長であって、現状のような、プロでない兼任教授館長制ではない。

3. 兼任館長論

　わが国においても、公共図書館は原則として専任館長制である。もし、兼任館長がいるとしても、多くは臨時的であり、また、例外的と考えるのが一般的であろう。官公庁や企業体などに所属する専門図書館では、"……中途半端なところでは、管理者が館長を兼任していたり、専門職員を全然配置してないところがある"[3]と、指摘されている。ところが、大学図書館は兼任館長制が一般的であり、私大の一部に専任館長が見られるが、まだきわめて少数であり、かつ、例外的である。国立国会図書館長もまた専任である。専門図書館における兼任館長の比率等の実情について、私は全く無知であるが、兼任館長制が常態という奇妙な館種は、ひとり大学図書館界のみであろう。

　本年（1981年）のライプチッヒ市（東独）におけるIFLA大会大学図書館部会で、大学図書館基準の問題が、テーマのひとつとして論ぜられた。スピーカの一人ハンフリース氏は、基準として取り上げられるべき事項の一例として、大学図書館長の問題にふれ、"大学図書館長は専門職の、あるいは経験に富んだ図書館員をあてるべきで、日本のように教授であってはならない"[4]と、とくに、日本の実情を挙げて言及された。同氏は1973年来日、日本の大学図書館の実態を詳細に調査され、大学図書館改善のためのいわゆる「ハンフリース報告」をまとめたことで、わが国の大学図書館界には、なじみの深い人である。その時の報告の一節で、つぎのように述べている。

　　"また、図書館長が教授であり、彼らに支障があるとき事務職員を充てるということは、図書館の専門的職能が明らかに大学の諸業務の中で地位を有していないという事実を暗示している。

　　大学の図書館長や学部図書館長が図書館の専門職からのみ任命されるようになることを私は望みたい。それらの図書館長は大学の幹部職員であり、完全に教授と同等の地位（手当も伴う）を

得、大学の管理運営面においても教授としての権限と特典を有すべきである。"5)

ハンフリース氏が国際的な場で、とくに日本の大学図書館における教授兼任館長制を槍玉にあげたように日本の実情は、世界の先進国の図書館の仲間から見るとき異常なのである。欧米諸国には、原則として教授兼任館長制は見られない。私の知る限り、韓国、台湾の大学図書館には、日本のような兼任館長が見られるが、それでも、台湾の「大学図書館標準」6)は、大学図書館長及び副館長は、"専任を以て原則"としている。そして、両国においてもプロの図書館員として研究、経験をつんだ専任図書館長がつぎつぎに現われてきている。1981年春私は台湾の大学図書館を訪問した。私が訪問した5つの大学は、台湾ではいずれも大規模大学に属するものであったが、そのうち2館は日本と同様、専門職としての訓練を受けていない他学科教授の兼任、3大学は図書館学教授が館長であった。

日本の大学図書館における兼任館長制という、図書館員の常識に反したような制度に対して、日本には日本だけの特殊な事情があるからという理由づけが可能であろうか。日本の教育制度、ことに高等教育制度は、戦前はドイツ、戦後はアメリカの影響を受けた。そのドイツでもアメリカでも、大学図書館長はすべてプロの図書館人である。日本の大学だけが世界に類を見ない全く特異なものであれば、大学図書館に特異性があっても理解できるが、親機関である大学じたいが、ドイツ流であり、あるいはアメリカ流であるのに、図書館だけは依然として日本流でありうるわけがない。

4. 兼任館長制の弊害

戦後の日本の大学図書館は、関係者の努力によって、アメリカの大学図書館に学びながら、改善が進められてきた。そして、最後まで残った問題が館長問題である。館長問題は、「ハンフリース報告」にも見られたように、外部から手厳しい批判をすでに受けてきた。

国内においても、戦後の新しい大学図書館のあり方について、昭和23年から27年にかけて、基準の検討が進められた。大学基準協会から「大学図書館基準」が公表されたが、そこには専任館長制の原則がうたわれている。この基準は"図書館の最低の基準を示すもの"であったため、全体として、大学図書館をより進んだレベルに引き上げていく指導性を持ちえなかった。そのため、大学図書館界ではとかく無視されがちであったが、専任館長制を"最低の基準"としたこの基準を逆手にとって、戦後の一新の時期に、戦前からの長年の悪弊を一気に突き破る努力を、館界をあげてすべきであった。大学図書館界は大きなチャンスを失ったと言うべきであろう。

多くは2〜3年という短期間の、図書館のことを知らない他学科教授の兼任館長制の利点というものが、一体考えられるだろうか。ある者は、違った専門分野の研究者がつぎつぎに館長になることによって、蔵書構成を見なおすことができると言う。しかし、これは一面、館長の専門分野に片寄った蔵書構成に導びきかねない。また、素人の教授館長は、利用者の代表として図書館に入ることによって、図書館を利用者中心に向わせると言われることがある。しかし、素人館長が入らなければ、図書館が利用者中心に運営されないなどということは、ありえないし、もしそうだとすれば、プロの図書館員としては恥であろう。

兼任館長制支持のもっとも説得力ある論拠は、学界及び学内において盛名があり、大きな発言力を持つ大物館長をうる可能性がありうるということであろう。大物館長に動いて貰うことによって、図書館は予算や人員の獲得に大いに恩恵を受け、活動の活発化が期待される。しかし、大物館長なるが故に、他分野の活動に忙しく、その大物ぶりを図書館運営の面に、必ずしも発揮するとは限らない。図書館の発展が、たまに偶然的に起りうる大物館長に頼るというのでは、情けない。大物館長の個人的力量に一時的に依存するより、図書館は大学内において、システムとしてつねに重要な位置づけを得るように努力することが、はるかに大切である。こう見てくる

と、兼任館長制でなければ得られない利点というものは、館長が教授であるということを除いて、なにひとつ考えられない。前に見たように、館長が教授であることは、現状では、それなりに意味のあることである。

　それに対して、兼任館長制の欠点を考えてみると、まず、日本の大学図書館に多い任期2年の館長では、1年目は前館長の組んだ予算をそのままひきつぐだけであり、自分の見識で予算が組めるのは、僅かにつぎの年一回限りである。このように、トップが常に交替することは、他の組織体と違って、中期的・長期的展望のもとに運営されなければならない図書館の場合、致命的である。とくに蔵書の収集が、場当り的になりやすい。

　ハンフリース氏はまた、兼任館長制は専門職図書館員の士気に影響するとつぎのように述べている。"もし、有能で専門的教育を受け、しかも経験のある図書館員が結局大学図書館長の地位に任命されることが望めないとすれば、将来性のある若手の人々は専門職というのは十分に報いられることのないものであると当然考えるようになるであろう。これは、文部省が緊急に措置しなければならない大学図書館の専門職についての最も重要な問題のひとつであると私は考える。"[7]この注文への文部省の対応については、後で述べる。

　兼任館長制のさらに深刻な影響は、図書館員のプロフェッションとしての社会的確立に、大きな力を持たなければならない日本図書館協会のあり方を、いびつなものにしその力を弱めているということである。プロの図書館員でない兼任館長が、協会のメンバーになることはありえない。もちろん任期中だけ止むをえずメンバーになっている例はある。しかし大多数の館長は全く無関係である。ということは、協会の発展を通じて日本の館界の発展をはかることに、なんらの責任感を持っていないということである。これは、館長個人の倫理的な問題ではない。もともと図書館業務に無関係な、短期の兼任館長に、そのような責任感を期待することが無理である。

　また、協会の大学部会で何を決議しようと、協会のメンバーでも

ない個々の大学図書館長は、そんな決議になんの拘束も受けない。大学図書館は協会と無縁にならざるをえない。しばしば引用してきた「ハンフリース報告」でも、"私は、日本図書館協会の役員達と大学図書館との関連における協会の業務について討議をした。しかしながら、明らかになったことは、この協会の会員の多数が公共図書館員であることから、この協会は主として公共図書館に大きな関心をもっていることである"[8]と、大学図書館との関係の薄さを指摘している。

アウトノミーを持つべき図書館は、たとえ協会の決議とはいえ、外的なものによって強制されるべきでないことは、公共図書館も大学図書館も同じである。しかし、公共図書館の館長が専任であり、しかもその多くは、たとえ素人ではあっても、協会のメンバーになり、協会を中心とした各種の討議の場に参加する。そこで得られた結論に、決して強制されるものではないにしても、それは、自館の運営にあたって、意志決定のための重要な材料になりうる。ところが、大学図書館のばあい、トップにおいて、協会を中心とした日本の図書館運動との結びつきが、断ち切れている。個々の大学図書館員が、いかにプロとして日本の図書館運動に取り組もうと、それは、個人プレーに終らざるをえない。大学図書館の組織として、全国の図書館運動と連帯することができないのである。蔵書数においては、公共図書館をはるかに上回り、職員数においても、短大を含めた大学図書館員の総数は、公共図書館のそれに匹敵する。いわば日本の館界を二分する量的勢力を大学図書館は持つにもかかわらず、鋭敏な外国の観察者をして、協会との関係の薄さを指摘させている。この関係の薄さが協会の活力を弱め、ひいては、日本の図書館運動全体を弱めることになっているのである。

5. つまずいた館長専任化への試み

ハンフリース氏の指摘にもあったように、大学図書館発展のための根本問題として、館長問題の抜本的検討を、文部省もさけて通る

ことができなくなった。そこで、古くなった「国立大学図書館改善
要項」の全面的な検討を行ない、改正の眼目として、専任館長制の
原則を、要項にもり込むことが検討された。

　要項改正のため、大学図書館改善協議会（会長は小泉明一橋大学
長）が、昭和50年6月からスタートし、51年1月25日に、早く
も「審議のまとめ」を出している。この「まとめ」の中では、とく
に図書館長について一節を設け、"館長は専任制を原則とする"と
いう、大学図書館員待望の原則論が、「大学図書館基準」いらい、
再び明確にうたわれたのである、この「まとめ」[9]には専任館長制
の論拠が見事に展開されているので、少し長くなるが、ここに引用
しておきたい。

図書館長

（1）図書館長は専任制を原則とする

（2）図書館に館長を補佐するため、副館長を置くことができる

（説明）

1. 大学図書館長は、大学における図書館活動全体に関する管理運
営の最高の責任者としての重要な職責を担う者である。いうまでも
なく、大学図書館の活動は、極めて実践的な個々の業務の累積であ
り、それを全体として一つのシステムとして有機的に結び付け、最
少の経費をもって、利用者に対し最も効率的なサービスを提供する
ことが肝要である。したがって図書館長は誰れにもまして図書館の
使命を認識し、その遂行に関して熱意を有すると同時に、自己の掌
理する図書館システムあるいは図書館活動の実情を深くは握し、そ
の改善、推進のために不断の努力を傾けることが要求されるのであ
る。このことから、図書館長職はまず専任であることを必要不可欠
の要件とすべきである。

　専任の図書館長制についてのこれまでの考え方は、国大図改善要
項では「在任中は原則として授業は担任しないこと」（2-二）とさ

れ、また、私大図改善要項でも、館長は、「在任中は常勤」するものとし（行政に関する事項 2 -（1））、更に、大図基準でも「専任を原則」（第 2-1-2）とうたっている。しかし、現状では、館長、分館長等 616 人のうち専任のものは、わずかに私立大学で 23 人を数えるだけで他はすべて教員の兼任となっているのが実態である（昭和 50 年度大学図書館実態調査）。すなわち、我が国の大学図書館長職は、通常、学内規則によって教員の中から選ばれた者が 2 年ないし 3 年の任期を限って併任される職にすぎず、このことは、建前としては図書館長の使命を高く掲げておきながら、実際には、その職責の重要さを軽視しているか、さもなければ、図書館長個人の献身にすべてを委ねているというほかはない。いずれにしても、現在の館長併任制をもってしては大学における図書館システムないし図書館活動を改善、推進すべき重要な職責の遂行は期待し難いであろう。図書館の改善を図るに当って、何よりもまず専任の図書館長を置くことを急務とするゆえんである。

さて、図書館長制の在り方については、前述の併任制の問題と同時に、館長がもっぱら教員から選ばれているという現状に関する問題提起についてここで触れておかねばならない。それは、今日の図書館長の役割を、日進月歩する図書館活動の原動力としてとらえ、その職務は、図書館・情報学の専門的知識と図書館業務に関する経験を備えた専門職によってこそ最も十全に遂行されるとする考え方である。そこでは前述の館長の専任制については既に自明のこととして一般的問題にはなり得ない。

（以下略）

2.（副館長についての説明略）

図書館長及び副館長

ⅰ．大学図書館長は、大学図書館の規模、あるいは管理運営方式のいかんを問わず、常に大学図書館の管理運営の中心的責任者として、常にその充実発展に努力する責務を有しそのために必要な権限

を委ねられるべきである。

ii．大学図書館の適切な管理運営は、他の全学的管理運営の諸機能との調和によって可能であるから、大学図書館長は、全学的管理運営機関に参画し得る地位を与えられるべきである。

iii．大規模の大学図書館にあっては、大学図書館長の職責を補佐するため、必要に応じ、副館長を置くことが適当である。

ここでは、図書館長専任の原則は全面的に削除され、わずかに（説明）のところで、大学図書館長の職責は重く、豊かな見識と優れた実行力が必要とされるから、"大学図書館長は、（中略）諸外国におけるように専任制を採ることをも将来の方向とすべきであるが、大学図書館の大多数が学内教授による兼任館長制を採っている我が国の現状からして、当面、館長在任中は、授業その他の負担ができるだけ軽減されるよう配慮がなされるべきである"と述べるにとどまっている。これでは、現状の問題点をそのままに追認したにすぎない。この全面的な後退に対しては、当然のことながら、図書館員側委員の抵抗があり、館長問題に結着がつかないこともあって、改善要項の原案そのものが、結局陽の目を見ないで、潰えさってしまった。

6．むすび

ときおり、図書館に同情的な教授たちの中に、専任館長論に一応の理解を示す人たちもいる。彼らは言う。理想としては全くその通りだ。しかし現実の問題として、今の館界に、教授として専任館長になりうる人材が、果しているだろうかと。館長になりうる道を、長い間全く図書館員に閉ざしておいて、館界に人がいないではないかと問う人には、館界に人を得せしめないように、荒廃させてきたのは一体誰なのかと問いたい。欧米の大学図書館界には、館長になりうる人がたくさんいるのに、日本にだけ、もしそのような図書館員がいないとすれば、それは一体誰の責任かと言いたい。決して、

図書館員のみが負わねばならぬ責任ではありえない。

　それからまた、館界に人がいないと教授たちが言う場合、かれらの評価基準は、研究者としてのそれである。しかし、図書館界は研究者ではなく、実践者でなければならない。したがって、たんなる研究者としての評価基準のみで、判断されるべきではない。専任館長への道が開かれるならば、欧米諸国同様、すぐれた人材が館界を目指すことは疑いない。日本にだけ、大学図書館界に人を得ないという珍現象が、起るはずはないからである。図書館サービスの成否は、なによりもまず図書館員の資質によることを考えるとき、大学図書館長の専任化こそ、結局は大学図書館サービスの真の拡張と深化につながるものであることを銘記すべきである。

注

1 ）この点の詳細については、つぎの文献を参照されたい。岩猿敏生「アメリカの大学図書館における academic status の問題」『大学図書館研究』No.1： 3-12, 1972. 大城善盛「アメリカにおけるライブラリアンシップの発達」『図書館界』28(5)： 183-190, 1977. 同「アメリカにおける大学図書館司書の待遇の変遷」『図書館界』29(6)： 233-244, 1978.

2 ）1980 年 8 月フィリピン大学を訪問したさいに得た資料による。

3 ）河野徳古『専門図書館』雄山閣 1976, p.26（日本図書館学講座第 7 巻）

4 ）Humphreys, K. W., "Standards for university libraries." IFLA 会議（1981年）提出ペーパ p.3.

5 ）Humphreys, K. W.「日本の大学図書館について（報告）」『大学図書館研究』No.5： 24, 1974.

6 ）「大学図書館標準」の全文については、つぎの邦訳がある。中国図書館学会編　鈴木徳三訳「台湾における「大学図書館基準」」『図書館界』19(1)： 19-22, 1967.

7 ）Humphreys, K. W.「日本の大学図書館について（報告）」『大学図書館研究』No.5： 24, 1974.

8 ）同上論文 p.27.

9 ）全文は、『大学図書館研究』No.9： 16-25, 1976 に掲載されている。

追 悼 の 辞

追悼の辞

岩猿敏生先生を送る

河 井 弘 志

『図書館雑誌』Vol.110, No.9（2016.9）

　かねてより岩猿敏生先生は、私は100歳まで生きることにしたい、と言っておられたが、残念ながらその願いは適わず、2016年4月9日、97歳の誕生日（4月30日）を目前に他界された。

　先生は1919年4月30日福岡県に生まれ、小学校4年の時、郵便局長のご尊父をなくされ、ご母堂の手ひとつで育てられた。長じて笈を負って京に遊学、京都大学哲学科西谷啓治助教授のもとで宗教学を学ばれた。太平洋戦争勃発で、1943年9月に繰り上げ卒業、兵役で満洲に行かれたが、翌年3月、国内の第一気象連隊へ転属となり、三重県亀山*へ帰られた。

　戦後、九州帝国大学大学院へ入学、新設の県立歯科大学で哲学を講義、この時期に結婚され、1950年九大図書館「司書官」（助教授待遇）に着任された。

　この年、菊池租など錚々たる学者図書館員と「西日本図書館学会」を結成、機関誌『図書館学』により、九州図書館学発展に尽力された。

　1956年、先生は37歳で京大図書館事務長に招かれた。若手司書たちに「最近の若い人は技術的な事ばかり言うが、図書館の哲学を持たねばいけない」と苦言を呈されたという。以後20年間、図書館事務長（のち事務部長）として、京大および全国の国立大学図書館の発展に尽力される一方、京大教育学部を中心に図書館情報学教育に携わられた。

　私は司書資格を得るために、1963年に休養中であった郷里から

京大教育学部へ戻った。当時、主任は小倉親雄先生、森耕一先生が分類論、岩猿先生がレファレンスで、図書館学「京都学派」の気風があった。岩猿先生は1946年結成の日本図書館研究会の事務局をも引き受けられ、京大図書館事務長室は関西図書館学のパルナッソスになった。

先生は外国留学生の世話もされ、とくにマールブルク大学図書館長ヘーニッシュ教授やその弟子ヴォルミットさん（後ベルリン国立図書館司書）の日本研究に資料探索で支援された。事務長室でヘーニッシュ教授から「ドイツ図書館学の本はみんな私の図書館にあります」と言われ、私のドイツ行きの夢が芽生えた。

1976年に京大退官、招かれて関西大学教授に就任された。1985年に当時日本最大といわれた同大学総合図書館（鬼頭梓設計）が開館、その設計運営にも助言されるところがあったろう。2001年に「岩猿研究会」、のちの「京都図書館学研究会」が発足、先生中心に京都図書館学が花開いた。

岩猿先生の最初の図書館関係論文は『図書館学』掲載の「図書館学方法論試論」であり、その後も図書館学論、ライブラリアンシップなど、抽象議論が続いたが、京大に移ると大学図書館管理、司書職、大学図書館改善要項や相互協力などに広がった。実務関係では逐次刊行物蒐集、開架制度など、利用者サービス関係が多く、整理業務には興味が持てなかったという。図書としては、椎名六郎氏、河野徳吉氏と協力して、雄山閣の『日本図書館学講座』を編集し、1975年から10巻発行、ご自身も『大学図書館』（第6巻，単著）、『図書館学概論』（第1巻、椎名六郎共著）を執筆された。単著に『日本図書館史概説』（日外アソシエーツ，2007）、共著に『大学図書館の管理と運営』（大城善盛，浅野次郎共著）などがある。以来図書館学研究のリーダーと目され、1981年から9年間、日本図書館学会会長を務められた。

先生は図書館経営での活躍と、図書館学研究と教育での指導により、日本図書館界の大黒柱であった。先輩や知友との交流を大事に

され、自らペンをとられた追悼記事は並外れて多い。書評・新刊紹介も多く、拙著『ドイツ公共図書館思想史』もご高評頂き、その独訳が BuB 誌掲載という好運にも恵まれた。

2016 年の先生の快気祝いでは、九州人らしく楽天的で、ご高齢を思わせぬ、昔かわらぬ先生に接することができたが、いつか頂いたお手紙には、「残る者に死別の悲しみはあっても、つらさだけは残したくない」とあった。先生が最後に残されたものは、家族や身辺の人にたいする、爽やかでやさしい思いやりであったと思う。

かわい　ひろし（立教大学名誉教授）

編者注
＊ 明野陸軍飛行学校北伊勢分教所（亀山市内に所在した）。

追悼の辞

岩猿敏生先生を偲んで
―「図書館学」と「図書館」に捧げられた情熱―

中 島 幸 子

『同志社大学図書館学年報』第 42 号（2017）

　いつかこの日が来るのではないかと、一昨年 8 月に入院されたとお聞きした時に頭をよぎった感覚が現実になり、大変悲しく、大きな支えを失った気持ちである。昨年（2016 年）4 月 9 日岩猿敏生先生は 96 歳の生涯を終えられた。そのわずか 2 か月前の 2 月には、京都図書館学研究会会員たちと先生の快気祝いをして、お元気な姿を私達の前に見せて下さった。手術をされたときの様子を「昔なら切腹というべきところですが」とユーモアを交えてお話し下さり、「次は百歳のお祝いですね！」と出席者一同確信していた。

　岩猿先生は、大学図書館員から司書課程教員という同じような道を歩いてきた私にとっては、大々先輩である。1943 年京都大学を卒業後、1950 年九州大学司書官をスタートとして、以後 20 年間にわたり京都大学附属図書館事務部長を務められた。その後 15 年間、関西大学文学部教授として、図書館学、図書館司書課程のために尽力された。まさに、図書館員、図書館学教育者、図書館学研究者の顔を持ち、実務を知り尽くして、図書館学の理論的基盤を追求された、館界を代表するひとりであった。岩猿先生の追悼文を私のような弱輩が書くのはとても恐れ多くて、先生のご功績や輝かしい生涯を十分称えることは難しいことであるが、私が岩猿先生から受けた多大な学恩に少しでも感謝したい気持ちで拙文を記したいと思う。

　現在 14 名の会員からなる京都図書館学研究会は、2001 年に「岩猿研究会」と称して、岩猿先生を囲んで、同志社大学渡辺信一先

生、同大城善盛先生、梅花女子大学漢那憲治先生、関西大学倉橋英逸先生、大阪学院大学工藤一郎先生の6名が2か月に一度集まり、図書館学にまつわるトピックスを話し合って、情報共有しようというサロン風の会であったと聞いている。2007年に岩猿研究会から京都図書館学研究会に名称変更したが、これは岩猿先生（この年に米寿を迎えられた）が、「会員も10名以上になったところで今後のことも考えて改称してはどうか」と提案されたのである。その当時は研究会を龍谷大学の会議室で開催していたので、「深草図書館学研究会」はどうかとおっしゃったが、会場が変わることもあるので、「京都」にしましょう、と全員で決めたと記憶している。その時に、岩猿先生は、どこでもいいけれど、「図書館学」にするべきと強く主張されたのである。「図書館研究会」、「図書館情報学研究会」などではなく、「図書館学研究会」に、と穏やかな口調であったが、ピシッとおっしゃったことが印象的であった。

岩猿先生は同志社大学図書館司書課程の嘱託講師として、1981年から9年間にわたり「図書館・情報学」を担当された。2013年に図書館司書課程60周年によせて、『同志社大学図書館学年報』第38号に「図書館教育と図書館学教育」と題して、「同志社大学図書館学研究会」が1941年4月にスタートし、1945年まで日本全土が戦争で焦土と化していく時代に、京都においてひたすら図書館に志ある人が研究会を続けていたこと、そして戦後、いち早く1946年4月の同志社大学図書館学講習所開設につながったことを書いておられる[1]。「図書館研究会や図書館講習会ではなく、図書館学研究会と称していたことに関心を持たざるを得ない」[2]と「学」へのこだわりを見せておられる。

岩猿先生が同志社大学でどのような講義をなさったか残念ながら知ることはできないが、『同志社大学図書館学年報』には11編の論文を寄稿され、その中でも「図書館学」、「図書館学教育」についての論考が多い。前述の論文の最後に、「日本の大学における司書職養成課程としての図書館教育は、時代の推移にともなって盛衰して

いくことはあっても、人類文化の根幹である文献の問題にかかわる図書館学教育は、実務教育としてだけでなく、社会科学の基本的な一分野として大学に根づいていかなければならない。とくに図書館学研究に長い歴史を持つ同志社大学において、自由な学風のもとで図書館学研究とそれに基づく図書館学教育の今後の発展を期待するものである。」[3]と結んでおられる。

　このように先生は「図書館学」を社会科学の一分野として位置付けられておられる。九州大学司書官であったときに書かれた論文「図書館学方法論試論」（1955）と、その2年後京都大学に移られてからの論文「図書館学における体系と方法」（1957）の2編から、新進気鋭の図書館学研究者としての先生の姿が見える。

　まず「図書館学方法論試論」では、「図書館学の学としての可能性の問題を問うことが図書館活動の実践にとってどのような意味を持ちうるか」[4]と問題提起して、「これまでの論考が実践的技術的問題に大体終始し」、「問題が技術論に止まるかぎり、いくつかの手段のうちどれが目的に対して適合性を持ちうるかの判断は試行錯誤によるほかないのであるが、この場合合理的な技術批判を可能にするのが科学でなければならない。」[5]と、この技術批判を与えるために図書館学が必要というのである。ただ、「技術は所与の目的に対する手段に過ぎないので、技術論からは目的自体の批判は不可能である」とし、「図書館の目的とするところは何かということを図書館員は根本的な問題」としていつも考え、「かかる目的とその根底にある理念を批判的に評価することは、学としての科学の役割である」[6]と論じておられる。

　「図書館学」たるためには、方法論の追求がなされなければならないとして、方法論に論が移っていく。マックス・ウェーバーに倣って、「図書館が歴史的に先ず図書を中心とするものであるかぎり、図書館学は文化的社会現象を文化の運載者である図書という面から、単純化して限定していくところに、成り立つ」[7]と図書学の重要性を指摘し、結論として、「われわれの目指す図書館学は、図書

館を対象とする学問ではなく、図書館現象を対象とする学問である」と定義する。そして「図書館現象」とは、「現実各種の図書館で行われている図書館活動の現象をさすのではなく」、「書写または印刷された記録類を認識・収集・組織・利用する文化的社会現象である」と説明されている[8]。

　もう1篇の「図書館学における体系と方法」では、小野氏の1936年発表の論文「図書館学序説」（1936）を取り上げ、「図書館学の体系を明確に考えた先駆的な論文」と評価されているが、「当時の図書館員の知っておくべき知識の項目の羅列に過ぎない」、「体系としてあげている4部門の間の相互の連絡がない、部門間を結び付ける働きをする糸（＝一定の方法）が考えられていないので、体系とは言えない」と手厳しく批判されている[9]。小野則秋先生は、いうまでもなく、先述の「同志社大学図書館学研究会」の発足に力を注ぎ、いわば今ある司書課程の創設者と言っても過言ではない同志社の恩人である。

　岩猿先生は、日本の図書館学、特に歴史的展開について深く研究しておられたと思う。『同志社大学図書館学年報』17号に、岩猿先生が司書課程のために講演された記録があるが、その中で、戦後の日本の図書館学研究の第1世代が小野則秋先生や竹林熊彦先生で、第2世代の代表は小倉親雄先生であり、ご自身も第2世代であるとおっしゃっている。第1世代が図書学や書誌学を中心にした人文科学的図書館学であったのに対して、第2世代は社会科学的図書館学の立場をとっているとおっしゃっている[10]。そして、「第1、第2世代は図書館学に対する考え方を巡って鋭い相互批判をしてきたけれども、情報科学の立場に立ち、図書館学研究の新しい次元を形成しつつある第3世代からの明確な批判がまだないのではないか」[11]と懸念されている。「情報科学を自然科学の領域ととらえるならば、自然科学を基盤とする図書館学が考えられて、その間に厳しい対立、批判が十分行われない限り、新しい学問の地平は開けないんじゃないか」とおっしゃっている[12]。同時に第2世代の責任は、第3

327

世代にもっとはっきりと批判すべき対象を示すことであるとご自分を客観的に見ることも忘れていらっしゃらないのはさすが、と敬服する。

この日本の図書館学についての注目度は、かねがね私も低いと思っている。たとえば、『図書館ハンドブック』の「図書館学」の項目に、日本の図書館学者のことはほとんど記載されていない。1952年の初版に日本人による目録や分類など実務に関する文献が紹介されており、1960年の増訂版にわずかに「日本の図書館学」としてやはり実務的な文献があげられている。その後1977年第4版から2010年第6版補訂版に至るまで、「図書館学」の項目は欧米の図書館学を中心に書かれているだけである。

ここで、岩猿先生が著書の中で、いわば「岩猿図書館学」というべきものを論じておられるので、一部紹介したいと思う[13]。

まず「図書館学の基盤が必ずしも十分に確立していないところに、社会の情報化の進展とともに図書館学が再構築をせまられつつある。特に情報学の発展は、図書館学を図書館・情報学として再構築することを要請しつつある」[14]ことが背景として挙げられている。

戦後の日本の図書館学の出発には、図書館法公布後の1951年以降に、日本図書館学会をはじめとして、図書館学研究を目的とした、いくつかの組織が全国的に結成されたことが大きく影響している。この結成の機運は、「アメリカの図書館学の直接的影響による図書館員意識（ライブラリアンシップ）の高揚」と、「大学において図書館学教育が行われ始めたという制度的刺激からうまれたと考えられる」と分析されている[15]。

図書館法で定められた司書、司書補資格付与のために1951年から講習が始まったが、この講習での講師養成とともに、講習の際に用いる講義要綱作成のため、1951年6月から同年中に3回にわたり指導者講習が開催されたそうである[16]。この講習ではアメリカの第一線の図書館人が講師として直接指導にあたり、その結果指導者講習に参加した者が講師となって、全国的にアメリカ図書館学の成

果が伝達されることになったのである。岩猿先生も第 1 回司書講習に受講者として参加されており、その講義内容は従来の日本の図書館に対するイメージしか持ち合わせていなかった当時の図書館員にとっては、衝撃的ですらあったとともに、図書館の明るい未来をも予想させるものであったと回想されている。この体験が「図書館はどうあるべきか。図書館とは何であるか」という根本的な命題に立ち返る必然性に結びついたと書いておられる[17]。

図書館法により「大学における図書館学教育の開始は、図書館員教育が大学で教えられる知識分野となった」ことを意味するものである。すなわち「図書館に関する教育も図書館学研究にもとづかざるをえない」。慶応義塾大学で始まった Japan Library School も大きな刺激となり、戦後における図書館学研究は、「図書館管理にあたる図書館員にとって必要な知識を取り集めた実務的知識の体系である図書館管理法を、根底において統一する原則を学問的に追求しようとする図書館学研究にならざるをえなかった」と論じておられる[18]。

日本では、1952 年ごろから図書館学論が真剣に論じられていて、その中に前述の岩猿先生の「図書館学方法論試論」、「図書館学における体系と方法」も含まれる。のちにこの時代の図書館学論は「学問論」、「科学成立の根拠に関する研究」ではない、と言われたそうだが、当時の図書館学論は明確な図書館学方法論を具体的に示すまでにはいたらなかったということであり「図書館学論が論じられたこと自体が無意味であったわけでは決してない」とはっきり述べておられる[19]。では「図書館学とは何か」ということについて、J. H. シェラの「図書館が学たりうるかではなく、図書館学とはいかなる学問か」[20]という指摘を重要であるとし、「図書館活動を具体的に記述したり、その業務をどのようにすれば効率的に行えるかということは図書館管理法であって、図書館学にはならない」と示唆されている。そして図書館学が成立するためには、「現実から図書館現象を抽出し、そこに普遍的に妥当する法則が見いだされなければなら

ない」とし、この「図書館現象を抽出する視点なり方法が図書館方法論である」と論じておられる[21]。

さらに、「図書館学が成立するためには、他の学問領域と異なった図書館学個有の認識方法論が構築されなければならない。社会科学では、現実認識の方法論は具体的には、概念という枠組みによって示される。概念という枠組みによって、現実の中からある現象が抽出され、その現象の因果的関連が追求されることによって、概念の正当化、有効性が確認されるが、図書館学は長い間こうした有効な概念という枠組みを構築することに成功しなかった」と指摘されている[22]。

先生は、図書館学が「学際的学問」と言われることにも言及し、「図書館学がそれ独自の学問的方法をもたなくても、諸科学の方法や成果を利用し、現実の図書館活動に対する学問的な認識成果があれば、それらを図書館学とよんでもいいことになる」としている。「ただ、学際的学問は、ある対象領域の研究のために、いろいろな学問分野の方法や成果を寄せ集めたものにすぎなくなる。図書館学の場合も学際的ということで、諸知識分野の学問方法とその成果の寄せ集めになってしまい、特に大学の司書課程カリキュラムでは、個々の知識分野の学問的な相互関連性が十分検討されることもなく、図書館員に必要と考えられるものは、次々にカリキュラムのなかに取り入れられてきた」と批判しておられる[23]。

また図書館学が実学といわれることについて、「図書館現場に直接的に役立つことのみに研究のアクセントを置き、実学であるからということで、理論化の努力を軽視したり無視したりしていいというものではない。」と警鐘を発しておられる[24]。

1970年代に導入された「情報学」や「情報」という概念について、「情報という概念を、図書館現象を抽出しうる概念的枠組みとする試みが見られ、「図書館・情報学」、あるいは「図書館情報学」の研究領域が開かれてきて、図書館学の外に情報学が発達してくると、図書館学自体もアイデンティティを問い直す必要にせまられて

いる」と示唆しておられる[25]。

この章の最後に、「図書館学独自の学問方法論の確立が不十分であり、むしろ学際的学問として成立するためには、図書館員の職業的基盤にもとづく図書館哲学を欠くことはできない。この図書館哲学の主体は図書館員であり、図書館員のあり方自体の本質の追求である」と結んでおられる[26]。

こうして岩猿先生は、日本の図書館学についての研究に深く力を注いでおられたと思う。これは単に図書館学という学問の確立を目指すだけでなく、図書館人として現場で実践されたからこそ、図書館員、図書館活動そのものの基盤としての図書館学を確立しなければならないという命題をご自分に課し、生涯を捧げられたと思う。また、戦前の日本図書館学研究は決して不毛ではない、ということを検証されたい気持ちがあったのではないか。たぶん日本で図書館学を定義した最初の人である和田万吉氏、それから同志社大学図書館学研究会を築いた小野則秋先生や戦後の研究者の系譜をたどり、図書館学がいかにドイツやアメリカからの図書館学研究から学んだものが多いとはいえ、大学教育の中に組み込まれた図書館学という学問領域が日本でどのように芽生え、発展していったかを知る必要があると考える（先生が亡くなる直前まで取り組まれていたテーマが「和田万吉」と聞いている）。「図書館・情報学」という名称が主流になった現在においても、常に「図書館学」というまさに「学的性格」を持ちうるディシプリンであることが岩猿先生の「遺言」のような気がしてならない。

岩猿先生の実務家として、あるいは日本の図書館界の指導者としての顔は、学協会における先生の活躍に見ることができる。日本図書館学会（現在の日本図書館情報学会）においては、創設まもなく理事に就かれ、副会長、会長を歴任された。日本図書館研究会では、1957年に初代事務局長に就任されてからずっと研究会の基盤づくり、発展に寄与された。日本図書館協会には1950年に入会され、評議員、理事、参与と常に組織の中枢におられ、2013年に顧

問を退かれるまで、実に 60 有余年、常に日本の図書館界を見つめ、時には叱咤激励されたこともあったと思う。

このように先生は、図書館学の発展、図書館員教育の充実だけでなく、図書館が図書館学の上に考えられる対象として、ライブラリアンシップの高揚の源泉である組織力の重要さをいつも認識されておられたのである。

最後に岩猿先生の素顔を知るエピソードを紹介しておきたい。先生は研究会にはいつもダンディなブレザー姿で、「やあ、こんにちは」と優しい表情で教室に入って来られた。京都大学附属図書館では、女性図書館員の憧れだったという話も聞いたことがある。今でいえば、「カリスマライブラリアン」と呼ばれていたかもしれない。90 歳をすぎても背筋をピンと伸ばして、会員の発表に耳を傾け、丁寧な口調で、しかし、発表者が「ここを質問されたらヤバいな」と思っているところを、的確に質問された。発表内容は会員の興味によってかなり広範であったが、質問やコメントなどを必ずおっしゃって、「何でもよくご存じだ」と失礼ながら驚いたこともしばしばであった。手術のときに病室でご覧になっていた書物が、『ソクラテスの弁明』とセネカの『人生の慰め』だったそうで、どこまでも研究者だったのである。そんな先生の楽しみはラグビー観戦だったそうで、ご自身も学生時代にラガーだったとのこと、「12 月になるとラグビーを見るのに忙しいんだよ」とおっしゃって、それに続く「元日ラグビー」は欠かさずご覧になっていたようである。

先生の第一印象はちょっと気難しい風貌であったが、愛妻家でいらっしゃったことは有名で、足が少し不自由になられた奥様の代わりに家事もなさったと伺ったことがあった。奥様が亡くなられてさぞ寂しくなさっているだろうと一度仲間とお宅にお邪魔したことがあったが、木彫をなさっていた奥様の見事な作品が飾り棚にきれいに飾られ、先生が楽しそうにお話しされ、ご夫妻の深い絆を感じたものである。先生はどこまでもダンディだったのである。*

引用文献

1) 岩猿敏生「図書館教育と図書館学教育」『同志社大学図書館学年報』第38号，2012, p.140.

2) 前掲1) p.140.

3) 前掲1) p.144.

4) 岩猿敏生「図書館学方法論試論」『図書館学』No.2, 1955, p.2.

5) 前掲4) p.2.

6) 前掲4) p.3.

7) 前掲4) p.8.

8) 前掲4) p.10.

9) 岩猿敏生「図書館学における体系と方法」『日本図書館学会年報』Vol.4, No.2, 1957, p.2-3.

10) 岩猿敏生「戦後の図書館学についての回想－竹林、小野先生の業績にふれながら－」『同志社大学図書館学年報』第17号，1990, p.40.

11) 前掲10) p.42-43.

12) 前掲10) p.42-43.

13) 岩猿敏生「10　図書館学とは何か」『図書館概論』（講座図書館の理論と実際；1），雄山閣出版，1992, p.185-203.

14) 前掲13) p.189-191.

15) 前掲13) p.189-191.

16) 前掲13) p.189-191.

17) 前掲13) p.189-191.

18) 前掲13) p.191-193.

19) 前掲13) p.193-194.

20) Shera, Jess H. 『図書館の社会的基盤』藤野幸雄訳，日本図書館協会，1978, p.100.

21) 前掲13) p.195.

22) 前掲13) p.195-196.

23) 前掲13) p.196.

24) 前掲13) p.198-199.

25) 前掲13) p.198-199.

26) 前掲13) p.201-202.

＊ 本稿は標記の初出稿に記事の補筆を施したものである。

なかじま　さちこ（同志社大学嘱託講師）

追悼の辞

岩猿敏生先生を偲ぶ

漢 那 憲 治

『図書館学』No.109（2016）

　2015年8月に胃がんの手術を受けられた岩猿敏生先生は病後の回復も順調で、今年（2016年）の2月27日に快気祝いの昼食会を京都図書館学研究会が開き、先生の健康長寿を願いました。残念なことに、4月9日にご逝去、享年96歳でした。先生の学恩に感謝して「偲ぶ会」を京都大学学友会館で翌月21日に行い、全国から41名の方が参加してくださいました。

　岩猿先生との最初の出会いは、私がシカゴ大学極東図書館の日本語資料課主任を勤めた1973年、米国で開催された第二回日米大学図書館会議でのことでした。先生は日本代表の一員で、私は米国代表の一員である銭存訓シカゴ大学極東図書館長のお供でした。それ以来、先生の親炙に浴してきました。

　沖縄キリスト教短期大学勤務時代には、金沢工業大学ライブラリセンター主催の図書館情報学の国際ラウンドテーブル会議に参加した折、金沢市の香林坊界隈の料理屋で生牡蠣をごちそうになり、京都外国語大学主催の図書館に関する国際会議に参加した際には京料理をもてなしてくださったことがつい昨日のように思い出されます。

　一方、岩猿先生が日本図書館学会長に就任された1992年、桃山学院大学で開催された学会の研究大会に参加した時に、木村秀明先生を紹介されました。そこで、木村先生より西日本図書館学会・研究大会の沖縄での開催についての打診を受け、翌年11月に沖縄図書館史研究会が世話人となり、研究大会が実現しました。それ以

来、私は西日本図書館学会の会員であり、西日本図書館学会の創設に岩猿先生が深く関わったことをその時知りました。

2000年4月より関西の梅花女子大学に阪田蓉子先生の後任として赴任しました。その梅花の司書課程の設置にも岩猿先生のご尽力があり、森川彰氏と阪田蓉子氏の専任の二人体制で司書課程が始められたとのことでした。2001年4月に岩猿先生を中心に5名の有志からなるサロン的な岩猿研究会が発足しました。当初は渡辺信一・大城善盛の同志社大学で開かれ、2人が同大を退職した後は私の勤務校龍谷大学で、そして現在は大谷大学で隔月に開催され、名称も京都図書館学研究会となりました。岩猿先生は日本の図書館通史（『日本図書館史概説』日外アソシエーツ，2007）をまとめる中で、研究例会でよく発表され、会員との討論を好まれました。その上、文献探索を葉書で頻繁に依頼され、次の例会には現物を届けるといった具合で先生の研究熱心さにはつねに圧倒され続けました。私たち研究会メンバーは少しでも先生のお役に立ちたいとの思いで、先生の米寿には『岩猿敏生先生著作目録』を作成し、卆寿には『図書館情報学教育論叢－岩猿敏生先生卒寿記念論文集』（京都図書館学研究会，2012）を上梓し先生に進呈しました。

岩猿先生から、亡くなられる1か月前の2月28日と3月8日に達筆に書かれた手紙をいただきました。3月8日の文では、「書くつもりでいた2, 3のテーマについてそれらは手許の資料の範囲内のことですが、なんとか一応とりまとめたい」と、死の直前まで論文の執筆に余念がなかったことを伝えておられました。

岩猿先生は、さらに、会員の研究者としての成長を温かく見守っておられ、2月28日の文では、和本の装丁に関する詳細な調査報告をまとめた会員の研究成果を研究会がそれを後押ししたものと嬉しく思う、と語っておられました。また、先生は日頃より大学の教授は単独で著書を出さなければダメだとも言われておりました。私はその言葉に発奮させられ、龍谷大学を定年直前にこれまでに発表してきた論文をまとめて出す準備をし、岩猿先生の同意のもとに京

都図書館学研究会から先生の序文付で『米軍占領下における沖縄の図書館事業－戦後沖縄の図書館復興を中心に－』（2014）を刊行していただきました。

真摯な研究者・生活者としての岩猿敏生先生の生き方にあやかりたい。心より哀悼の意を表してご冥福をお祈り申し上げます。

（2016 年 7 月記）

かんな　けんじ（元龍谷大学教授）

追悼の辞

京大図書館事務長時代の岩猿敏生先生

廣　庭　基　介

『図書館界』Vol.68, No.3（2016.9）

2015年12月15日付けの岩猿先生からの書簡で、「ここ数年まとまった文章ひとつ書けずに過ぎましたが、来年は寿命があればもう少し頑張ってみようと思っています」とお書きになっていた。

先生はもちろんご自分の追悼文が『図書館界』に載るなどとまったく思っておられず、寿命が尽きるなどと毛頭思っておられなかったことがわかるのである。

ここで嘘のような事実を記しておきたい。それは岩猿先生と私が同じ1956年4月1日に京都大学附属図書館に初出勤したことである。37歳の先生はこの日に九州大学附属図書館司書官から京大附属図書館事務長に栄転され、24歳の私は、京大文学部図書室から附属図書館へ配置換えで異動してきたのである。それから1ヶ月後の5月1日、私は受入掛の夜間高校に通っている17歳の少年職員と2人で事務長室へ行き、「メーデーに行ってもよろしいか？」とお尋ねしたところ、「メーデーは労働者の祭典やろが。行ったらええ」と許してくださったことが今も脳裏に焼きついている。以前、九州で組合の活動家だったと聞いていたので「さすが」と思った。

その頃、京大の事務長クラスの人は、京大でたたき上げた人ばかりなので、市内に自宅があり、官舎の必要がなかった。岩猿先生は市電電停「銀閣寺道」の西100メートルの民間の木造安アパートに単身居住しておられ、数週間後奥様と愛娘みちるちゃんも到着されたので、急遽、百万遍知恩寺の末寺、了蓮寺の住職でもある和漢書目録掛長・伊藤祐昭さんのお寺の離れを間借りされた。約2ヶ月

後、熊野神社南側に京大初の鉄筋コンクリート造り3階建て18戸の職員宿舎が完成し、そこへ引っ越された。

その頃、晴れた土曜日の午後には唯一人の20歳代の部下で、先生と同じ日に初出勤した私を誘われて、近郊の山歩きに出られた。歩きながら、先生は1943年に京大文学部宗教学専攻を戦時繰り上げで卒業し、陸軍幹部候補生から少尉になり、三重県明野の陸軍飛行場で、特攻隊が出撃する直前に偵察機に乗って海上の天候を観測する任務についていたと話された。また宗教学専攻だった先生は関西の両墓制墓地を見たいと言われるので、私の父の丹波の実家へお連れして、埋め墓と参り墓の実際を見られたこともあった。

1958年4月、京都図書館協会総会において幹事館が府立大学から京大に移り、田中周友京大図書館長が会長に、岩猿敏生事務長が副会長に就任、同時に協会会報の編集業務も京大に来て、それを私が担当させられた。その仕事で竹林熊彦先生のお宅へ原稿を取りに行ったり、京都の有名な図書館学、書誌学の先生方や若手活動家だった方々とも顔と名前を知って貰った。次いで、1959年10月2日から12月4日までの2ケ月間、米国図書館協会主催の「日本の図書館員のためのレファレンス・サービスに関する現地セミナー」に参加される先生は、自分の不在中の10月13、14日に、九州大学で開催される第7回日本図書館学会と西日本図書館学会合同研究大会に私が出席するように手続きをしておいて下さり、その会場で石井敦さん、永末十四雄さんに挨拶するようにと云い残して出発されたのであった。

1959年は京大附属図書館創立60周年に当たり、式典と『京都大学附属図書館六十年史』の刊行を岩猿事務長の緻密な計画、予算措置、全館員参加の方針などによって成功裡に達成され、これが我が国の大学図書館の個館史としての嚆矢となる名誉を獲得されたのであった。

私事で申しわけないが、1961年10月14日、私は結婚式を挙げた。岩猿先生は公用で不参加、代わりに留袖姿の奥様と振袖姿のミ

京大図書館事務長時代の岩猿敏生先生

チルちゃんが出席してくださり、記念写真でも最前列に座ってくださったのであった。

この後、1964年9月には、京都大学附属図書館館報『静修』が創刊されており、こうして改めて回想すると、岩猿先生は京大図書館の空気に馴染まれるとともに新しい業務や企画を次々に手掛けられていたことがわかり、さすがは図書館学者でもあり、名事務長でもあったと感嘆するのである。確かに岩猿先生のように仕事に忠実で、しかも新しい館界の動向に敏感で、良いと考えた新しい方法や機械を積極的に採り入れた事務長を私は他に知らない。100歳を超える日本人が6万人以上もいると報道されているのに先生の逝去は本当に残念である。先生が3年前に亡くなられた奥様の傍らで安らかに休息をおとりになることを心からお祈りする。

ひろにわ　もとすけ（元花園大学教授）

追悼の辞

岩猿敏生先生を偲ぶ

大 城 善 盛

『図書館界』Vol.68, No.3（2016.9）

　岩猿敏生先生が 2016 年 4 月 9 日に病気のため 96 歳で逝去された。先生は 1943 年に京都帝国大学文学部哲学科を卒業後、1950 年九州大学司書官、1956 年より京都大学図書館事務長・事務部長、1976 年関西大学文学部教授に就任し、1990 年に同大学を退職なさっておられます。

　先生は、著作も多数著わしておられ、代表的な著書として『大学図書館』（雄山閣出版，1976，日本図書館学講座 6）、『日本図書館史概説』（日外アソシエーツ，2007）がある。1992 年刊の『大学図書館の管理と運営』（日本図書館協会）では共著者の一人として私も加えてもらいました。京都図書館学研究会が先生の米寿を記念して 2007 年に作成した『岩猿敏生先生著作目録』には 224 点の文献（1 ページの文献も含む）がリストされ、2016 年現在で CiNii データベースを「岩猿敏生」で検索すると 90 件がヒットする。先生は、このように、優れた実践家であると同時に秀でた研究者でもあられた。

　私が先生と初めてお会いしたのは、1970 年代初期に先生が私の勤務するミシガン大学図書館を訪ねて来られた際であった。ミシガン州立大学に知人が居られるというので、先生を私の車で案内した。それが縁となって、京都を訪問した際には京都や奈良の寺社を案内してもらい、若輩の私（当時 30 代）は感激したのを今でも覚えている。

　私が 1977 年に帰国して京都産業大学図書館に勤務するようにな

ると、大阪市立大学を主会場として開催されていた大学図書館懇談会や、京都大学の楽友会館で開催されていた図書館懇談会へ先生から誘いを受け、その両懇談会に参加することにより日本の図書館界や図書出版の歴史について見聞を広めることができた。今でも忘れられないのは、陽明文庫や比叡山文庫、黄檗山の一切経の版木などを見学させてもらったことである。

　約14人の会員からなる京都図書館学研究会という組織がある。岩猿先生の学識を先生がお元気な間に盗もう（分けてもらう）という意図で、2001年に「岩猿研究会」の名称で4、5人のメンバーで、私が当時所属していた同志社大学文化学科教育学専攻の共同研究室で発足させたのがその起源である。会員が増えるにつれ、いつまでも「岩猿研究会」ではおかしいだろうと先生がおっしゃって、先生が米寿を迎えられた折に「京都図書館学研究会」（2007年）に名称を変更した。その年、「京都図書館学研究会」によるお祝いの会を持ち、小冊子『岩猿敏生先生著作目録──米寿記念』を作成して献呈した。

　研究会では、発表が未熟なものであっても、嫌な顔をせずに暖かく見守ってくださった。しかし、静かな口調で的確にコメントしてくださった。私も多くの拙稿を世に問うているが、投稿する前に先生からコメントを貰うのを常としていた。先生は誤字も含めて、細やかにコメントしてくださった。

　先生は2012年には卒寿を迎えられたので、我々会員一同は、『図書館情報学教育論叢：岩猿敏生先生卒寿記念論文集』を執筆・刊行し、先生に献呈した。その論叢は献呈本であったため、先生の論文を入れることができなかった。そのため、2015年の始めに先生の論文を1冊にまとめて刊行することが研究会で決まり、先生にその図書に含める論文と図書のタイトルを決めてくださるよう頼んであった。しかし、なかなか決めてくださらなかった。後で関係者から聞いて分かったことであるが、先生はその図書の中に新しい論文も入れたかったようである。このように、先生は最後まで現役の研究

者であられた。

　先生の著作を大まかに分類すると、「学問としての図書館学」、「大学図書館」、「図書館史」の3領域に分けられるような気がする。そう遠くない時期に先生の著作を評価することが我々後輩に残された責務であると思われる。一人の研究者が先生の3領域をすべてカバーすることは至難の業かと思われるが、3人が手分けしてそれら3領域における先生の貢献度を評価することは可能であろう。微力ながら、私も、いつか先生の大学図書館論を論じてみたいと思っている。

おおしろ　ぜんせい（元同志社大学教授）

追悼の辞

「岩猿敏生先生を偲ぶ会」に寄せて

森　　茜

『岩猿敏生先生を偲ぶ会記録』（主催：京都図書館学研究会
日時：2016 年 5 月 21 日　場所：京都大学楽友会館）

　岩猿敏生先生が日本図書館協会の会員になられたのは、1950 年 4
月で、私がまだ満 10 歳にならない頃のことです。その頃、戦後間
もない、アメリカ輸入の民主主義と自由と自律を目指す社会的気運
の高まる中で、日本全体に、図書館、即ち市民のための真の公共図
書館の設立と普及の息吹が一挙に立ち昇った時期に、日本図書館協
会（以下、日図協）の会員になられました。

　皆さまよく御存じのように、この 1950 年は戦後のわが国図書館
の方向性を決定づける図書館法が成立したときです。岩猿先生が日
図協の会員になる 3 年前、1947 年に、日図協は戦時下政策による
政府直轄財団法人から戦後民主化政策のもとで社団法人として再出
発をしました。この新しい図書館法は、日図協を中心とする図書館
関係者の運動が結実したものです。岩猿先生はそのような図書館界
の高揚する空気の中で日図協の会員になり、以後、一度も断絶する
ことなく、日図協の活動に参画され続けてこられました。長い間、
日図協の理事を務められ、1982 年から 1994 年の間には参与となら
れ、1995 年から 2014 年までは顧問を務められました。

　振り返ってみれば、日図協は、先生が日図協に加入されたその
年、1950 年に『日本十進分類法』を発行し、1952 年に『図書館ハ
ンドブック』、1953 年に『日本目録規則』、1956 年に『基本件名標目
表』と、現在の"図書館基本ツール"を立て続けに発行しました。
そして、1954 年には、全国図書館大会で「図書館の自由に関する宣

343

言」を採択しています。これら現在の図書館活動の基礎となる多くの原則的思想は、当時、関西の日図協会員の力が結集されたものと伝え聞いています。若き岩猿先生が、これらの図書館高揚期の運動に深くかかわって行かれた姿を想像すると、目頭が熱くなります。

先生は、その当時、京都帝国大学卒業の新進気鋭の図書館人として1950年に九州大学附属図書館の司書官として出発され、1956年に京都大学附属図書館事務部長になられ、1976年に関西大学文学部教授になられ、教鞭をとられることになるまでは、大学図書館の現場から、大学教授となられてからは図書館学の専門的立場から、日本の図書館界全体のための活動を継続されました。この間における先生のご活動によって、日本図書館協会がどれほど多大な恩恵を受けたかは、計り知れないところであります。

そのような先生から、私は、2014年2月にお手紙を頂戴しました。その中には「さて、私こと本年4月で95歳になります。会員になりまして60年をこえるかと存じますが、この間顧問として優遇を受けながら何もなすことのなかったことを反省していますとともに、いつまでも優待を受け続けますことも心苦しく」と記され、会員を退会することと多額のご寄付をくださることがしたためられておりました。

私どもは大変びっくりしましたが、ご決意は固く、今思えばその時すでに先生は今日ある日を自らお考えになっておられたのかと、深く心に思うところです。日本図書館協会の歴史は1892年に始まり、今年で124年を数えますが、岩猿先生の66年間は、優に日図協の歴史の半分以上に相当します。岩猿先生は日図協の半生を創出してくれた稀有な偉人と言って過言ではありません。

どうぞ、この後も天界のかなたから、日本図書館協会の発展、我が国図書館界全体の発展のために、叱咤・激励を続けてくださるよう祈念して、哀悼の言葉とさせていただきます。

　　　　　　　もり　あかね（日本図書館協会理事長）

追悼の辞

「岩猿敏生先生を偲ぶ会」に寄せて

塩　見　　昇

『岩猿敏生先生を偲ぶ会記録』（主催：京都図書館学研究会
日時：2016 年 5 月 21 日　場所：京都大学楽友会館）

　岩猿先生が京都大学附属図書館事務長として着任された当時、私
は教育学部の学生だった。1958 年に 3 回生で図書館学の授業を受
け始めたが、その一つに先生が学内非常勤講師として担当されたレ
ファレンスサービスがあった。レファレンスサービスというのは、
後に参考業務とか情報サービス論と言われている科目の前身です
が、半年間に何をやったかというと、B 4 用紙にタイプでぎっしり
打ち込まれた英文 5 枚の講読です。この古い資料がいまも手元に残
っています。すっかり劣化してちょっと乱暴に扱うとぼろぼろと壊
れてしまいそうな印刷物です。

　受講生も 5〜6 人くらいの少人数の授業で、このプリントを学生
が訳して、先生がそれに関連する何かを話される、といった授業だ
ったと思いますが、その詳細は覚えていません。テキストの英文
は、Pierce Butler の Survey of the Reference Field という論文です。
当時他の大学や司書講習でやられていた「レファレンスワーク」の
授業とはよほど違う内容だったと思います。先生も初めての授業
で、どんな講義にするか模索されていたのだろうと思います。レ
ファレンスとは、といった話があったかどうかわかりませんが、近代
図書館においてはレファレンスワークというのが大事な仕事だ、と
いうことだけは教わったように思います。

　1960 年の 1 月に大阪市の司書採用試験を受けた時、面接官に、
あなたは図書館に入ったらどんな仕事をやりたいかと聞かれて、私

345

はレファレンスワークをやりたいと答えたことはよく覚えています。岩猿さんから教えてもらったことの成果だったと言えましょう。「整理の仕事はあまりやりたくない」などと余計なことも言っていますが。

そして図書館に入って11年間大阪市に在職しましたが、その約半分ほどは実際にレファレンスワークを担当しました。

1971年に市立図書館を辞め、大阪教育大学の教員に転職するのですが、教員養成系の大学で、担当するのは学校図書館についてです。しかし、学校図書館のことを何もわかっていない、でも授業はやらなきゃいけないということで、毎日必死になって勉強した時期でした。最初の十年間ほどは非常に苦しい期間でした。そういう時期の3年目ぐらい、1974年頃でしたかね。岩猿先生からちょっと来てくれ、と連絡をいただき、京大図書館の事務長室に行ったら、あなたに著書を書いてもらいたい、と言われた。それが雄山閣の日本図書館学講座の第五巻『学校図書館と児童図書館』でした。間崎ルリ子さんと共著という形ではありますが、全くの分担執筆で、私が学校図書館を、間崎さんが児童図書館を書き、冒頭にこの二つを並べる理屈付けみたいなことを私が少し述べた本です。

先ほど言ったような苦闘のさなかだったので、まだとても本が書けるような状況ではなかったが、学校図書館とは何か、なぜ学校に図書館が必要なのか、それは何をするところか、について必死になって、自分なりのものをつかまなきゃいけない、と苦闘しているままを思いきって文章化してみました。とても本になるような段階ではなかったのですが、このときにそれを書いたことが1983年に青木書店から出した『教育としての学校図書館』の下書きというか、ノートのようなものになったと思っています。これを出したことでどうにか「学校図書館学の先生」になる緒を作ってくださったのが岩猿先生のこの勧めだった、と今では感謝しています。

以上の二つが若い頃のかかわりで印象深いし、お世話になった思い出です。比較的近年のことで言えば、日本図書館研究会が1996

年に創立 50 年を迎えた際、日本図書館研究会 50 年史をまとめることになり、初期の 20 年間（第 1 期、2 期）を書いていただきました。京大図書館に日図研の事務局があり、先生が図書館の事務長に就任された翌 1957 年から、理事、事務局長を担われていたこともあり、歴史の専門家である先生の目からこの長い期間をまとめていただいた。当時を知る先人がほとんどいらっしゃらなくなっており、その関係で執筆担当者で 2、3 回集まり、先生から初期のお話を伺ったこともありました。いつまでも若くお元気だった岩猿先生ならではのお付き合いをいただいていた貴重な経験です。

　先生への思い出と、感謝の気持の一端を述べ、ご冥福をお祈りします。

　しおみ　のぼる（大阪教育大学名誉教授・元日本図書館研究会理事長）

追悼の辞

「岩猿敏生先生を偲ぶ会」に寄せて

小　田　光　宏

『岩猿敏生先生を偲ぶ会記録』（主催：京都図書館学研究会
日時：2016 年 5 月 21 日　場所：京都大学楽友会館）

　ただいまご紹介いただきました、青山学院大学の小田光宏です。
大城善盛先生より、日本図書館情報学会会長として、関係すること
がらを話してほしいと依頼されましたが、それに加えて、いくつか
の個人的な思いを述べたいと存じます。

　私が岩猿先生のお名前を知ったのは、東京大学の大学院生のころ
でした。1980 年代前半のことです。当時、裏田武夫先生と長澤雅
男先生が、研究室のご指導をされており、日本の図書館情報学の教
育・研究を牽引されていました。両先生からは、日本図書館情報学
会の運営に関する「こぼれ話」を聞く機会がけっこうありました
が、そうしたときに、岩猿敏生先生のお名前がしばしば登場したこ
とを覚えています。

　日本図書館情報学会（旧日本図書館学会）は、海後宗臣氏を初代
会長として 1953 年に発足しました。その創設間もない 1957 年に、
現在の理事に相当する幹事（1972 年に評議員と改称）に、岩猿先
生は就かれています。京都大学附属図書館事務長になられたときか
と存じます。その後、1982 年度まで 12 期にわたり、この任を続け
られました。さらに、1983 年度から 1986 年度まで、裏田武夫会長
のもとで副会長として、1987 年度から 1995 年度までは会長とし
て、学会を導かれました。1980 年代から 1990 年代は、学会の発
展・展開期にあたるとも考えられ、先頭に立って様々な基盤整備を
進められ、改革を試みられたのです。それらは、機関誌『図書館学

会年報』（現在の『日本図書館情報学会誌』）、ならびに会報の記事から知ることができます。また、会長職を退かれた後も、名誉会員として、今日まで学会の精神的な支えとなっていただきました。

　学会では、編集委員長や研究委員長といった役には就かれていません。しかし、重鎮として日本図書館情報学会になくてはならない方でした。会長職をお務めになった時期が、はるか昔のように感じるのですが、学会長としては6代目です。私が10人目なので、4人分さかのぼることにしかなりません。と言っても、会長に就かれたときは、すでに70歳に近かったことを思うと驚きを隠せません。

　さて、岩猿敏生先生への個人的な思い出は三つあります。すべて、司書養成、図書館情報学教育（当時は、図書館学教育）に関することです。

　一つ目は、別府大学の佐藤允昭先生から聞かされたことが発端です。司書講習の伝統がある同大学の活動を踏まえて、あるいは、九州大学でのご経験を前提にされたのだと思いますが、「大学の司書課程は、司書講習を越えられなかった」と、岩猿先生が漏らされていたそうなのです。私自身は、このご発言を、司書養成の将来を懸念したものと受け止め、司書講習ではできない教育を目指そうと、発奮いたしました。私が、図書館情報学教育の活性化と実質化に強い関心を寄せるようになったきっかけは、ここにあります。

　二つ目は、1989年ごろに、長澤雅男先生が代表となって、科学研究費を獲得して行われた研究活動における想い出です。この研究活動は、東京大学大学院の修了生によるチームで進めたもので、図書館情報学教育の実態と改善をテーマにしていました。LIPER（情報専門職の養成に向けた図書館情報学教育体制の再構築に関する総合的研究）の20世紀版とでも言えましょうか。この研究活動において、私自身は、図書館情報学教員を対象にした調査班に属しており、質問紙調査とインタビュー調査に携わりました。そうです。そのインタビューの対象のお一人が、岩猿先生だったのです。暑い時期だったのか、涼しい時期だったのか、すっかり忘れてしまいまし

たが、京都市桂のご自宅にお邪魔し、2時間弱ではありますが、司書養成に対するお考えやお気持ちを、いろいろとお聞きしました。ICレコーダーなどなかった時代ですから、一生懸命メモを取ったことを、はっきりと覚えています。そのときの記録を、今回探し出そうと思ったのですが、見つけ出すことができなかったこと、お許しください。

　三つ目は、日本図書館文化史研究会、あるいは日本図書館研究会の会合のときだったと思うのですが、和室で開かれた懇親会の席で、岩猿先生に自分の考えをぶつけたことです。1997年の司書養成科目の改訂の議論が進む中で、「図書館史」を扱う科目を残すべきかどうかが焦点の一つとなりました。私自身は、歴史は、それぞれの科目の中できちんと扱えばよく、また、そうすることのほうが重要ではないかと主張しました。独立した科目とすることには、メリットがないという意見です。岩猿先生は、ずっと「うむうむ」と耳を傾けられて、最後に一言だけ、仰いました。「小田さん、歴史を知ることは必要ですよ。」と。

　心からご冥福をお祈り申し上げます。ありがとうございました。

　　　　おだ　みつひろ（青山学院大学教授・日本図書館情報学会会長）

追悼の辞

岩猿敏生先生のご霊前に捧ぐ

高 山 正 也

『岩猿敏生先生を偲ぶ会記録』（主催：京都図書館学研究会
日時：2016 年 5 月 21 日　場所：京都大学楽友会館）

　岩猿先生のご冥福をお祈り申し上げるとともに、先生のご生前に
賜りました数々のご指導とご厚誼に心からのお礼を申し上げます。
有難うございました。

　ご指名ですので、先生との若干の思い出話をさせていただきたい
と存じますが、何分にも私もよる歳波で記憶もいささかおぼろげに
なっており、不正確な事実もあるかと思いますが、お許しいただき
たいと存じます。

　岩猿先生に初めてお目にかかったのは、私の記憶が正しければ、
1970 年代の後半に東京での図書館大会が開かれた折でした。日本
図書館協会の図書館学教育部会の会合が神田一橋の如水会館（旧
館）で開かれた折だったと記憶いたします。私は学生時代からずっ
と専門図書館の世界しか知らなかったこともあって、その時まで岩
猿先生とお目にかかる機会がなかったのでした。

　私の慶応時代の恩師から岩猿先生を紹介してもらいました。その
時、岩猿先生は旧知の図書館学系の人々にはない、深い学識を基盤
に持つ、日本の知的指導者に相応しい人と言えるオーラを放ってお
られるのを感じ取りました。戦前の古き良き時代の日本のインテリ
に見られた深い教養と、健全な良識、さらに強固な信念に裏付けら
れたリーダーシップ能力を兼ね備えたオーラが感じられ、お名前だ
けは既に知っていたので「この方が、かの岩猿先生か！」と大変強
い印象を受けたのを思い出します。その一因には、幼い日に私を大

層可愛がってくれた母の弟の叔父の思い出が重なったのかもしれません。岩猿先生はラグビーがお好きで、京都大学の文学部のご出身でしたが、叔父もラグビー好きで、京都大学出身でした。大学進学に際し、文学部への進学を希望したそうですが、父親、すなわち私にとっては大好きな祖父に経済学部進学を強要され、親子喧嘩の末、法学部へ進んだと聞いておりました。そんなことから、私にとっては岩猿先生の教えは叔父の教えにも重なったように思えたのかもしれません。

　その後しばらくは遠くから岩猿先生のお名前をお聞きするだけの時が続きましたが、先生と親しくお話をさせていただけるようになったのは、雄山閣出版からの「図書館の理論と実際」シリーズの『図書館概論』を、恐れ多くも、岩猿先生と本日ご臨席の石塚栄二先生の両先生とご一緒に執筆させていただくことになりましたことと、それに前後して日本図書館情報学会の会長に岩猿先生がご就任され、私も常任理事のお役目をいただいた時からであったと思います。特に『図書館概論』の執筆に際しては、私如き若造に、まったく自由に書きたいことを書くことをお許しいただきました。執筆者の表記についても、先生にお伺いをたてたところ、「そんな細かいことに気を使うな、仕事の量に応じて並べればよい」と私のような若造をご自身のお名前の前にお出し下さいました。この一事が私には多くのことを教えていただくことになりました。私は若い方々と一緒に出版等の仕事をする時に、今もこの時に教えていただいた教えを守っているつもりです。

　いつのころかは忘れましたが、先生に日本の図書館学の系譜についてお伺いしたことがありました。先生がおっしゃるには、日本の現代の図書館学の系譜にはこれはという人物が少ない。その中で一人だけ、岩猿先生が敬服されている先生がおられる。それは小野則秋先生だということでした。おそらく、小野先生お一人にとどまらず、小野先生をサポートされた間宮不二雄氏や青年図書館員聯盟に集まった方々も含めてのことであったと想像しております。この青

年図書館員聯盟の学統を岩猿先生は最後まで意識しておられたと、私は確信しております。後進の我々はこの先生のお気持ちを可能な限り尊重し、激変する図書館情報学の振興に微力を尽くすことを岩猿先生のご霊前にお誓いしたいと思います。

今にして思えば、もっと多くのことをお聞きし、それらについてのお考えをお伺いしておけばよかったと思うことがいろいろあり、悔やまれます。愚昧の悲しさで、その時には気づかず、今にして悔いているという次第です。

また個人的な生活面でも、先生にはいろいろ学ばせていただくことが多くありました。先生はきわめて几帳面に、何かご連絡を差し上げる度にご丁寧なお手紙をくださいました。その文面の文字が、最後まで全く乱れることなく、きちんと端麗に書かれていたことを見て、自分もかくありたいと感じました。先生より20年以上年少の私がもはや手書きの文字が乱れて、端正に書けなくなっていることを考えると、そういったことからも先生の偉大さを感じずにはいられません。

こうして振り返ると、本当に日本の文化を象徴する図書館の世界の巨人としての岩猿先生であったと言えると思います。我々後進は、岩猿先生の教えを記憶にとどめ、折にふれて思い出し、それらを目標にさらに精進することをご霊前にお誓いするとともに、先生の謦咳に接して、ご指導いただき、ご厚誼をいただいたことは、何物にも代え難い貴重で、有難い経験であったと、再度お礼を申し上げ、併せてご冥福を祈ります。有難うございました。合掌。

たかやま　まさや（慶応義塾大学名誉教授・元国立公文書館長）

装 丁 の 辞

山 本 聖 子

　生前、祖父の食卓には、よくイモの煮物がありました。現代風の洒落た料理よりも、幼少から食べ慣れたものを好み、美味しそうにゆっくりと食べている姿を時々思い出します。イモで思い出すというのも、なんだか可笑しな感じがいたしますが、やはりとても祖父らしく思えてなりません。なぜならそれが好物であったということだけでなく、イモそのものの素朴で庶民的な風貌と、その中に豊かな栄養素を蓄えているということが、なんとなくそう思わせるのだと思います。

　祖父は日々の暮らしにおいても、必要なものを必要な分だけ自らに蓄え、その生き方はとてもシンプルで慎ましく、私は身内でありながら、そんな祖父をとても尊敬していました。それはおそらく本人が、図書館学をはじめとする研究を通して、「人間は、私たちの想像をはるかに超えた、何か大きなものの一部に過ぎない」ということを、日々感じ取っていたからではないかと思います。

　表題の文字は、残された本人の原稿から写し取り*、使用しました。書斎で静かに文字を綴ることで、最期まで世界とつながり続けた時間を、こうやって一冊の本に蓄えて（まるでイモのように！）、後世に残せるということが、祖父にとってどれだけ喜ばしいことであるかは想像に容易く、またその先で私がこのように、装丁というかたちで関わる機会をいただきましたこと、心より嬉しく、有難く感じております。どうぞ、この本がまたどこかの誰かへと響き、伝わっていきますよう。

　（*表題の文字の内、「奔」のみ見つからなかったため、山本聖子が代筆）

やまもと　せいこ（岩猿敏生孫）

編 集 後 記

　日本における図書館学の開拓者・岩猿敏生先生が 2016 年 4 月に亡くなられました。先生の業績を歴史に刻みたく、志保田務、河井弘志、中村恵信、私の 4 人が顕彰事業を企画し、この度『日本図書館学の奔流：岩猿敏生著作集』を上梓しました。

　先生が書かれた文献は、本書に収載されている「岩猿敏生著作目録」を見てもわかる通り、極めて多数で主題も多岐に亘っています。我々は、それらの文献の中から極めて重要と思われる論文を、そして、図書として刊行されているものとの重複を可能な限り避けながら、収載するよう心がけました。その際には、「岩猿敏生著作目録」の転載を快諾してくださった京都図書館学研究会にも相談に乗ってもらいました。

　このご時世、専門書を刊行することは財政的に厳しいものがあります。そのような状況下で、日本図書館研究会が先生の著作の図書館界及び図書館情報学界における価値を理解して、刊行を引き受けてくださったことに謝意を表したいと思います。

　この図書の本体は、岩猿先生が多くの学協会の機関誌に掲載された論文で構成されています。それらの学協会が転載を快諾してくださったことに謝意を表します。また、追悼の辞の転載を快諾してくださった諸先生にも謝意を表します。なお、岩猿先生の論文の転載の際には、読みやすさを考慮して、できる範囲で当用漢字字体表（文化庁 1949 年）に従って現代漢字体に変換し、注及び引用文献のところは形式の統一を図り、編者が注を付したところがあります。

　本書は、先生の孫の山本聖子様の装丁によるものです。聖子様には「装丁の辞」まで書いてもらいました。娘のみちる様には謝辞を書いてもらっていますので、その意味でこの図書は岩猿先生のご遺

編集後記

族一同の力を合わせた作品でもあります。

　なお、刊行に際しては、京都図書館学研究会、LISSASPAC 日本
支部（I-LISS　JAPAN に 2018 年度から改称）、日本図書館研究会、
更にその傘下の図書館学資料保存研究グループの協賛を得ています。

　本書は先生の論文を「図書館学・図書館情報学」（1～8 論文）、「図
書館・情報学教育」（9～10 論文）、「大学図書館」（11～14 論文）、
「大学図書館職員・館長」（15～18 論文）の 4 領域に分けて収載し
ていますが、志保田氏が「献辞」で書いていますように、収載論文
は日本における図書館情報学研究や図書館史研究に資するところ大
であると確信します。私の知る限り、既に 2 人の研究者が岩猿図書
館学をテーマに研究を始めています。この図書が、そのお 2 人も含
めて、広く日本の図書館情報学の学徒に役立つことを期待します。

　最後に、本稿を多大に支えてくださった兵庫県立大学・山田美雪
助手、増井直子、中島幸子校正者の協力に感謝します。また、本書
の完成にあたり、日本図書館研究会・松井純子事務局長に大変お世
話になったことを記しておきます。

　　　　　　　　　　　2018 年 3 月吉日
　　　　　　　　　　　企画編集者を代表して：大城善盛

人 名 索 引
（所載岩猿敏生論文に関する索引）

ア 行

青木次彦　37, 74, 79, 80, 94, 126, 144, 150
青野伊予児　199, 200, 303
朝比奈大作　117
有山崧　97, 235, 278, 303
飯野達郎　168, 290, 294, 304
石井敦　176, 177
石田正義　199
伊木武雄　209, 217
井出翁　197, 198
市川昭午　263, 271, 273
糸賀雅児　48
今まど子　135, 149
上野先（すすむ）　181, 191, 192, 193
裏田武夫　95, 200, 201, 203
大佐三四五　26, 27, 29, 30, 35, 97, 190, 287, 288
大塚芳忠　187, 188, 190
大山綱憲　185
岡部史郎　177, 178
奥村藤嗣　201, 203
小倉親雄　70, 80, 93, 95, 96, 121, 122, 123, 124, 125, 126, 127, 128, 130, 142, 149, 150, 157, 158, 163, 168, 169, 172, 173, 175, 179, 180, 187, 189, 190, 247, 257
小野則秋　26, 27, 28, 29, 30, 35, 36, 39, 40, 41, 114, 115, 120, 122, 123, 126, 128, 173, 175, 176, 187, 188, 190, 192, 204, 215, 216, 218

カ 行

加藤一英　87
加藤宗厚　63, 64, 66
神本光吉　30, 32
川崎操　259, 272, 277, 290
川上一　183

岸田國士　214
菊地租　33, 97
北島武彦　196, 198
北嶋武彦　141, 150
木原通夫　138, 150
黒田正典　97
九山悦二郎　180
小泉明　314
河野徳吉　195, 198, 317
後藤純郎　170, 171, 172, 173, 174, 175
近藤鎮三　37, 79, 80

サ 行

西藤寿太郎　133, 264, 265, 273
斎藤正路　199, 200
斎藤敏　282
酒井忠志　259, 272
佐々木吉郎　171
沢本孝久　72, 136, 231, 232, 233, 234
椎名六郎　47, 48, 140, 150
渋谷嘉彦　87
島文次郎　307
新村出　176, 307
管井光男　133
鈴木賢祐　207, 212, 217, 317

タ 行

高橋たね　201, 203
高橋勝次郎　210, 218
高橋正明　182, 183, 184, 185, 186
高宮秀夫　197, 198
高宮誠　182
高山正也　37
田口欽二　175, 176
武居権内　114, 115, 120, 181
竹内和子　201, 203
竹林熊彦　122, 123, 128, 206, 207,

212, 213, 217, 218
田中敬　38, 95, 204, 211, 217, 218
津田良成　48, 73, 161, 169
土井重義　179, 180, 181, 186
常盤繁　118, 120
富永牧太　191, 192, 273

ナ 行

中山勇之助　195
長澤雅男　51
長澤規矩也　81, 88, 95, 96
永田清一　185
永藤新吉　214, 217, 218
西村竹間　38, 81, 95, 205, 217
埜上衛　122, 128

ハ 行

橋本孝　51, 58, 163, 165, 169
服部金太郎　193, 194
浜尾新　167
平山和一　198
深井人詩　197, 199
藤川正信　73, 74
藤田豊　174, 191, 193
藤林忠　29, 30, 31, 32, 33, 34, 36
細谷新治　223, 235, 236

マ 行

牧山弘　194, 195
松村誠一　191, 192
間宮不二雄　213, 214, 215, 218, 273
丸山悦三郎　180, 194, 195
三浦吉春　200
簾治良左衛門　188, 196, 198
村上清造　187, 190, 196, 198, 207,
　277, 280, 287, 303
室伏武　138, 150, 263, 273

ヤ 行

安井一磨　288
山下和夫　176
山口隆二　187, 190
山本順一　113, 120

吉川尚　181
米田貫真　262

ワ 行

渡辺信一　21, 68, 74, 75, 77
和田吉人　140, 150
和田万吉　22, 38, 74, 147, 307

A

Akers, S. G.　193
Asheim, L. F.　158

B

Boas, F.　61, 62, 63
Branscomb, L. C.　243, 249, 256
Bryce, J.　61, 67
Butler, P.　33, 83, 95, 99, 100, 101,
　104, 105, 106

C

Chartier, R.　119, 120
Conrad, G.　57
Countryman, G. A.　98, 99

D

Dalton, J.　158, 168
Dewey, M.　64, 65, 157, 164, 165
Downs, R. B.　168, 238, 239, 245,
　246, 250, 251, 256, 257, 258
Durkheim, E.　59, 60
Dziatzko, K.　92

E

Ebert, F. A.　93, 100, 101
Edwards, E.　64, 66
Engels, F.　104, 106

F

Faunce, W. H. Perry　98, 99

G

Gates, J. K.　90, 96, 169
Gitler, R. L.　51, 58

359

Grunwald, W.　93

H

Hegel, G. W. F.　25, 26
Hesse　81
Hintz, C. W.　241, 256
Humphreys, K. W.　309, 310, 317

I

Il'in, M.　105

J

Jesse, W.　244, 245, 257
Josey, J.　255, 258

K

Kluth, R.　81, 95, 96

L

Leyh, G.　100, 101
Lundy, F. A.　253, 258
Lyle, G. R.　248, 256, 267, 273

M

Madan, R.　237, 238, 240, 242, 256
McNeal, A. L.　153, 168
Milkau, F.　75, 93
Milton, J.　107, 109
Mitchell, A. F.　244, 257
Mohrhardt, F. E.　220, 235
Molnar, P.　89, 96
Muller, R. H.　251, 258

N

Nassif, R.　164, 165, 169

R

Ranganathan, S. R.　166
Rice, S. A.　61, 63, 67
Rickert, H.　101, 102, 104
Rothstein, S.　196, 266, 273
Rovelstad, M.　90, 96

S

Schiller, A. R.　239, 240, 250, 256, 258
Schrettinger, M. W.　70, 82, 92, 93, 95, 96
Shannon, C. E.　47, 58
Shera, J. H.　81, 82, 89, 95, 96, 162

T

Tauber, M. F.　162, 169
Thoms, W.　178

V

Voigt, M. J.　153, 168

W

Weber, Max　29, 35, 36, 85, 95, 104, 108, 109
Wiener, N.　47, 58
Williamson, C. C.　157, 158, 159, 164, 165, 166, 247, 248
Wilson, L. R.　162, 169
Wyer, J.　196

Y

Young, K.　105, 106

Z

Znaniecki, F.　61, 63

団 体 索 引

（所載岩猿敏生論文に関する索引）

ア 行

アメリカ図書館協会　58, 145, 152, 158, 168, 243, 256
医学図書館協議会　195
イリノイ大学　185, 246, 248, 252
英国図書館協会　91, 146, 163
お茶の水女子大学附属図書館　201, 203

カ 行

科学技術会議　220, 223, 225, 231, 236
科学技術行政協議会　223
科学技術庁振興局　231
カリフォルニア大学　185
官立医科大学附属図書館協議会　207
京都大学　69, 95, 168, 175
　——教育学部　95, 126
　——附属図書館　126, 127
慶応義塾大学　43, 58, 68, 72, 136, 141, 169, 201, 231
　——日吉図書館　201
ゲッチンゲン大学　92
ケルンコロキアム　75
古典学校（フランス）　92
国学院大学図書館　202
国際キリスト教大学　200, 202
国文学研究資料館　230
国立大学協会　156, 296, 300
国立大学図書館長会議　259, 272, 283, 290, 294, 298, 300, 304
コロンビア大学　157

サ 行

書籍館　37, 50, 79, 80
私立大学図書館協会　174, 186, 190, 196, 198, 200, 207

青年図書館員連盟　204, 211, 218
全国高等諸学校図書館協議会　207
全国国立大学図書館長会議　259, 272, 283, 290, 294, 298, 300, 304
全国図書館大会　51, 131, 149, 280, 287, 292, 295, 299

タ 行

大学基準協会　48, 72, 130, 136, 148, 170, 311
大学図書館職員制度改善促進実行委員会　→　日本図書館協会大学図書館部会
大学図書館部会　→　日本図書館協会
大政翼賛会文化部　214
帝国図書館　38, 162
帝国大学図書館協議会　207
帝国大学（附属）図書館　207, 208, 209
東京私立大学図書館協会　207
東京職工学校　167
東京（帝国）大学附属図書館　37
同志社大学　176
同志社予備学校　176
図書館員教習所　162, 211
図書館学教育者集会　131, 149
図書館学講座　69, 76, 141, 317
図書館講習所　42, 58, 210
図書館史研究会　→　日本図書館文化史研究会
図書館情報大学　48, 68, 73, 144
図書館職員養成所　132, 141
富山大学　196, 198
富山薬専　196, 207, 213, 277

ナ 行

日本ドクメンテーション協会　45, 86, 235
日本科学技術情報センター（JICST）

45, 86, 230
日本学術会議　293
日本図書館学会　→　日本図書館情報
　学会
日本図書館協会　38, 41, 45, 50, 86,
　95, 117, 120, 124, 130, 132, 136,
　142, 146, 149, 174, 204, 206, 214,
　236, 259, 263, 272, 275, 277, 285,
　287, 293, 299, 302, 312, 313
　　──大学図書館部会　187, 216,
　272, 280, 283, 285, 287, 292, 299,
　303, 309
　　　　──大学図書館職員制度改善促進
　実行委員会　187, 281, 303
　　　　──図書館員の問題研究調査委員会
　267
　　　　──図書館（情報）学教育部会
　117, 120, 130, 142, 144, 146
　　　　──図書館学教育基準委員会
　134, 146
　　　　──図書館学教育者集会　131,
　149
日本図書館情報学会　26, 29, 33,
　37, 47, 60, 68, 70, 78, 97, 120, 131
日本図書館文化史学会　111, 113,
　117, 120
日本大学三島図書館　200

ハ　行

ハーバード大学　185, 248

マ　行

ミシガン大学　248, 253
ミュンヘン宮廷図書館　92
文部省　37, 40, 51, 58, 79, 133, 152,
　171, 173, 189, 205, 217, 223, 229,
　234, 236, 261, 279, 289, 291, 312,
　314
文部省情報図書館課　152, 234
文部省図書館講習所　→　図書館講習
　所

ヤ　行

ユネスコ　220

ラ　行

立教大学　120, 202, 287
ルイジアナ州立大学　253

ワ　行

早稲田大学　184, 197, 199
早稲田大学図書館読書相談室　197

A

ACRL　255, 258
American Economic Association　222
Antioch College　249
Association of College and Research Li-
　braries, University Libraries Section
　238, 255
Association of Research Libraries
　241

B

Bibliotheksschule Frankfurt am Main
　90

E

École Nationale Supériéure de Biblio-
　thécaires　90

I

ICSU　220
IFLA　309

J

Japan Library School（JLS）　43, 141
JLA　→　日本図書館協会

S

School of Library Economy　157

障害者OK

視覚障害その他の理由で、活字のままではこの資料を利用できない人のために、音声訳（録音図書）および拡大写本、電子図書（パソコンなどを利用して読む図書）の製作を認めます。ただし、営利を目的とする場合は除きます。

日本図書館学の奔流　岩猿敏生著作集

2018年3月20日　初版発行　　　　　　　　カバー・表紙デザイン　山本聖子

編　者　志保田務　大城善盛　河井弘志　中村恵信

発行所　日本図書館研究会
　　　　〒550-0002　大阪市西区江戸堀2-7-32　ネオアージュ土佐堀205号室
　　　　TEL/FAX：06-6225-2530
　　　　E-mail：nittoken@ray.ocn.ne.jp
　　　　http：//www.nal-lib.jp/

協　賛　京都図書館学研究会
　　　　日本図書館研究会図書館学資料保存研究グループ
　　　　LISSASPAC日本支部

印　刷　協和印刷株式会社
　　　　〒615-0052　京都市右京区西院清水町13

ISBN 978-4-930992-25-3　C3000　　　　　　　　　Ⓒ2018 日本図書館研究会